MongoDB

Comprensión y optimización de la gestión de datos

(con ejercicios y soluciones)

Sébastien Ferrandez

ISBN: 978-2-409-05051-0
Edición original: 978-2-409-04640-7

Ediciones ENI

Pº Ferrocarriles Catalanes, 97-117, 2a pl. of. 18
08940 - Cornellà de Llobregat (Barcelona)

Tel: 934 246 401
Fax: 934 231 576

e-mail: info@ediciones-eni.com
http://www.ediciones-eni.com

Autor: Sébastien Ferrandez
Edición española: Emiliano Llano Díaz
Colección **Expert IT** dirigida por Émilie Villetorte

Prólogo

El libro que está leyendo va dirigido a desarrolladores que quieran iniciarse en el mundo de las bases de datos no relacionales utilizando MongoDB, una herramienta ya madura y ampliamente implantada en las empresas más influyentes de la economía digital o la venta en línea (online).

Aunque a veces se hacen comparaciones con ciertos conceptos del mundo de las bases de datos relacionales, no es en absoluto necesario haber trabajado con ellas para entender cómo funciona MongoDB.

Los ejemplos que se ofrecen a lo largo del libro son deliberadamente sencillos y entretenidos, para que el lector pueda integrarlos y reproducirlos fácilmente sin necesidad de realizar contorsiones cerebrales innecesarias que podrían desanimarle en su camino hacia el aprendizaje.

La administración de bases de datos MongoDB no se incluye en el ámbito de este libro, ya que es un tema demasiado amplio que merecería por sí mismo un libro completo. Sin embargo, aprenderá a importar y exportar datos en diferentes formatos y a optimizar el uso de sus colecciones mediante la indexación, una tarea que algunos desarrolladores delegan a veces en los administradores de bases de datos, ¡cuando no son ellos quienes exigen controlar este aspecto de los datos!

En primer lugar, es fundamental que sepa realizar consultas (queries) para extraer la información contenida en sus bases de datos de forma eficiente; después aprenderá a optimizar su tiempo de ejecución haciendo uso de los índices. Dado que la geolocalización se ha convertido en uno de los aspectos esenciales de cualquier aplicación moderna, aprenderá a implementar consultas que encontrará en cualquier sitio web o aplicación: ordenar puntos de interés según su distancia desde una posición dada, listarlos dentro de un radio determinado, etc.

A continuación, podrá explotar las funciones que ofrece el marco de trabajo (*framework*) de agregación de MongoDB, una potente herramienta que permite procesar grandes cantidades de información de forma muy rápida y organizada.

Las vistas y las transacciones son conceptos bien conocidos por los desarrolladores procedentes del mundo de las bases de datos relacionales; , y hay que decir que su presencia en MongoDB ha contribuido a tranquilizar definitivamente a muchos usuarios que se mostraban reticentes a pasarse al mundo de las bases de datos no relacionales por la ausencia de estas herramientas, que a menudo habían estado utilizando durante años ¡o incluso décadas!

Por último, experimentará con el almacenamiento y la manipulación de archivos de gran tamaño en MongoDB de forma atomizada, así como con las distintas herramientas de importación y exportación de datos que le permitirán restaurar, integrar o compartir todos esos datos que ha acumulado con tanto esfuerzo.

Agradecimientos

A mi tío Patrick Bacot, a quien debo la suerte de ejercer desde hace ya un cuarto de siglo esta maravillosa profesión.

Contenido

Prólogo

Capítulo 1
Introducción

Capítulo 2
Realizar consultas en MongoDB

Capítulo 3
Indexar en MongoDB

Capítulo 4
Consultas geoespaciales

Capítulo 5
El framework de agregación

Capítulo 6
Vistas

Capítulo 7
Transacciones multidocumentos

Capítulo 8
Gestionar archivos binarios usando GridFS

Capítulo 9
Importar, exportar y restaurar datos

Capítulo 10
Ejercicios

Capítulo 11
Respuestas a los ejercicios

Anexo

Capítulo 1
Introducción

1. Big Data y NoSQL

Hace ya algunos años que el término *Big Data* entró en el lenguaje común, tal es el grado en que los datos se han convertido en algo tan central en nuestras vidas. Ya se trate de nuestros historiales médicos, nuestras cuentas bancarias, nuestras compras en línea o nuestra actividad diaria en las distintas redes sociales, a diario se transmiten volúmenes gigantescos de datos por todo el planeta.

El Big Data debe afrontar el reto de analizar y explotar estos enormes volúmenes de datos para hacerlos útiles y, seamos sinceros, a menudo monetizables: el recorrido de un cliente en un sitio de venta al menudeo, la publicidad dirigida que podría desencadenar una compra por su parte, los últimos vídeos que ha visto para que se le puedan sugerir otros que podrían gustarle, las palabras clave y los temas demoda (*trending topics*) en su red social favorita...

Para dar sentido a toda esta información, se necesitan bases de datos capaces de almacenar y procesar muy rápidamente la materia prima que son estos datos brutos, cuya naturaleza es, cuando menos, heterogénea (flujos de vídeo o audio, texto plano, datos de geolocalización, imágenes, etc.). A este respecto, el modelo de base de datos relacional, que durante mucho tiempo reinó en el desarrollo informático, mostró rápidamente sus limitaciones debido a su excesiva rigidez y a la complejidad de implantación en un gran número de máquinas sin incurrir en costes prohibitivos.

Las primeras bases de datos NoSQL aparecieron a finales de la década de 2000 en respuesta a la necesidad de almacenar grandes volúmenes de datos y procesarlos rápidamente en entornos ampliamente distribuidos. Entre los programas disponibles en el mercado, MongoDB se impuso rápidamente como una de las alternativas más creíbles al modelo relacional, poco adaptado a los retos del Big Data.

2. MongoDB

Lanzada al mercado hace quince años y disponible actualmente en su versión 8.0, MongoDB es una base de datos «orientada a documentos». Esto significa que la unidad ya no es la tupla (o *fila*) como en el modelo relacional, sino el *documento*. A diferencia del registro contenido en una tabla de una base de datos relacional, el documento no tiene una estructura fija y predecible. Dos documentos pueden contener los mismos campos, pero en un orden completamente distinto, lo que es inconcebible en el paradigma relacional, donde las tablas son como moldes en los que se «funden» los registros. En una tabla que contenga información sobre personas, todos los campos deben contener un valor de un tipo predefinido (o el marcador NULL, que indica la ausencia de cualquier valor) y aparecer en el mismo orden. En un documento, un campo sin valor puede simplemente estar ausente, mientras que en una tabla se le asignará obligatoriamente el marcador NULL. Así es como la estructura matricial de una tabla en el paradigma relacional se contrapone a menudo a la propia ausencia de estructura en una base de datos NoSQL.

En una base de datos relacional, el esquema (o intención) describe la estructura que deben respetar todas las tuplas (o filas) de las tablas que componen la base de datos. En una base de datos orientada a documentos, puede haber tantos formatos de datos como documentos. Se dice que estas bases de datos no tienen esquema (*schema-less*).

Existen muchas diferencias entre el mundo NoSQL y el relacional. Por ejemplo, la noción de restricción de integridad referencial, implementada en SQL con claves foráneas, es inexistente en MongoDB, aunque es posible simularla. Si solo se ha trabajado con bases de datos relacionales, se tendrán que cuestionarse todos los hábitos y adoptar una nueva forma de concebir la estructura de datos, teniendo en cuenta que es inútil y contraproducente intentar hacer datos relacionales con MongoDB... ¡Está entrando en un mundo nuevo!

En términos semánticos, podemos establecer el siguiente paralelismo entre ambos universos:

Modelo relacional	MongoDB
Base de datos	Base de datos
Campo	Campo
Tabla	Colección
Tupla/Línea/Registro	Documento
Transacción	Transacción
Vista	Vista

3. Componentes de MongoDB

Puede desplegar MongoDB en una o varias máquinas de su empresa, instalarlo en su ordenador personal como versión independiente (*standalone*) o utilizarlo sin instalar nada, utilizando soluciones desplegadas en la Nube, a través de los centros de datos (*datacenters*) de Amazon Web Services o Microsoft Azure o a través de Atlas, la solución DBaaS (*database as a service*) creada por MongoDB.

Los principales componentes de MongoDB son:

- `mongod`, el programa principal. Gestiona el acceso a los datos y realiza operaciones de gestión de datos en segundo plano.
- `mongos`, el enrutador que gestiona el encaminamiento de las consultas en un entorno distribuido. Cuando los datos se distribuyen en fragmentos (*shards*), es este proceso el que gestiona el acceso a los datos.

- `mongosh`, el programa de línea de comandos para interactuar con la base de datos, al que nos referiremos en estas páginas como *Shell* (intérprete de comandos o línea de comandos). La interacción con la base de datos se lleva a cabo utilizando el lenguaje JavaScript, del que necesitará conocer los conceptos básicos.

Además, están los componentes de importación y exportación para BSON, un formato binario del que hablaremos en breve:

- `mongodump` creará archivos que contengan el BSON presente en una base de datos.
- `mongorestore` hará exactamente lo contrario, restaurar la información.
- `bsondump` ayudará a transformar BSON en JSON, un formato de datos mucho más fácil de leer.

También dispone de utilidades de importación y exportación de datos:

- `mongoexport` exporta datos en formato JSON o CSV.
- `mongoimport` se utiliza para importar datos a MongoDB en formato JSON o CSV, o datos generados por mongoexport.

También hay disponibles herramientas de diagnóstico:

- `mongostat` y `mongotop` para supervisar los procesos de las bases de datos.
- `mongoreplay` para reproducir los comandos de una máquina en otra.

Para gestionar documentos muy grandes, cada instalación dispone de una herramienta para interactuar con el formato propios GridFS: `mongofiles`. Veremos sus principales características al final de este libro.

Desde la versión 3.6, las descargas de MongoDB también incluyen un script para instalar Compass, una interfaz gráfica completa para interactuar con la base de datos. Compass será una ayuda inestimable para aprender MongoDB: su intérprete de comandos (*shell*) incluye resaltado de sintaxis y autocompletado, su interfaz gráfica es intuitiva y tranquilizará a todos aquellos que no estén entusiasmados con la perspectiva de utilizar la línea de comandos.

Aunque todos los ejemplos de este libro utilizan la línea de comandos de GNU/Linux o *Shell*, es perfectamente posible interactuar con MongoDB utilizando su lenguaje de programación preferido. Las conexiones entre los distintos lenguajes y MongoDB se realizan mediante controladores (*drivers*) que cumplen unas especificaciones muy estrictas. Puede consultar la lista de todos los controladores disponibles (¡y sin duda le sorprenderá el impresionante número de controladores actualmente disponibles y que conforman el ecosistema MongoDB!) en https://www.mongodb.com/docs/drivers/

4. Arquitectura general de MongoDB

4.1 Escalado

Cuando hablamos de arquitectura de bases de datos, inevitablemente hablamos de despliegue, disponibilidad, replicación, tolerancia a fallos, recuperación de incidentes... y escalado (*scaling*). Una base de datos que se utilizará para realizar numerosas consultas deberá, tarde o temprano, hacer frente a la problemática de la escalabilidad; el servidor en el que reside está muy ocupado y vamos a tener que aumentar su capacidad de almacenamiento en memoria RAM;, se deberán añadir discos duros, procesadores, etc. Este aumento del rendimiento de un servidor mediante la adición de componentes de hardware se denomina escalado vertical (*vertical scaling*); debemos pensar en él como una pila sobre la que vamos a añadir componentes (discos, CPU, etc.). En oposición al escalado vertical, que alcanza rápidamente sus límites (¿hasta dónde podemos llegar para aumentar la capacidad de un único servidor?), se ha desarrollado el concepto de escalado horizontal (*horizontal scaling*), que consiste en distribuir enormes volúmenes de datos entre varias instancias de un gestor de base de datos, cada una alojada en una máquina dedicada. Ya no hablamos de un servidor monolítico que crece hasta alcanzar sus límites, sino de varios, cuyo número llega a ser prácticamente ilimitado, en los que se distribuyen los datos.

Esta partición de datos entre varias instancias, que permite el escalado horizontal, se conoce como *sharding* (fragmentación) en el universo MongoDB.

4.2 Principio de fragmentación (sharding)

La fragmentación (*sharding*) se realiza a nivel de una colección. Es esta colección la que se repartirá en varios fragmentos (*shards*) en función de un subconjunto de valores de un campo presente en todos los documentos de esta colección y que se utilizará como clave de fragmentación (*shard key*). Esta clave pivote está sujeta a ciertas restricciones: solo puede haber una clave de fragmentación por colección y su tamaño no debe superar los 512 bytes.

Esta clave no se podrá modificar una vez que la colección se haya desplegado en los fragmentos. Tendrá que extraer los documentos para guardarlos, eliminar la colección y volver a crearla para reinyectar los documentos guardados anteriormente.

Cuando es necesario fragmentar una colección y ya contiene documentos, la clave elegida debe ser el objeto de un índice simple o aparecer al principio de un índice compuesto.

La clave de fragmentación ideal permite distribuir uniformemente los documentos, en forma de paquetes llamados *chunks* (trozo o pedazo), por todos los *shards*. Esta distribución puede lograrse mediante dos estrategias: la primera consiste en hacer un hash de los valores de las claves de fragmentación y la segunda en dividir los datos por intervalos de valores. Veremos esta última.

Imaginemos una colección llamada `alumnos` en una base de datos llamada `personas`; vamos a tomar el campo `edad` contenido en cada documento de nuestra colección `alumnos` y utilizarlo como clave de fragmentación, de modo que los alumnos menores de 10 años se almacenarán en el fragmento S_1, los que tengan entre 10 y 13 años en el fragmento S_2 y los demás en el fragmento S_3.

MongoDB utiliza el enrutador `mongos` para dirigir las consultas de la edad de los alumnos al fragmento correcto: el enrutador `mongos` sabe qué fragmento contiene los alumnos cuya edad se solicita en la consulta. MongoDB distribuye las tareas de lectura y escritura entre los distintos *shards* que componen un *clúster*. Un clúster también se puede escalar horizontalmente: al añadir nuevos fragmentos se reducirá la carga de trabajo de lectura y escritura de cada uno de los fragmentos que componen el clúster y se ampliará significativamente la capacidad de almacenamiento del mismo.

Cuando uno de los *shards* que componen un clúster no está disponible, esto no afecta a la disponibilidad de los demás miembros del *clúster*: si los datos solicitados están disponibles en otro *shard*, ¡serán entregados!

Si una solicitud contiene la clave de fragmentación o el inicio de una clave de fragmentación compuesta, `mongos` la enrutará al fragmento correcto. En caso contrario, se enviará a todos los fragmentos, lo que repercutirá negativamente en el tiempo de respuesta.

Una base de datos puede contener tanto colecciones fragmentadas como no fragmentadas - ¡ambas no son mutuamente excluyentes! Mientras que las primeras estarán distribuidas en varios *shards*, las segundas residirán en uno solo.

4.3 Conjuntos de réplica (o replica sets)

Los conjuntos de réplica (*replica sets*) son un componente fundamental de la arquitectura de MongoDB y garantizan la alta disponibilidad de los datos, así como su redundancia (es decir, el hecho de que existan varias copias de los mismos datos distribuidas en diferentes servidores). Aunque el objetivo de este libro no es convertirlos en administradores de bases de datos MongoDB, es importante que conozcan el funcionamiento general de esta arquitectura de replicación de datos, ya que hablaremos de ella en particular cuando hablemos de transacciones.

Un *replica set* se compone de un nodo maestro (llamado primario) al que están subordinados varios nodos esclavos (llamados secundarios) y, eventualmente, un nodo árbitro. Estos nodos pueden ser máquinas dedicadas (suele ser el caso en entornos de producción, donde a veces se encuentran en centros de datos muy alejados geográficamente), ¡pero es perfectamente posible crear un conjunto de réplica localmente en su máquina!

Cada uno de los nodos que componen el conjunto de réplica está gestionado por una instancia de `mongod`, ya que son estos procesos los que se encargan de replicar los datos en un conjunto de réplica, siempre desde el nodo primario a los nodos secundarios, ya que este es el que recibe las operaciones de escritura.

¿Cómo subordinar los nodos secundarios al nodo primario?

Cuando el nodo primario realiza una operación que implica una escritura (una inserción o una actualización), registra esta operación en una colección especial llamada *oplog* (por *operation log*, registro de operaciones), cuyo tamaño puede configurarse cuando se crea el conjunto de réplica. Los nodos secundarios realizarán consultas sobre esta colección para saber qué operaciones deben aplicarse para mantener en fase los datos que residen en el nodo primario. Este *oplog* condiciona, por tanto, la correcta sincronización del nodo primario con todos sus nodos secundarios.

Del mismo modo, cada nodo secundario dispone de su propio *oplog*, que actualiza tan pronto aplica las operaciones del nodo primario. Esto permite que cada nodo pueda convertirse a su vez en nodo primario, ya que este modo de funcionamiento garantiza que, salvo en el momento de la replicación, cada *oplog* de un nodo secundario es en todo momento estrictamente idéntico al del nodo primario.

Si un nodo secundario deja de estar disponible (fallo de red, actualización de hardware, caída, etc.), se volverá a sincronizar en cuanto se reinicie a partir de la última operación de su *oplog*.

El tamaño de un *oplog* dependerá de la naturaleza de las operaciones realizadas por la aplicación: si se realizan muchas escrituras (inserciones, actualizaciones o eliminaciones), probablemente se necesitará aumentar el tamaño predefinido del *oplog*. Por el contrario, si la aplicación realiza principalmente lecturas, se puede permitir reducir el tamaño del *oplog*.

En un conjunto de réplicas, cada miembro necesita saber en qué estado se encuentran los demás, por lo que cada dos segundos envía una especie de *ping*, conocido en la jerga de MongoDB como *heartbeat* (latido), a todos los demás miembros del conjunto de réplicas para comprobar que están activos. Estos miembros responderán a este *heartbeat* y si no lo hacen en los diez segundos siguientes al envío del mensaje, serán marcados como no disponibles.

Los miembros de *replica set* pueden estar en uno de los estados que se enumeran a continuación (la lista no es exhaustiva):

- PRIMARY: el nodo es primario.
- SECUNDARY: el nodo es secundario.

- START: es el estado inicial en el que se encuentra cada miembro cuando se pone en marcha.
- RECOVERING: el miembro en cuestión no está disponible para lecturas.
- DOWN: no se puede acceder al miembro (tras un incidente de red, por ejemplo).
- REMOVED: el miembro ya no forma parte del *replica set*.
- ARBITER: el nodo es de tipo árbitro. Un nodo árbitro no contiene ningún dato; está ahí para garantizar un número mínimo de votos para que las elecciones puedan desarrollarse sin problemas. Digamos que se cuenta con un número par de nodos en un conjunto de réplicas, entonces se necesitará añadir un nodo árbitro para asegurarse que se puede conseguir la mayoría en las elecciones. Su función se limita a responder a los *heartbeats* y a las solicitudes de elecciones que recibe.

El mecanismo de elección

Un nodo del conjunto de réplicas se convierte en el nodo primario si es elegido por la mayoría de los nodos secundarios que componen el conjunto de réplicas. Una elección puede tener lugar si el nodo que era anteriormente el nodo primario falla, responde con lentitud, se ha añadido un nuevo miembro o se reconfigura el conjunto de réplica. En un conjunto de réplica, un nodo primario puede ser degradado a nodo secundario, del mismo modo que un nodo secundario puede ser ascendido al rango de nodo primario.

El objetivo de este mecanismo de elección es garantizar la alta disponibilidad de la arquitectura.

Durante la fase de elección, ya no se pueden realizar más escrituras, ya que estas se realizan en el nodo primario. Sin embargo, si los nodos secundarios están configurados para atender consultas de lectura, al menos podrán prestar este servicio.

Todas las bases de datos alojadas en la plataforma Atlas en línea se despliegan utilizando una arquitectura de tipo *replica set*.

5. Notación JSON

Esta notación en lenguaje JavaScript se utiliza para representar estructuras de datos, que a veces pueden ser bastante complejas, de una forma sencilla y legible por humanos. La interfaz de línea de comandos de MongoDB utiliza esta notación, así como JavaScript, por lo que es necesario dominar los conceptos básicos.

MongoDB almacena una representación binaria del formato JSON en un formato especialmente creado por sus diseñadores: BSON (por *binary* JSON). Cuando se interactúa con la base de datos, MongoDB transforma el código JSON que se proporciona en BSON, del mismo modo que transformará el BSON que se ha almacenado en JSON antes de presentárselo. El tamaño máximo de un documento en formato BSON está fijado en 16 MB, aunque es raro que un documento supere este límite (a modo de comparación, la versión en texto plano de la novela de Tolstoi *Guerra y Paz* tiene un tamaño de poco más de 3 megabytes... ¡y el libro tiene más de 1.200 páginas!)

Así se representa un objeto vacío en JSON:

```
{}
```

Las propiedades de un objeto JSON se representan mediante uno o varios pares clave: valor, separados por una coma:

```
{"clave": "valor", "otra_clave": "otro_valor"}
```

Un valor puede ser a su vez un objeto:

```
{"clave": {"otra_clave": "valor"}}
```

Creemos un objeto que represente a una persona y démosle algunos atributos básicos:

```
{"apellido": "Eric", "nombre": "Dupont"}
```

Aquí hemos creado un objeto con dos propiedades (o *atributos*) consistentes en una clave («nombre», por ejemplo) que asociamos a un valor («Eric»). Este par clave/valor identifica un atributo del objeto. El nombre dado a una clave debe, por supuesto, ser único.

Como hemos visto, el valor no tiene por qué ser necesariamente de tipo escalar; puede contener a su vez un objeto, una matriz, ¡o incluso una matriz o vector de objetos!

Así es como se representa una matriz vacía en notación JSON:

```
[]
```

Es entre estos corchetes donde insertaremos los elementos, separándolos entre sí con una coma. En nuestro ejemplo, estos elementos serán objetos que representan a los padres de nuestro individuo:

```
[
 {"apellido": "Durand", "nombre": "Robert"},
 {"apellido": "Smith", "nombre": "France"}
]
```

Ahora podemos inyectar esta matriz recién formada en nuestro objeto inicial nombrando su clave padre:

```
{
   "apellido": "Eric",
   "nombre": "Dupont",
   "padres": [
       {
           "apellido": "Durand
           "nombre": "Robert"
       },
       {
           "apellido": "Dupont",
           "nombre": "France"
       }
   ]
}
```

El resultado es una matriz en el que las claves son cadenas de caracteres y los valores son tanto escalares (`apellido` y `nombre` contienen cada uno cadenas de caracteres) como no escalares (los `padres` contienen una matriz formada por dos objetos).

6. Tipos de datos

JSON admite de forma integrada seis tipos de datos:

- booleano
- numérico
- cadena de caracteres
- tabla
- objeto
- null (marcador de ausencia de valor)

MongoDB añade sus propios tipos a estos tipos JSON predefinidos:

- El tipo *Date*: se almacena como un entero con signo de 8 bytes que representa el número de segundos transcurridos desde la época Unix (01/01/1970 a medianoche).
- El tipo *ObjectId*: almacenado en 12 bytes, se utiliza internamente para garantizar la unicidad de los identificadores generados por la base de datos, ¡por lo que su importancia es crucial!
- Tipos enteros *Long* e *Int32*: se utilizan para representar enteros con signo representados internamente en 8 y 4 bytes respectivamente.
- Tipo flotante *Decimal128*: codificado en 16 bytes, este tipo decimal de alta precisión se prefiere generalmente para aplicaciones que realizan cálculos matemáticos que requieren una alta exactitud.
- El tipo *BinData*: se usa para almacenar cadenas de caracteres que no pueden representarse en codificación UTF-8 o cualquier contenido binario (volveremos sobre esto en la sección dedicada a GridFS).
- Existen otros tipos; aquí hemos enumerado los más utilizados, pero encontrará una lista mucho más exhaustiva en:
  https://www.mongodb.com/docs/manual/reference/bson-types/

7. Usar MongoDB en la línea de comandos

7.1 Iniciar y detener MongoDB

Para iniciar MongoDB desde una terminal, simplemente ejecute `mongod` (o `mongod.exe` si utiliza Microsoft Windows). Este ejecutable tiene muchas opciones, y solo veremos las más importantes. Sin embargo, también se puede utilizar sin ninguna opción, simplemente ejecutando este comando:

```
mongod
```

En la pantalla aparecen una serie de advertencias y una gran cantidad de información que no es necesario analizar en este momento. Echemos un vistazo a algunas de las opciones de este ejecutable:

- `port` se utiliza para designar el número de puerto en el que escuchará el servidor. El valor predefinido para este número de puerto es 27017. Por lo tanto, el comando ejecutado anteriormente es equivalente a:

```
mongod --port 27017
```

- `dpath` es la opción utilizada para apuntar al directorio que contiene los datos. Así como una instancia dada debe apuntar a un único número de puerto (si está ejecutando dos `mongods`, se necesitará usar dos números de puerto separados, por ejemplo 27017 y 27018); también debe apuntar a un único directorio de datos. En GNU/Linux, este directorio se predefine a `/data/db`. Esto significa que el primer comando, sin ninguna opción, es en realidad equivalente a:

```
mongod --port 27017 --dbpath /data/db
```

- `logpath` se utiliza para redirigir cualquier salida de `mongod` a un archivo de registro ubicado en un directorio de su elección (asegúrese de tener acceso de escritura al directorio que especifique). Como este archivo de registro se sobrescribe cada vez que se inicia `mongod`, al añadir la opción `logappend` queremos decir que queremos añadir nuevos registros a los ya existentes y no reemplazarlos.

Este es el comando para hacerlo:

```
mongod --port 27017 --dbpath /data/db --logpath /tmp/mongodb.log
--logappend
```

Hay varias formas de detener MongoDB en GNU/Linux: simplemente pulsando Crtl+C, detener el servicio con `sudo service mongodb stop` si se instala MongoDB usando un gestor de paquetes, o ejecutando el siguiente comando en una nueva ventana de terminal:

```
mongosh --eval "db.getSiblingDB('admin').shutdownServer()"
```

Aunque todas ellas son equivalentes, las dos últimas son las mejores formas de detener el servidor limpiamente y deberían preferirse a la primera, que sin embargo puede utilizarse cuando se desarrolla en una máquina propia (aislada).

7.2 Conectarse a una base de datos a través del shell

MongoDB ofrece una herramienta de interacción de línea de comandos con la base de datos: el **shell**. Contiene un intérprete completo de JavaScript, que permite escribir pequeños scripts para manipular los datos. Una vez que `mongod` se está ejecutando en segundo plano en la máquina, todo lo que hay que hacer es ir al directorio que almacena los archivos ejecutables y ejecutar el siguiente comando para conectarse a la base de datos:

```
mongosh
```

De forma predefinida, se conectará usando el puerto 27017 en la máquina anfitriona. Para asignar un valor diferente al puerto, simplemente se añade la opción `port` seguida del número de puerto de destino, exactamente como ya se hizo con el ejecutable `mongod`. Si `mongod` ya está escuchando por el puerto 27777, el *shell* se conectará a él con el comando:

```
mongosh --port 27777
```

También se puede conectar al puerto de su elección en una máquina anfitriona remota utilizando la opción `host`:

```
mongosh --host mongo.misitio.es --port 27777
```

Al momento de la conexión se verán tres datos importantes:

- el número de versión del *shell*;
- la máquina anfitriona a la que se está conectado;
- un identificador de conexión shell MongoDB;
- el número de versión del servidor de base de datos MongoDB.

Una vez conectado, se pueden mostrar los nombres de las bases de datos existentes utilizando estos dos comandos, que son equivalentes:

```
show databases

show dbs
```

Si se ha utilizado alguna vez un sistema de gestión de bases de datos relacionales MySQL, ¡seguro que `show databases` le traerá recuerdos!

Al instalar MongoDB, se tienen tres bases de datos disponibles:

```
admin
config
local
```

Estas bases de datos se utilizan para gestionar roles y autorizaciones, la gestión interna de MongoDB o información sobre la puesta en marcha de las instancias. Salvo contadas excepciones, no se tendrá la oportunidad de realizar ningún tipo de cambio; generalmente son los administradores los que realizan operaciones en ellas.

Para saber a qué base de datos se está conectado, escriba:

```
db
```

De forma predefinida, se está conectado a la base de datos denominada `test`.

Para listar todas las colecciones y vistas presentes en una base de datos, el comando es idéntico al que muestra los nombres de las bases de datos:

```
show collections
```

Por último, para cambiar de base de datos, se puede utilizar el comando `use`, que también se utiliza en MySQL. Si una de las bases de datos se llama `madb`, se puede conectar a ella ejecutando el comando:

```
use madb
```

A diferencia de MySQL, se puede usar `use` para crear una base de datos que no exista y no se producirá ningún error: ¡simplemente se esperará a que cree colecciones en ella!

Conexión a MongoDB mediante control de acceso

Si tuvo la curiosidad de mirar la salida generada al ejecutar `mongod` sin ninguna opción, o de ir al archivo de registro `/tmp/mongodb.log` si eligió utilizar `logpath`, es posible que haya visto esta advertencia:

```
{"t":{"$date":"2024-02-21T10:33:13.920+01:00"},"s":"W",  "c":"CONTROL",
"id":22120,   "ctx":"initandlisten","msg":"Access control is not enabled for
the database. Read and write access to data and configuration is
unrestricted","tags":["startupWarnings"]}
```

Esto significa que actualmente no se tiene ningún control de acceso a la base de datos y que cualquier usuario puede conectarse a ella... No es muy tranquilizador, ¿verdad? Bueno, ¡vamos a remediarlo ahora mismo!

En primer lugar, vamos a conectarnos a la base de datos `admin` que hemos mencionado antes y a continuación se creará un usuario llamado `mongosensei` al que se asignarán dos roles: `userAdminAnyDatabase` aplicado a la base de datos `admin` y `readWriteAnyDatabase` que permitirá leer y escribir en cualquier base de datos que no sea ni `local` ni `config`.

Este es el comando para crear ese usuario, que se utilizará en otros ejemplos en el futuro. Primero hay que conectarse a `admin` antes de utilizar `createUser`:

```
use admin
db.createUser(
 {
   "user": "mongosensei",
   "pwd": "M0ng0d3!",
   "roles":[
       { "role": "userAdminAnyDatabase", "db": "admin"},
       "readWriteAnyDatabase"
```

```
    ]
  }
)
```

Ahora que el usuario es elegible para la autenticación, se necesita detener `mongod`. Como ya hay conexión con la base de datos `admin`, todo lo que se requiere hacer es ejecutar el comando antes visto:

```
db.shutdownServer()
```

Ahora se reiniciará MongoDB con la opción `auth` que se añade al comando que hemos utilizado:

```
mongod --port 27017 --dbpath /data/db --logpath /tmp/mongodb.log
--logappend --auth
```

Se tiene así un servidor que admite autenticación (observe, por cierto, que la advertencia ha desaparecido del archivo de registro), ¡ahora solo necesitamos hacer que el *shell* se conecte a él con nuestro recién creado usuario `mongosensei`! Para hacer esto, especificaremos el nombre del usuario usando la opción `-u`, la base de datos `admin` como la que contiene los datos de autenticación usando la opción `authenticationDatabase`, y finalmente pediremos poder introducir nuestra contraseña usando la opción `-p`:

```
mongosh --port 27017 -u "mongosensei" --authenticationDatabase "admin" -p
```

Compruebe que es el único usuario ejecutando este comando:

```
db.runCommand({connectionStatus : 1})
```

Esto es lo que se verá en la pantalla, incluyendo los roles que se asignaron cuando se creó el usuario:

```
{
  authInfo: {
    authenticatedUsers: [ { usuer: 'mongosensei', db: 'admin' } ],
    authenticatedUserRoles: [
      { role: 'readWriteAnyDatabase', db: 'admin' },
      { role: 'userAdminAnyDatabase', db: 'admin' }
    ]
  },
  ok: 1
}
```

Veamos un ejemplo de los roles que ofrece MongoDB para definir un usuario...

Por el lado del usuario, estos son los roles que MongoDB integra de forma predefinida:

- `read` permite a un usuario leer todas las colecciones excepto aquellas reservadas para el sistema (se pueden leer, sin embargo, `system.indexes`, `system.js`, y `system.namespaces`).
- `readWrite` tiene los mismos privilegios que `read` y los amplía permitiendo modificar todas las colecciones excepto las reservadas para el sistema (con la excepción de `system.js`, que también puede modificar).

Los administradores disponen de las siguientes funciones:

- `dbAdmin` permite a un administrador realizar tareas relacionadas con índices, estadísticas o definición de datos, pero no permite gestionar usuarios ni sus roles.
- `userAdmin` permite gestionar usuarios y roles en la base de datos actual.
- `dbOwner` combina los permisos de los roles `readWrite`, `dbAdmin` y `userAdmin`.

Los siguientes roles se aplican a la base de datos `admin` y proporcionan privilegios que se extienden a todas las bases de datos excepto `local` y `config` (esta restricción está en vigor desde la versión 3.4):

- `readAnyDatabase` equivale a derechos `read` en todas las bases de datos.
- `readWriteAnyDatabase` es el equivalente de `readWrite` en todas las bases de datos.
- Idem para `userAdminAnyDatabase`, que equivale a derechos `userAdmin` para todas las bases de datos.
- `dbAdminAnyDatabase` también extiende los derechos de `dbAdmin` a todas las bases de datos.

Finalmente, el último rol que veremos es el del superusuario: `root`. Aquí está el comando para crearlo:

```
use admin
db.createUser(
{
   "user": "mongoroot",
   "pwd": "M0t2p4s5e!",
   "roles": [ "root" ]
})
```

7.3 Crear una base de datos

Se puede conectar con `use` a una base de datos que aún no existe. La base de datos se creará cuando inserte su primer documento en una colección de esta base de datos. En ese momento se producirán dos creaciones, en cascada: la creación de la colección que contiene su documento y la creación de la base de datos que contiene la colección creada anteriormente.

Con el *shell* de MongoDB, no se crea una base de datos explícitamente, es mediante la creación de una colección (a su vez creada cuando se inserta el primer documento) que la base de datos será realmente creada. Vamos a crear una base de datos `temporary`. A continuación, insertamos un documento en una colección llamada `micoleccion`.

```
use temporary
db.micoleccion.insertOne({"mi_clave": "un_valor_para_mi_clave"})
```

La herramienta de línea de comandos le indica que se ha insertado un documento:

```
{
  acknowledged: true,
  insertedId: ObjectId("65d5c6b53b794e06633306d3")
}
```

Su clave única y el valor al que hace referencia son cadenas codificadas en UTF-8 (nótese que se pueden usar tildes en las claves como, por ejemplo, `índice1`).

Ahora se puede ver el documento único listando el contenido de la colección mediante el método `find`:

```
db.micoleccion.find()
```

Este es el expositor de productos:

```
{
  _id: ObjectId("65d5c6b53b794e06633306d3"),
  mi_clave': 'un_valor_para_mi_clave'.
}
```

Antes hemos mencionado el tipo `ObjectId`, que es un identificador único generado aquí por la propia base de datos. El valor que aparezca en la pantalla será diferente del mostrado aquí.

Más adelante veremos cómo utilizar `find` para consultar una colección.

Nótese la presencia de la palabra reservada `db`. Esto es simplemente una variable reservada utilizada por el *shell* de MongoDB en la que se almacena el nombre de la base de datos en la que se está trabajando en ese momento. De forma predefinida está configurada como `test`, pero automáticamente toma el valor que se ponga detrás de cada sentencia `use`. Si se escribe `db` en la línea de comandos, se verá `temporary`. La combinación del nombre de la base de datos y una de sus colecciones define lo que se conoce como *namespace* (espacio de nombres) (en este caso `temporary.micoleccion`). La longitud máxima de un *namespace* no puede superar los 120 bytes.

7.4 Eliminar una base de datos

Para eliminar la base de datos a la que se está conectado actualmente, se utiliza de nuevo la variable `db` y se le aplica el método `dropDatabase` (en negrita la respuesta del *shell*):

```
use temporal
db.dropDataBase(
{ ok: 1, dropped: 'temporal' }
```

Ahora si se ejecuta el comando `show dbs`, verá que la base de datos con el nombre `temporary` ya no está en la lista, pero si se escribe `db`, ¡verá que sigue conectado a ella!

7.5 Interactuar con una base de datos

MongoDB proporciona comandos para facilitar la interacción con sus bases de datos y con la base de datos `admin`, que centraliza la gestión de usuarios, sus roles y los privilegios que se les conceden. La base de datos `admin` se crea cuando se instala MongoDB. El acceso a ella debe estar reservado a los administradores. Oviamente no es aconsejable almacenar en ella datos distintos a los utilizados por MongoDB para no comprometer ni los despliegues ni las operaciones de importación/exportación de datos.

Comandos para la base de datos en uso

Para interactuar con la base de datos a la que se está conectado en ese momento, MongoDB proporciona un método de ayuda (*helper*) llamado `runCommand`, que toma como parámetro el comando que se desea ejecutar en forma de documento (o una cadena de caracteres para ciertos comandos muy específicos).

Si se desea ejecutar el comando `collStats` para mostrar los numerosos indicadores de almacenamiento de una colección, se debe pasar un documento como parámetro especificando este comando como clave y la colección objetivo como valor, que en nuestro ejemplo se llamará personas:

```
db.runCommand({"collStats": "personas"})
```

Comandos para la base de datos admin

El método `adminCommand` facilita la ejecución de comandos dirigidos a la base de datos de administración. Si se desean ver los detalles de las operaciones que se están ejecutando actualmente en el servidor MongoDB, debe invocar `adminCommand` de la siguiente forma:

```
db.adminCommand("currentOp")
```

Al igual que `runCommand`, el *helper* `adminCommand` puede aceptar como parámetro una cadena o un documento. Si se trata de una cadena, entonces la transformará en un documento de la forma `{"comando": 1}` para que el comando ejecutado anteriormente pueda reproducirse con un documento de la siguiente forma:

```
db.adminCommand({"currentOp": 1})
```

El método adminCommand puede ser útil en varias situaciones, como la creación de un usuario, la interrupción de una operación o el cambio de nombre de una colección.

Para recordar

El proceso que permite que MongoDB funcione se llama mongod. Se conecta a él desde el *shell* de MongoDB utilizando el ejecutable mongosh.

Un usuario tiene roles que le otorgan privilegios sobre las bases de datos.

Una base de datos se crea automáticamente cuando se crea una colección en ella.

Una colección se crea automáticamente cuando se inserta en ella un documento.

La variable db contiene el nombre de la base de datos a la que se está conectado.

8. Gestionar colecciones

8.1 Intercalaciones

Las intercalaciones se utilizan para definir reglas de comparación de cadenas de caracteres, sobre todo en lo que respecta a la acentuación de los caracteres o sus mayúsculas y minúsculas en un idioma determinado. Las intercalaciones pueden utilizarse con colecciones, vistas o índices.

A continuación, se muestra un documento que contiene información sobre una intercalación:

```
{
  locale: < cadena de caracteres >,
  caseLevel: < boolean >,
  caseFirst: < cadena de caracteres >,
  strength: < entero >,
  numericOrdering: < boolean >,
  alternate: < cadena de caracteres >,
  maxVariable: < cadena de caracteres >,
  backwards: < boolean >
}
```

En este documento, solo el campo `locale` es obligatorio; contiene el idioma utilizado, anotado en el formato definido por la ICU (*International Components for Unicode*). Por lo que respecta al español, tenemos un valor de `locale` para cada país hispanoparlante empezando por España `es_ES`, obviamente (otros ejemplos serían: Argentina `es_AR`, Chile `es_CL`, Bolivia `es_BO`, México `es_MX` y así otros 19 más de un total de 24).

Veamos los demás campos del documento que describen la información de una intercalación:

- `strength` (fuerza) representa el nivel de comparación que se realizará entre las cadenas de caracteres. Este nivel viene definido por la UCI: cuando el valor del campo strength es 1, se dice que el nivel de comparación es *primario*, es decir, que la comparación se realiza únicamente a partir de los caracteres, sin tener en cuenta acentuaciones ni mayúsculas o minúsculas. Cuando el valor del campo de `strength` es 2, el nivel de comparación se denomina *secundario*, es decir, además de la comparación primaria, ahora se tienen en cuenta los acentos. El nivel de comparación *terciario* es el predeterminado y, además de los criterios del nivel secundario, tendrá en cuenta las mayúsculas y minúsculas. Existen otros dos niveles, pero los tres primeros siguen siendo los más utilizados.
- `caseLevel` se utiliza cuando el nivel de comparación requerido en la `strength` es primario o secundario. Estos dos niveles son los únicos que no tienen en cuenta mayúsculas ni minúsculas. Cuando `caseLevel` es `true` (que no es el valor predeterminado), entonces se tendrán en cuenta las mayúsculas y minúsculas .
- `caseFirst` solo se utiliza si el nivel de comparación es terciario y determina el orden de clasificación: cuando se establece en `upper`, las mayúsculas aparecen antes que las minúsculas en la clasificación, cuando se establece en `lower`, ocurre lo contrario. El último valor, que es el predeterminado, está en `off` (desactivado). Aparte de algunas sutilezas, hace lo mismo que `lower`.
- `numericOrdering` indica si las cadenas de caracteres que contienen números deben tratarse como cadenas de caracteres (cuando se establece en `false`, que es el valor predeterminado) o como numéricas (cuando se establece en `true`).

- `alternate` especifica si deben tenerse en cuenta los caracteres de puntuación o los espacios al comparar cadenas. En caso afirmativo, el valor de este campo será `non-ignorable` (no ignorar; el valor predefinido); en caso contrario tendrá como valor `shifted`.
- `maxVariable` solo es relevante cuando el campo `alternate` se establece como `shifted`: cuando `maxVariable` se establece en `punct`, los espacios y la puntuación no se consideran caracteres de base. Cuando se establece en `space`, solo se aplica a los espacios.
- `backwards` determina la dirección de la comparación: si es false (como ocurre de forma predefinida), la dirección de la comparación será de principio a fin, `normalization: <boolean>` especifica si el texto requiere una normalización, que se realizará si es necesario. De forma predefinida, no se realiza ninguna normalización.

8.2 Crear una colección

Ahora sabe que las colecciones se crean automáticamente cuando se inserta en ellas un primer documento o cuando se crea en ellas un índice. Sin embargo, existe un método llamado `createCollection` dedicado a crear una colección a partir de la base de datos en la que se desea que resida. Se recomienda utilizar este método cuando sea necesario utilizar opciones particulares en la creación, como indicar que la colección debe estar limitada (*capped*), que su intercalación debe tener un valor específico o que los documentos que va a contener deben ser validados antes de su inserción.

Veremos algunas de estas opciones más adelante, pero por ahora nos limitaremos a crear una colección sin ninguna opción. Para crear una colección llamada `micoleccion` en la base de datos en la que se está conectado actualmente, todo lo que hay que que hacer es escribir:

```
db.createCollection("micoleccion")
```

Si se desea utilizar una intercalación (como `es`) al crear esta colección, se puede especificar del siguiente modo:

```
db.createCollection("micoleccion", {"intercalacion": {"local": "es"}})
```

Según los parámetros de intercalación indicados anteriormente, esto equivale a escribir:

```
db.createCollection("micoleccion",
    {
        "intercalacion": {
            "local": "es",
            "caseLevel": false
            "strength": 3
            "numericOrdering": false,
            "alternate": "non-ignorable",
            "backwards": false
            "normalization": false
        }
    }
)
```

8.3 Eliminar una colección

Para eliminar una colección y todos los documentos que contiene, es necesario invocar el método `drop` en la colección en cuestión. Si se desea eliminar la colección `micoleccion` que se acaba de crear, se debe ejecutar el siguiente comando:

```
db.micoleccion.drop()
```

Es importante tener en cuenta que MongoDB no pide que se confirme la eliminación, por lo que se debe ser extremadamente cuidadoso cuando se vaya a eliminar una colección, ya que esta acción es irreversible.

8.4 Renombrar una colección

Para renombrar una colección utilizando `renameCollection`, se tienen dos opciones: la eliminación mediante un método que actúa directamente sobre la colección que se va a renombrar, o la ejecución de un comando de administración. Esto último implica pasar el *namespace* completo de las colecciones implicadas en la operación de renombrado.

Renombrar desde una colección

Conectémonos a la base de datos `test` y creemos dos colecciones, cada una de las cuales contendrá un único documento, en el que introduciremos el nombre de la colección en la clave `nombre`:

```
use test
switched to db test

db.renombrarcoleccion.insertOne({"nombre": "renombrarcoleccion"}
{
  acknowledged: true
  insertedId: ObjectId("65d5cbd45a1b646dba13e338")


db.renombracoleccion.insertOne({"nombre": "renombracoleccion"}
{
  acknowledged: true,
  insertedId: ObjectId("65d5cbf35a1b646dba13e339")
}
```

Intentemos ahora renombrar la colección `renombrarcoleccion` dándole el nombre de una colección existente: `renombracoleccion`. Cuando se ejecuta desde la colección, el método toma dos parámetros: el nuevo nombre de la colección y un booleano que permite destruir la colección de destino, cuyo valor predefinido es `false`. Dejaremos este valor predefinido para validar que, cuando no se requiera explícitamente la destrucción de la colección destino, la operación de renombramiento falle:

```
> db.renombrarcoleccion.renameCollection("renombracoleccion"
MongoServerError: target namespace exists
```

Lógicamente, se produce un error. Para cambiar el nombre de una colección existente, el booleano debe cambiar a `true`, como se indica a continuación:

```
db.renombrarcoleccion.renameCollection("renombracoleccion", true)
```

Una `find` en `renombracoleccion` confirmará que el único documento existente en esta colección es el de `renombrarcoleccion`. Nuestra colección fuente tiene un tamaño mínimo y puede copiarse en una fracción de segundo. La duración de esta operación de copia dependerá obviamente del volumen de datos que contenga la colección.

Renombrar con el comando de administración

El equivalente usando `adminCommand` de nuestro último comando será:

```
db.adminCommand({renameCollection: "test.renombrarcoleccion", to:
"test.renombracoleccion", dropTarget: true})
```

Hay que tener en cuenta algunas limitaciones de `renameCollection`: cuando se utiliza desde dentro de una colección, no admite la copia entre bases de datos, a diferencia del comando de administración.

Además, no se puede operar sobre colecciones *fragmentadas*, lo que también ocurre con el comando de administración.

Para recordar

Las intercalaciones se utilizan para definir reglas de comparación de cadenas de caracteres.

Una colección se crea en cuanto se inserta en ella el primer documento o con el comando `createCollection`, se elimina con `drop` y se renombra con `renameCollection`.

Es posible aplicar una intercalación a una colección desde el momento de su creación.

9. Gestionar documentos

9.1 Insertar un documento

Ya hemos visto cómo insertar un documento al crear una base de datos. Solo se insertó un documento usando `insertOne`, pero obviamente es posible insertar varios simultáneamente colocándolos en una matriz usando `insertMany`. La sintaxis simplificada de `insertOne` es la siguiente:

```
db.collection.insertOne(<documento>)
```

El `insertMany` es:

```
db.collection.insertMany(<tabla de documentos>)
```

Volvamos a la tabla de documentos que creamos cuando vimos la estructura de un documento JSON:

```
[
 { "apellido": "durand", "nombre": "robert"},
 { "apellido": "dupont", "nombre": "france"}
]
```

Se trata de una matriz de objetos, porque los documentos son ante todo objetos. Ahora podemos conectarnos a `test` y ejecutar el siguiente comando:

```
Use test

db.personas.insertMany([
 { "apellido": "durand", "nombre": "robert"},
 { "apellido": "dupont", "nombre": "france"}
])

{
  acknowledged: true,
  insertedIds: {
    '0': ObjectId("65d5cd6e5a1b646dba13e33c"),
    '1': ObjectId("65d5cd6e5a1b646dba13e33d")
  }
}
```

¿Qué ocurre exactamente? Insertamos dos documentos en una colección llamada `personas`, que no existe; como nuestros documentos se insertan sin error, `personas` se crea cuando se ejecuta el comando de inserción.

El método `insertMany` gestiona las inserciones desordenadas: este tipo de inserción garantiza que, si se produce un error durante la inserción de varios documentos, la operación no se interrumpe y se insertan los documentos restantes. La inserción desordenada se realiza pasando un segundo documento que contiene el booleano `false` como parámetro a la clave `ordered`, como sigue:

```
db.personas.insertMany([
 { "apellido": "durand", "nombre": "robert"},
 { "apellido": "dupont", "nombre": "france"}
], {"ordered": false})
```

De forma predefinida, los documentos múltiples se insertan con el parámetro `ordered` con valor `true`. Es aconsejable dejar este parámetro en `true` para garantizar la coherencia de los datos y evitar el riesgo de insertar solo algunos de los documentos deseados.

Veamos ahora una inserción múltiple que fallará porque dos identificadores (esta vez de tipo cadena, ¡para variar!) tienen el mismo valor. Utilizamos las opciones predefinidas, es decir, la inserción se realiza de forma ordenada: el primer documento se inserta, el segundo no, porque su identificador es idéntico al del primero y el tercero no se inserta porque el segundo documento hizo que se interrumpiera la operación de inserción.

```
db.personas.insertMany([{
      "_id": "pers1",
      "apellido": "durand",
      "nombre": "robert"
},
      "_id": "pers1
      "apellido": "dupont",
      "nombre": "france"
}, {
      "_id": "pers2",
      "apellido": "dupont",
      "nombre: "eric
}])
```

Esta es la respuesta del *shell*, que confirma un error vinculado a un identificador duplicado al intentar insertar el segundo documento. El documento devuelto proporciona el valor del campo que ha provocado la interrupción de la inserción, así como el documento «defectuoso» tiene la clave `op` y `nInserted`, el número total de elementos insertados, que obviamente es 1.

```
Result: BulkWriteResult
  result: {
    ok: 1,
    writeErrors: [
      WriteError {
        err: {
          index: 1,
          código: 11000
          errmsg: 'E11000 duplicate key error collection:
test.personas index: _id_ dup key: { _id: "pers1" }',
          errInfo: undefined,
```

```
            op: { _id: 'pers1', apellido: 'dupont', nombre: 'france' }
          }
        }
      ],
      writeConcernErrors: [],
      insertIds: [
        { index: 0, _id: 'pers1' },
        { index: 1, _id: 'pers1' },
        { index: 2, _id: 'pers2' }
      ],
      nInserted: 1,
      nUpserted: 0,
      nMatched: 0,
      nModified: 0,
      nRemoved: 0,
      upserted: []
    }
  }
```

Borremos nuestra colección e intentemos ahora una inserción usando `ordered` con valor de `false` solicitando una inserción desordenada. Esta vez, el segundo documento sigue provocando un error, porque el valor de su identificador no cambia, ¡pero el tercero se insertará!

```
db.personas.drop()

db.personas.insertMany([{
      "_id": "pers1",
      "nombre": "durand",
      "nombre": "robert"
}, {
      "_id": "pers1",
      "apellido": "dupont",
      "nombre": "france"
}, {
      "_id": "pers2",
      "apellido": "dupont",
      "nombre: "eric"
}], {"ordered": false})
```

Al realizar esta inserción aparecerá el mismo mensaje de error que antes, pero esta vez `nInserted` será 2, ¡prueba de que se ha insertado el último documento!

Para insertar un solo documento, también tenemos la instrucción `insertOne`. Su sintaxis es similar a la de `insertMany`, pero simplificada porque solo toma un documento como parámetro:

```
db.coleccion.insertOne(< documento >)
```

La información que muestra difiere ligeramente de la que veníamos recibiendo hasta ahora:

```
db.personas.insertOne({"apellido": "durand", "nombre": "françoise"})
{
  acknowledged: true,
  insertedId: ObjectId("65d5ced65a1b646dba13e340")
}
```

Solo nos fijaremos en el segundo atributo del objeto que se muestra en respuesta a nuestro comando, `insertedId`. Mencionamos `ObjectId` cuando hablamos de los tipos de datos: este es el identificador que MongoDB ha decidido asignar al documento insertado, garantizando así su unicidad. Si alguna vez ha usado una base de datos relacional, simplemente este es el equivalente no relacional de una *clave primaria*. Nada impide decidir el valor del identificador al insertarlo, pero se debe garantizar la unicidad de este valor.

El valor de este identificador de documento debe colocarse en una clave llamada `_id` (hay que tener cuidado de no omitir el carácter «guión bajo» antes de `id`):

```
db.personas.insertOne(
   { "_id": 1, "apellido": "durand", "nombres": ["Jean-François",
"Raymond"]}
)
```

Si accidentalmente se intenta insertar otro documento con el mismo valor para el campo `_id`, esto es lo que se obtiene en la pantalla:

```
MongoServerError: E11000 duplicate key error collection :
test.personas index: _id_ dup key: { _id: 1 }
```

9.2 Modificar un documento

Hay varias formas de actualizar los documentos:

- `updateOne` y `findAndModify` para modificar un documento único;
- `updateMany` para modificar varios documentos.

He aquí los cuatro documentos contenidos en la colección de `personas` de nuestra base de datos, que será en lo sucesivo la proporcionada de forma predefinida en la instalación denominada `test`:

```
{ "_id": ObjectId("5c3324b1ef3173ce2a496971"), "apellido": "durand", "nombre":
"robert" }
{ "_id": ObjectId("5c3324b1ef3173ce2a496972"), "apellido": "dupont", "nombre":
"france" }
{ "_id": ObjectId("5c332508ef3173ce2a496973"), "apellido": "durand", "nombre":
"françoise" }
{ "_id": 1, "apellido": "durand", "nombres": [ "Jean-François", "Raymond" ] }
```

Los apellidos no se escriben en mayúsculas, así que hay que hacer algo al respecto. Para ello, se deben hacer dos actualizaciones:

- La primera consiste en capitalizar el único valor Dupont presente.
- La segunda es poner en mayúsculas a los tres miembros de la familia Durand.

Para actualizar un documento, se debe:

- En primer lugar, seleccionarlo aplicando un filtro (posiblemente vacío).
- Indicar a qué campos se dirigirá la actualización y cómo.

La instrucción `updateOne` se utilizará para actualizar un único documento. Su sintaxis simplificada es la siguiente:

```
db.coleccion.updateOne(< filtro >, < modificaciones >)
```

Los parámetros `filtro` y `modificaciones` son documentos: el primero se utiliza para seleccionar los documentos que se modificarán y el segundo describe las modificaciones que se aplicarán a los documentos seleccionados por el filtro con la ayuda de operadores de actualización (`$set` en este caso, pero hay muchos otros).

Nuestro filtro de ejemplo será «el documento cuyo nombre es dupont» y nuestro operador de actualización será un SET, igual que en SQL, ¡excepto que aquí se llama `$set`! He aquí el código de la operación consistente en sustituir «dupont» por «Dupont»:

```
db.personas.updateOne(
  { "apellido": "dupont"},
  {
    $set: {"apellido": "Dupont"}
  }
)
```

Las comillas alrededor de los nombres de campo (en este caso, `apellido`) son opcionales, pero recomendamos que se mantengan. El operador `$set` también puede ir entre comillas, pero se ha optado por no utilizarlas para marcar la diferencia entre la parte del filtro y la parte de la operación. En general, en este libro no entrecomillamos los operadores (puesto que son fáciles de reconocer porque su nombre va precedido del signo `$`), pero se pueden adoptar otras formas de escribir las consultas, no hay una práctica óptima en este sentido.

Esto es lo que devuelve el *shell*:

```
{
  acknowledged: true,
  insertedId: null,
  matchedCount: 1,
  modifiedCount: 1,
  upsertedCount: 0
}
```

La actualización de un único documento se ha realizado correctamente, ya que nuestro filtro se ha centrado en un documento (`matchedCount` es 1) y se ha modificado otro (`modifiedCount` también es 1), por lo que se trata del mismo documento.

Hay que tener en cuenta que MongoDB distingue entre mayúsculas y minúsculas. Si su filtro tiene como objetivo un atributo de documento llamado `Apellido`, entonces la actualización no se realizará, porque el nombre del atributo está en minúsculas en nuestra colección de `personas`. Del mismo modo, si la instrucción `updateOne` anterior hubiera tenido un filtro dirigido a «Dupont», no se habría realizado ninguna modificación porque todos los documentos tenían un nombre que empezaba por minúscula.

Para modificar varios documentos, la sintaxis es idéntica, solo cambia el nombre de la instrucción: igual que `insertOne` tiene su `insertMany`, `updateOne` tiene su `updateMany`.

```
db.personas.updateMany(
  { "apellido": "durand"},
  {
    $set: {"apellido": "Durand"}
  }
)
```

También en este caso, la respuesta del *shell* muestra que todo salió según lo previsto:

```
{
  acknowledged: true,
  insertedId: null,
  matchedCount: 3,
  modifiedCount: 3,
  upsertedCount: 0
}
```

Si hubiéramos querido apuntar a un Durand en particular en nuestra actualización, podríamos haber añadido su nombre al objeto JSON utilizado como filtro:

```
db.personas.updateOne(
  { "apellido": "durand", "nombre": "robert"},
  {
    $set: {"apellido": "Durand"}
  }
)
```

Evidentemente, la actualización de un documento a partir del valor de su identificador sigue siendo la solución recomendada, ya que se garantiza que es único:

```
db.personas.updateOne(
  {"_id": ObjectId("5c3324b1ef3173ce2a496971")},
  {
    $set: {"apellido": "Durand"}
  }
)
```

También es posible realizar lo que se conoce como `upsert`. Como se habrá adivinado, `upsert` no es más que una fusión de los términos `update` (actualizar) e `insert` (insertar). El principio es sencillo: se solicita una actualización y, si no se cumplen los criterios de filtrado, se realiza en su lugar una inserción:

```
db.personas.updateOne(
  { nombre: "Sébastien"},
  {
    $set: {"apellido": "Dupont"}
  }
   { "upsert": true}
)
```

En el caso anterior, queremos actualizar la persona cuyo nombre es Sébastien, pero no existe tal persona en nuestra colección. Dando a la tercera opción, `upsert`, el valor booleano `true`, insertaremos el documento que no ha encontrado una coincidencia en la colección. Este es el estado de nuestros datos después de este `upsert`:

```
{ "_id": ObjectId("5c3324b1ef3173ce2a496971"), "apellido": "Durand", "nombre":
"robert" }
{ "_id": ObjectId("5c3324b1ef3173ce2a496972"), "apellido": "Dupont", "nombre":
"france" }
{ "_id": ObjectId("5c332508ef3173ce2a496973"), "apellido": "Durand", "nombre":
"françoise" }
{ "_id": 1, "apellido": "Durand", "nombres": [ "Jean-François", "Raymond" ] }
{ "_id": ObjectId("5c338a055cf40234ad2edfc5"), "nombre": "Sébastien", "apellido":
"Dupont" }
```

Nuestro Sébastien, que no existía, fue creado con el apellido Dupont, que aparecía en el operador de actualización `$set`.

Si solo queremos Durand en nuestra colección, todo lo que tenemos que hacer es actualizar todos nuestros documentos suministrando un objeto vacío a nuestro filtro:

```
db.personas.updateMany(
  {},
  {
    $set: {"apellido" : "Durand"}
  }
)
```

Nuestra modificación ha repercutido en dos documentos, como estaba previsto:

```
{
  acknowledged: true,
  insertedId: null,
  matchedCount: 5,
  modifiedCount: 2,
  upsertedCount: 0
}
```

Como se puede ver, dado que el criterio de filtrado estaba vacío, el conjunto de documentos objetivo estaba formado por todos los documentos de la colección, es decir, 5 (`matchedCount`). Sin embargo, solo dos fueron modificados (`modifiedCount`).

El método `findAndModify` también se aplica a una colección y solo opera sobre un único documento, al igual que `updateOne` o `update` en su versión predefinida. Su sintaxis simplificada es la siguiente:

```
db.collection.findAndModify({
   query: < documento >,
   sort: < documento >,
   remove: < booleano >,
   update: < documento >,
   new: < booleano >,
   fields: < documento >,
   upsert: < boolean >
});
```

Existen otras opciones para findAndModify, pero las enumeradas anteriormente se encuentran entre las más utilizadas. Si la solicitud devuelve varios documentos, siempre se modifica el primero de ellos. Sin embargo, puede influir en el orden utilizando el campo sort.

Empecemos por modificar un documento de nuestra colección de personas de acuerdo a las siguientes restricciones:

- El nombre debe empezar por f o F.
- Los nombres deben clasificarse en orden alfabético inverso.
- Pondremos al día un contador de actualizaciones llamado númodifs.

Esto es lo que obtenemos; nótese que utilizamos el operador de incremento ($inc) para aumentar nuestro contador númodifs en 1:

```
db.personas.findAndModify({
   "query": { "nombre": /^F/i },
   "sort": { "nombre": -1 },
   "update": { $inc: { "númodifs": 1 } }
})
```

Cuando ejecutamos esta consulta, el *shell* devuelve un documento correspondiente al que hemos seleccionado, pero observamos que su estado no refleja la modificación que acabamos de realizar. Esto es lo que vemos

```
{
  _id: ObjectId("65d5d1fe5a1b646dba13e34d"),
  apellido: 'Durand',
  nombre: 'françoise'
}
```

¡Aquí no hay rastro de nuestro contador de modificaciones! Para que el documento mostrado tenga en cuenta las modificaciones que hemos hecho, tenemos que utilizar la clave new del documento que estamos pasando a findAndModify y darle el valor booleano true, así:

```
db.personas.findAndModify({
   "query": { "nombre": /^F/i },
   "sort": { "nombre": -1 },
   "update": { $inc: { "númodifs": 1 } }
   "new": true
})
```

Vamos a ejecutar la nueva versión de `findAndModify`; el documento devuelto por el *shell* contiene ahora el contador actualizado:

```
{
  _id: ObjectId("65d5d1fe5a1b646dba13e34d"),
  apellido: 'Durand',
  nombre: 'françoise',
  númodifs: 2
}
```

El método `findAndModify` permite eliminar el documento al que se refieren los criterios de `query`; basta con establecer el booleano `remove` a `true`. Por supuesto, `remove` y `update` no pueden coexistir (al igual que `remove` y `new`), ya que son mutuamente excluyentes; solicitar una eliminación Y una actualización no tiene sentido. Si se hubiese querido eliminar el documento apuntado anteriormente, se habría tenido que escribir:

```
db.personas.findAndModify({
   "query": { "nombre": /^F/i },
   "sort": { "nombre": -1 }
   "remove": true
})
```

Al utilizar `findAndModify`, se puede seleccionar solo un subconjunto de los campos del documento como se haría con un `find` estándar. Esta funcionalidad es posible gracias al campo `fields` del documento pasado al método, donde se especifica qué campos se desean conservar (el nombre del campo irá seguido del valor 1) o excluir (el nombre del campo irá seguido del valor 0). Repitamos la petición que precedió a `remove` para mostrar solo el valor contenido en el contador de modificaciones:

```
db.personas.findAndModify({
"query": { "nombre": /^F/i },
   "sort": { "nombre": -1 },
   "update": { $inc: { "númodifs": 1 } }
   "fields": {"_id": 0, "númodifs": 1 }
   "new": true
})
```

Por último, el método `findAndModify` también nos proporciona un campo para realizar `upserts`. Ahora ya conoce el principio de un `upsert`: si el documento al que se refieren los criterios de búsqueda no existe en la colección, se creará.

He aquí un ejemplo que combina muchas de las opciones que acabamos de ver: nos centramos en el nombre «Guillermo», ordenando los posibles homónimos por orden alfabético inverso del apellido, conservamos nuestro contador de modificaciones y renombramos a nuestro Guillermo como Lecoq. Si no existe ningún Guillermo, se insertará Guillermo Lecoq.

```
db.personas.findAndModify({
   "query": { "nombre": "Guillermo" },
   "sort": { "apellido": -1 },
   "update": { $inc: { "númodifs": 1 }, $set: {"apellido": "Lecoq"} },
   "fields": {"_id": 0, "númodifs": 1},
   "new": true
 "upsert": true
})
```

Renombrar uno o varios campos

Imaginemos que nuestra colección de `personas` contiene un campo cuyo nombre está mal escrito, por ejemplo «apelido» en lugar de «apellido». Para actualizar todos los documentos de esta colección que contengan este campo incorrecto, tenemos que apuntar a todos los documentos y luego utilizar el operador de actualización `$rename`, pasándole un par de cadenas que describan primero el nombre antiguo, seguido del nuevo nombre. Así es como cambiaremos el nombre de este campo utilizando `updateMany`:

```
db.personas.updateMany({}, {$rename: { "apelido": "apellido"}})
```

Si desea cambiar el nombre de varios campos, simplemente delimite cada uno de los pares *nombre antiguo/nombre nuevo* con una coma, de la siguiente manera:

```
db.personas.updateMany({}, {$rename: { "apelido": "apellido", "elad":
"edad"}})
```

Pero tenga cuidado al renombrar un campo: si ya existe un campo con el nuevo nombre, los valores de ese campo simplemente se sobrescribirán con los del nuevo campo.

Es posible renombrar un campo contenido en un subdocumento utilizando el símbolo «.» En el siguiente ejemplo, insertamos un documento con un campo `dirección` que es a su vez un documento y que contiene un campo llamado `cp`. Renombraremos este campo `código_postal`:

```
db.personas.insertOne(
  {"apellido": "dupont", "dirección": {"ciudad": "Apt", "cp": "84400"}}
)

db.personas.updateMany({}, {$rename: {"dirección.cp":
"dirección.código_postal"}})
```

Recuerde señalar el subdocumento en el nombre del nuevo campo, de lo contrario el campo se moverá al siguiente nivel superior. Veamos qué ocurre si olvidamos repetir el prefijo de la `dirección` en el nombre del nuevo campo:

```
db.personas.updateMany({}, {$rename: { "dirección.cp":
"código_postal"}})
{
  acknowledged: true,
  insertedId: null,
  matchedCount: 1,
  modifiedCount: 1,
  upsertedCount: 0
}

db.personas.find()
{ "_id" : ObjectId("5ca77380def4e43d6a2d7146"), "apellido" : "dupont",
"dirección": { "ciudad": "Apt" }, "código_postal": "84400" }
```

Se puede ver que el campo incorrectamente renombrado es eliminado de su subdocumento `dirección` y «se mueve hacia arriba» a la raíz del documento, comprometiendo así las peticiones que se dirigirían a él en la forma esperada, es decir, `dirección.código_postal`.

Por último, el cambio de nombre no funciona si se aplica a un campo tipo matriz.

9.3 Validar documentos

Desde la versión 3.2 de MongoDB, es posible validar documentos. Este proceso de validación, definido a nivel de una colección, se activa cuando se inserta o actualiza un documento en la colección, y consiste en comprobar que se ajusta en todos los aspectos a lo esperado. Existen dos escenarios posibles:

- La colección no existe y debe crearse mediante reglas de validación.
- La colección existe y necesita ser modificada para añadir reglas de validación.

En el primer caso, tendremos que utilizar la opción de `validator` al crear la colección, mientras que en el segundo utilizaremos el comando de administración `collMod` con esta misma opción.

Desde la versión 3.6, MongoDB hace posible (¡y altamente recomendable!) validar usando un esquema JSON.

MongoDB ya realiza algunas validaciones básicas, en particular sobre el tamaño de cualquier documento que se inserte en una colección, que actualmente está limitado a 16 MB. Es importante recordar que estas validaciones no pueden aplicarse a las colecciones utilizadas para gestionar el propio MongoDB, como las colecciones `admin`, `local`, `config` o `system`.

Validar en una colección existente

Tenemos una colección llamada `atletas` que contiene tres documentos que insertamos utilizando un código JavaScript muy sencillo: asignamos una matriz a una variable llamada `atletas`, que luego pasamos como argumento a `insertMany`:

```
atletas = [{
     "apellido": "Eclair",
     "nombre": "Jean-Michel",
     "disciplina": "Carreras"
}, {
     "apellido": "Cavalera",
     "nombre": "Max",
     "disciplina": "Salto de vallas"
}, {
     "apellido": "Hammer",
```

```
        "nombre": "Hemsi"
}]

db.atletas.insertMany(atletas)
```

Para garantizar la homogeneidad de nuestros datos, hemos decidido aplicar a nuestra colección unas reglas de validación a posteriori. Las hemos definido del siguiente modo:

- El nombre, de tipo cadena de caracteres, debe estar presente y empezar por mayúscula.
- El apellido, de tipo cadena de caracteres, debe estar presente.
- La disciplina, de tipo cadena de caracteres, debe estar presente y ser una de las disciplinas autorizadas, es decir, carreras, lanzamiento de martillo o salto de vallas.

Estas reglas son codificadas por nosotros y almacenadas en una variable llamada `propiedades`. Para cada uno de los campos que se va a validar, hemos indicado el tipo BSON de los datos por validar (`bsonType`) así como una descripción que indica el tipo de restricciones aplicadas al campo (`description`). También hemos especificado una expresión regular que se ha de satisfacer (`pattern`) y una enumeración de los valores que puede tomar el campo disciplina (`enum`). He aquí cómo se representa todo esto:

```
propiedades = {
     "nombre": {
            "bsonType": "string"
            "pattern": "^[A-Z].*"
            "description": "Cadena de caracteres + expr regular -
obligatorio"
     },
     "apellido": {
            "bsonType": "string",
            "description": "Cadena de caracteres - obligatorio".
     },
     "disciplina":
            "enum": ["Carreras", "Lanzamiento de martillo", "Salto de vallas"]
            "description": "Enumeración - obligatorio".
     }
}
```

Una vez establecidas nuestras reglas, debemos modificar la colección mediante el comando `collMod`. Esta es su sintaxis cuando se utiliza para gestionar la validación:

```
{
     collMod: <nombre de la colección objetivo>,
     validator: {
           $jsonSchema: {
                  bsonType: "object",
                  required: < tabla de campos requeridos >,
                  properties: < propiedades >
            }
     },
     validationLevel: < "strict" (predefinido), "moderate" o "off"
(desactivado) >,
     validationAction: < "error" (predefinido) o "warn" >
}
```

Los campos `validationLevel` y `validationAction` son opcionales, pero pueden ser muy útiles:

- Si `validationLevel` se establece en `strict`, que es el valor predefinido, esta validación se aplicará a todas las inserciones y actualizaciones. Si se establece en `moderate`, las reglas se aplicarán a las inserciones y actualizaciones de todos los documentos que ya satisfagan las reglas de validación. A cualquier documento no válido actualizado posteriormente no se le aplicarán estas reglas de validación, razón por la cual en la mayoría de los casos se dejará el valor predefinido. Para desactivar todas las validaciones, defina este campo como `off`.
- Si la acción de validación `validationAction` se establece en `error`, su valor predefinido, entonces cualquier intento de inserción o actualización que viole las reglas de validación se rechazará. Si `validationAction` se establece a `warn`, entonces la inserción o actualización procederá y MongoDB escribirá un mensaje en los logs haciendo referencia a esta violación de las reglas de validación.

Como todos los comandos de administración, `collMod` se utilizará con `db.runCommand`. Finalmente, nuestro comando está listo para ser ejecutado:

```
db.runCommand(
   {
       "collMod": "atletas",
         "validador": {
           $jsonSchema: {
                 "bsonType": "object",
                 "required": ["apellido", "nombre", "disciplina"],
                 "properties": propiedades
           }
       }
   }
)
```

Como se puede ver, la adición de estas reglas de validación a nuestra colección no ha afectado en absoluto a los tres documentos existentes, aunque el último documento no cumple algunas de estas reglas: de hecho, no incluye un campo de `disciplina`, ¡que es obligatorio! Si hiciéramos algún cambio en este documento, se activaría la validación y, como el nivel predefinido es `strict`, se produciría un error. Por ejemplo, vamos a añadir un campo llamado edad a nuestro documento inválido:

```
db.atletas.updateOne({"nombre": "Martillo"}, {$set: {"edad":
NumberInt(33)}})
```

Esto es lo que nos dice el *shell*:

```
MongoServerError: Document failed validation
Additional information: {
  failingDocumentId: ObjectId("65d5daebf784f3fca7ee20e2"),
  details: {
    operatorName: '$jsonSchema',
    schemaRulesNotSatisfied: [
      {
       operatorName: 'required',
      specifiedAs: { required: [ 'apellido', 'nombre', 'disciplina' ] },
      missingProperties: [ 'disciplina' ]
     }
    ]
  }
}
```

Cualquier modificación de este documento que no cumpla nuestras normas de validación será rechazada. Tiene nombre y apellidos, como exigimos, pero no tiene una de las disciplinas requeridas. Para que cumpla nuestras reglas de validación, tenemos que asignarle una disciplina válida. Así que hagámosle lanzador de martillo:

```
db.athletes.updateOne({"nombre": "Martillo"}, {$set: {"disciplina": "Lanzamiento de martillo"}})
```

Esta vez, ¡la actualización se ha realizado correctamente! Echemos un vistazo al estado de nuestra colección con el siguiente `find` para comprobar que todo vuelve a estar en orden:

```
db.athletes.find({}, {"_id": 0, "apellido": 1, "disciplina": 1})
[
  { name: 'Eclair', disciplina: 'Carreras' },
  { name: 'Cavalera', disciplina: 'Salto de vallas' },
  { name: 'Martillo', disciplina: 'Lanzamiento de martillo' }
]
```

Ningún documento infringe ahora nuestras normas de validación.

Veamos otros tipos de documentos que provocan un error de validación. Por ejemplo, los nombres o apellidos que empiezan por una letra minúscula:

```
db.atletas.insertOne({"apellido": "ferrandez", "nombre": "Sébastien", "disciplina": "Carreras"})
```

Lo mismo ocurrirá cuando una disciplina se escriba de forma diferente («carreras» en lugar de «Carreras», por ejemplo):

```
db.atletas.insertOne({"apellido": "Ferrandez", "nombre": "Sébastien", "disciplina": "carreras"})
```

Obviamente, un tipo de dato inadecuado también provocará un error (una disciplina a la que pasaríamos un digito):

```
db.atletas.insertOne({"apellido": "Ferrandez", "nombre": "Sébastien", "disciplina": 7})
```

Validar al crear una colección

Ahora vamos a borrar la colección antigua y a crear una nueva que contendrá reglas de validación un poco más avanzadas que las que acabamos de escribir. Por ejemplo, añadiremos reglas para campos que residan en subdocumentos o que requieran tipos que no hayamos requerido anteriormente, como `int` o `double`.

La sintaxis para establecer reglas de validación de documentos en cuanto se crea una colección es la siguiente:

```
db.createCollection(<nombre de la colección >, {
    validador: {
           $jsonEsquema: {
                  bsonType: "objeto",
                  required: < matriz de campos obligatorios >,
                  properties: < propiedades }
    },
    validationLevel: < "strict" (predefinido), "moderate" o "off"
(desactivado) >,
validationAction: < "error" (predefinido) o "warn" >.
})
```

Así que aquí está nuestro guion completo, con las nuevas características en negrita:

```
db.atletas.drop()

properties= {
        "nombre": {
           "bsonType": "string",
           "pattern": "^[A-Z].*",
           "description": " Cadena de caracteres+ expr regular -
obligatorio"
        },
        "apellido": {
           "bsonType" : "cadena",
           "description": "Cadena de caracteres - obligatorio"
        }
       "dirección.ciudad" : {
           "bsonType": "cadena",
           "description": "Cadena de caracteres"
       },
       "dirección.país" : {
           "bsonType": "cadena",
           "description": "Cadena de caracteres"
       },
```

```
        "ranking" : {
            "bsonType": "int"
            "mínimo": 0
            "máximo": 300,
            "descripción": "Número entero entre 0 y 300".
        }
         "disciplina": {
            "enum": ["Carreras", "Lanzamiento de martillo", "Salto de vallas"],
            "description": "Enumeración - obligatoria".
         }
        "distancia_km": {
            "bsonType": "double",
            "minimum": 0
            "description": "Número decimal"

}

db.createCollection("atletas", {
     validator: {
           $jsonSchema: {
                  "bsonType": "object",
                  "required": ["apellido", "nombre", "disciplina"],
                  "properties": propiedades
           }
     }
})

atletas = [{
     "apellido": "Eclair",
     "nombre": "Jean-Michel",
     "dirección": {
           "ciudad": "París
           "país": "Francia"
     },
     "ranking": NumberInt(0),
     "disciplina": "Carreras",
     "distancia_km": Double(0)
}, {
     "apellido": "Cavalera",
     "nombre": "Max",
     "dirección": {
           "ciudad": "Belo Horizonte",
           "país": "Brasil"
     },
     "ranking": NumberInt(300),
     "disciplina": "Salto de vallas",
     "distancia_km": Double(1204.18)
}, {
     "apellido": "Hammer",
     "nombre": "Hemsi",
     "disciplina": "Lanzamiento de martillo".
```

```
}]

db.atletas.insertMany(atletas)
```

Todos nuestros documentos pasan la validación. Intentemos provocar algunos errores para probar nuestro esquema JSON. Por ejemplo, vamos a dar a uno de nuestros atletas un rango fuera del aceptado que va de 0-300 que hemos definido:

```
db.atletas.insertOne({"apellido": "Ferrandez", "nombre": "Sébastien",
"disciplina": "Carreras", "ranking": NumberInt(301)})
```

Se produce un error. Probemos también a dar a los campos del subdocumento de `dirección` valores de un tipo no admitido, como un número con punto decimal o el marcador `null`:

```
atleta = {
     "apellido": "Ferrandez",
     "nombre": "Sébastien",
     "disciplina": "Carreras",
     "dirección":
          "ciudad": 1.10
          "país": null
     }
}

db.atletas.insertOne(atleta)
```

Una vez más, la validación hará su trabajo y la inserción será rechazada.

Validar una tabla de documentos

Nos gustaría añadir a cada uno de los documentos de nuestra colección de `atletas` el historial de las competiciones en las que participaron. Hemos decidido que una competición debe incluir los siguientes campos:

- un nombre;
- una fecha;
- una clasificación.

En aras de la simplicidad, también hemos establecido que cada atleta debe tener al menos una competición y un máximo de tres. Aquí está nuestro nuevo documento de propiedades:

```
propiedades = {
     "competiciones": {
           "bsonType": "array"
           "minItems": 1,
           "maxItems": 3
           "items": {
                 "required": ["nombre", "fecha", "clasificación"],
                 "bsonType": "object",
                 "additionalProperties": false,
                 "propiedades": {
                        "nombre": {
                            "bsonType": "string",
                            "description": "Cadena - obligatorio"
                        },
                        "fecha":
                            "bsonType": "date"
                            "description": "Fecha - obligatoria"
                        },
                        "clasificación": {
                            "bsonType": "int",
                            "minimum": 0,
                            "maximum":100,
                            "description": "Entero - obligatorio"
                        }
                 }
           }
     }
}
```

Se puede ver que esencialmente estamos diciendo «`competiciones` es de tipo `array` y que contendrá elementos (*ítems*) de tipo `object`», que es más simplemente «`competiciones` es una matriz de objetos». Actualicemos nuestra colección utilizando `collMod`, como se ha descrito anteriormente. Al hacerlo, no olvidaremos especificar que la presencia de `competiciones` es obligatoria (*required*):

```
db.runCommand({
     "collMod": "atletas",
     "validator": {
           $jsonSchema: {
```

```
                "bsonType": "object",
                "required": ["competiciones"],
                "properties": propiedades
        }

})
```

Como ya hemos dicho, esta nueva lista de restricciones no tiene ningún efecto sobre la validación de los documentos que ya están en la colección. Actualicemos el más reciente de ellos para dar un valor a su ciudad de residencia y veamos qué ocurre:

```
db.athletes.updateOne({"apellido": "Ferrandez"}, {$set:
{"direccion.ciudad": "Avignon"}})
```

No tiene competencia, por lo que no podemos actualizarla. Así que vamos a adaptarlo a nuestros nuevos requisitos creando uno para él:

```
db.atletas.updateOne({
    "apellido": "Ferrandez
}, {
    $set: {
        "competiciones": [{
            "nombre": "París 2024"
            "fecha": new Date('2024-11-30')
            "clasificación": NumberInt(100)
        }]
    }
})
```

La parte de la fecha es importante. Instanciamos la clase `Date` pasándole una cadena de caracteres. Pasar solo una cadena de caracteres daría lugar a un error de validación, porque como ya se sabe ahora, las fechas requieren un tratamiento especial.

¿Qué pasaría si incluyéramos más concursos de los necesarios?

Utilicemos el operador `$push` para añadir elementos a nuestra matriz y responder a esta pregunta.

```
db.atletas.updateOne({
     "apellido": "Ferrandez
}, {
     $push: {
       "competiciones": {
           $each: [{
               "nombre": "Avignon 2024",
               "fecha": new Date('2024-12-01'),
               "clasificación": NumberInt(50)
           }, {
               "nombre": "Marsella 2024",
               "date": new Date('2024-12-15'),
               "clasificación": NumberInt(44)
           }, {
               "nombre": "Toulon 2024",
               "date": new Date('2024-12-28'),
               "clasificación": NumberInt(60)
           }]
       }
   }
})
```

Intentamos insertar tres nuevas competiciones, elevando el número total a 4, cuando `maxItems` tiene un límite de 3. Como era de esperar, este intento de inserción genera un error.

Modificar los criterios de validación

Supongamos que se desea añadir el siguiente criterio: «el campo `_id` debe ser forzosamente del tipo objectId»; se tendrá que recuperar el validador actualmente activo en la colección y añadir un elemento que contenga este criterio de validación a la tabla junto con la clave `$and` (y). El nuevo criterio tendrá este aspecto:

```
{ "_id": { $type: "objectId" }}
```

Se recupera el validador de la colección `atletas` de la siguiente manera:

```
validador = db.getCollectionInfos({name:
"atletas"})[0].options.validator
```

A continuación, se añade el criterio a la clave `$and` de la siguiente manera:

```
validador.$jsonSchema.properties["_id"] = { "bsonType":
"objectId" }
```

Por último, se modifica la colección `atletas` pasándole el nuevo validador que se acaba de crear:

```
db.runCommand({
"collMod": "atletas",
"validator": validador
})
```

Ahora estamos preparados para aceptar el hecho de que cualquier intento de insertar un identificador que no sea de tipo `ObjectId` resultará de ahora en adelante en un estrepitoso fracaso.

Intentemos una inserción con un identificador decimal:

```
db.atletas.insertOne({
   "_id": 1
   "apellido": "Ferrandez",
   "nombre": "Sandrine",
   "disciplina": "Carreras",
   "distancia_km": Doble (8)
})
```

o bien con un valor de cadena de caracteres:

```
db.atletas.insertOne({
   "_id": "athl1",
   "apellido": "Ferrandez",
   "nombre": "Sandrine",
   "disciplina": "Carreras",
   "distancia_km" : Double(8)
})
```

En ambos casos, se producirá un error:

```
MongoServerError: Document failed validation
Additional information: {
  failingDocumentId: 'athl1',
  details: {
    operatorName: '$jsonSchema',
    schemaRulesNotSatisfied: [
      {
        operatorName: 'properties',
       propertiesNotSatisfied: [ { propertyName: '_id', details:
[ [Object] ] } ]
      },
      {
        operatorName: 'required',
        specifiedAs: { required: [ 'competiciones' ] },
        missingProperties: [ 'competiciones' ]
      }
    ]
  }
}
```

Validar mediante expresiones de consulta

La validación puede llevarse a cabo utilizando un esquema JSON, pero también con expresiones que se encuentran normalmente en las consultas, como `$and` o `$or`. Eliminemos la colección de atletas y creemos una nueva con un conjunto de reglas que contengan las siguientes restricciones: necesitamos tener el apellido O el nombre Y los campos `disciplina` y `distancia_km`.

```
db.atletas.drop()

db.createCollection("atletas", {
```

```
    validator: {
        $y: [
        {
            $o: [{
                "apellido": {
                     $type: "string"
                }
            },
            {
                "nombre": {
                     $type: "string"
                }
           }
            ]
        },
        {
            "disciplina": {
                $in: ["Carreras", "Lanzamiento de martillo",
"Salto de vallas"]
            }
        },
        {
            "distancia_km": {
                $type: "double"
            }
        }
        ]
    }
})
```

Los siguientes documentos son todos válidos y serán insertados correctamente usando insertOne:

```
atleta1= {
     "apellido": "Ferrandez",
     "nombre": "Sébastien",
     "disciplina": "Carreras",
     "distancia_km": Doble(1)


atleta2 = {
     "apellido": "Ferrandez",
     "disciplina": "Lanzamiento de martillo",
     "distancia_km": Doble(0)
```

```
atleta3 = {
     "apellido": "Sébastien",
     "disciplina": "Salto de vallas",
     "distancia_km": 123.45
}

atletas = [atleta1, atleta2, atleta3]

atletas.forEach(function(atleta) {
 db.atletas.insertOne(atleta)
})
```

Si la colección ya contiene documentos, se puede realizar este cambio del mismo modo que antes:

```
validador = db.getCollectionInfos({nombre: "atletas"})
[0].options.validator;

validator.$and = [
   {
       $o: [{
           "apellido": {
               $type: "cadena"
           }
       },
       {
           "nombre": {
               $type: "cadena"
               }
       }
       ]
   },
   {
     "disciplina": {
       $in: ["Carreras", "Lanzamiento de martillo", "Salto de vallas"]
   }
   },
   {
       "distancia_km": {
           $type: "double"
       }
   }
]

db.runCommand({
```

```
 "collMod": "atletas",
 "validator": validador
})
```

Para eliminar la validación que acabamos de añadir, escriba:

```
delete validador.$and
```

Y habrá que adjuntar este validador vacío a nuestra colección:

```
db.runCommand({
 "collMod": "atletas",
 "validator": validador
})
```

9.4 Suprimir un documento

Para eliminar uno o varios documentos, utilice uno de los siguientes métodos:

- `db.collection.deleteOne(filtro)` para eliminar el documento al que apunta el documento filtro.
- `db.collection.deleteMany(filtro)` para eliminar todos los documentos a los que apunta el documento filtro.
- `db.collection.drop()` para eliminar todos los documentos de una colección sin filtrado previo, así como cualquier índice creado sobre esta colección.

Si se desean borrar todos los documentos de una colección, recomendamos usar el método `drop`:

```
db.personas.drop()
```

Tenga en cuenta que se podría haber utilizado un documento vacío como filtro y obter el mismo resultado con `deleteMany` o `remove`:

```
db.personas.deleteMany({})
```

Sea cual sea el método que se utilice, la respuesta del *shell* es la esperada: ¡se han eliminado cinco elementos, como puede verse en el valor de `deletedCount`!

```
{ acknowledged: true, deletedCount: 5 }
```

Por último, una tercera forma de borrar todos nuestros documentos podría haber sido apuntando a los apellidos:

```
db.personas.deleteMany(
  { "apellido": "Durand"}
)
```

Al igual que en el caso de la actualización, es posible eliminar uno o varios documentos. Si se hubiese querido borrar el último documento creado, se habría tenido que escribir:

```
db.personas.deleteOne(
  { "nombre": "Sébastien"}
)
```

Para orientar las eliminaciones, utilice un `ObjectId` siempre que sea posible, en lugar de un valor de propiedad que pueda tener múltiples apariciones (como el nombre «Sébastien»).

9.5 Sustituir un documento

Se puede sustituir o reemplazar un documento dentro de una colección utilizando el método `replaceOne`, cuya sintaxis simplificada es:

```
db.collection.replaceOne(filtro, documento)
```

El documento `filtro` se utiliza para seleccionar el documento que será sustituido, mientras que el documento representa el que será sustituido.

Si queremos que Sébastien se convierta en Jean-Sébastien, tendremos que llevar a cabo esta sustitución usando `ReplaceOne`:

```
db.personas.replaceOne(
  { "nombre": "Sébastien"},
  { "nombre": "Jean-Sébastien"}
)
```

De hecho, si se hace esto, se eliminan las otras propiedades del documento. Una búsqueda (`find`) en la colección mostrará que el campo nombre ha desaparecido. Recuerde añadir la información que se quiera conservar en el segundo documento, el que «sobrescribirá» al primero:

```
db.personas.replaceOne(
  { "nombre": "Sébastien"},
  { "nombre": "Jean-Sébastien", "apellido": "Dupont"}
)
```

Es posible utilizar `upsert` como tercer argumento de `replaceOne`. Esto funciona exactamente igual que una inserción: si el filtro no encuentra un documento coincidente, el documento de sustitución se creará en la colección.

```
db.personas.replaceOne(
  { "nombre": "Jean-Luc"},
  { "nombre": "Jean-Luc", "apellido": "Dupont"},
  { "upsert": true}
)
```

Para recordar

`insertOne` permite añadir un documento a una colección, mientras que `insertMany` se utiliza para añadir varios.

`updateOne` se utiliza para actualizar un documento de una colección, mientras que `updateMany` se utiliza para actualizar varios. En ambos casos, el criterio de actualización es opcional. El método `findAndModify` se utiliza para seleccionar un único documento y actualizarlo, todo en una sola operación.

Los documentos de una colección pueden validarse antes de ser insertados o actualizados.

Para eliminar documentos, pueden utilizar los métodos `deleteOne` o `deleteMany`.

Para sustituir un documento, `replaceOne` está a su disposición.

10. Las capped collections (colecciones limitadas)

Las colecciones limitadas (*capped collections*) son un tipo especial de colección, ya que tienen un tamaño fijo. Su comportamiento es el de un búfer circular: una vez alcanzada la capacidad máxima de la colección, cada documento insertado provocará automáticamente la eliminación del documento más antiguo de la colección.

Las *capped collections* conservan el orden de inserción, por lo que las consultas dirigidas a documentos de este tipo concreto de colección no tienen que depender de un índice que tenga en cuenta este orden, lo que tiene por efecto hacerlas más rápidas.

En particular, se utilizan para gestionar logs o bien cachés. El propio MongoDB utiliza este tipo de colección para su funcionamiento; el *oplog* – o *registro de operaciones* – es una *capped collection* que se utiliza para garantizar que las operaciones de replicación desde una máquina primaria a una secundaria se ejecuten sin problemas. Desde la versión 4 de MongoDB, el *oplog* tiene la posibilidad de crecer más allá de su capacidad máxima, convirtiéndolo en un caso muy especial de *capped collections*.

10.1 Crear una colección limitada

El comando para crear una *cap collection* es el mismo que para una colección normal, salvo que se debe especificar en las opciones de creación que está limitada y asignarle un tamaño en bytes. Si el tamaño introducido como parámetro es inferior o igual a 4 Kb, la colección se limita automáticamente a este valor. Además, cualquier tamaño que no sea múltiplo de 256 se redondea a un múltiplo de ese número. Creemos ahora una *capped collection* llamada `coll_limitada` y especifiquemos un tamaño de 5.000 bytes:

```
db.createCollection("coll_limitada", {"capped": true, "size":
5000})
```

El método `isCapped`, aplicable a una colección, utiliza un booleano para indicar si la colección en cuestión está o no limitada. En este caso, lo está y devolverá `true`:

```
db.coll_limitada.isCapped()
```

Al consultar algunas de las propiedades de esta colección mediante el método `db.coll_limitada.stats()`, podemos ver que, efectivamente, el tamaño se ha redondeado al siguiente múltiplo de 256, es decir, 5120:

```
{
  ns: 'test.coll_limitada',
  tamaño: 0,
  count: 0,
  numOrphanDocs: 0,
  storageSize: 4096,
  freeStorageSize: 0,
  capped: true,
  max: 0
  maxSize: 5000,
}
```

También es posible definir un número máximo de documentos permitidos en una *capped collection* mediante la opción `max`. Tenga en cuenta, sin embargo, que esta opción no dispensa la necesidad de especificar el tamaño de la colección, que sigue siendo obligatorio. Incluso antes que el número de documentos que contiene, es el hecho de que se haya alcanzado el tamaño máximo de la colección lo que decidirá si se suprimen los documentos más antiguos.

Destruyamos nuestra antigua colección limitada y volvamos a crearla solicitando explícitamente un número máximo de 1.000 documentos:

```
db.coll_limitada.drop()

db.createCollection(
   "coll_limitada",
   {"capped": true, "size": 5000, "max": 1000}
)
```

Si volvemos a visualizar las estadísticas de nuestra colección, vemos que se ha tenido en cuenta el número máximo de documentos que solicitamos:

```
{
  ns: 'test.coll_limitada',
  size: 0,
  count: 0,
  numOrphanDocs: 0,
  storageSize: 4096,
  freeStorageSize: 0,
  capped: true,
```

```
  max: 1000,
  maxSize: 5000,
}
```

10.2 Particularidades de las capped collections

Constituyendo un tipo de colección particular, las *capped collections* también tienen un campo `_id` indexado de forma predefinida.

Este tipo de colección no puede ser objeto de fragmentación (*sharding*).

Una colección estándar se puede convertir a *capped* mediante el comando `convertToCapped`:

```
db.micoleccionestandar.insert({ "clave": "valor"})
{
  acknowledged: true,
  insertedIds: { '0': ObjectId("65d5e3eaf784f3fca7ee210a") }
}
db.runCommand({"convertToCapped": "micoleccionestandar", size: 5000})
{ ok : 1 }
```

Borrar un documento de una colección limitada

Desde la versión 5 de MongoDB, es posible borrar un documento contenido en una *capped collection*, lo que antes no era posible. ¡Para ello, basta con utilizar `deleteOne`!

Actualizar un documento en una colección limitada

Actualizar un documento es lo más natural posible, con `updateOne`:

```
db.coll_limitada.updateOne({"clave": "valor"}, {$set: {"clave":
"nuevovalor"}})
```

El *shell* responde informando que un documento ha sido seleccionado Y modificado por la consulta:

```
{
  acknowledged: true,
  insertedId: null,
  matchedCount: 1,
  modifiedCount: 1,
  upsertedCount: 0
}
```

Para que las actualizaciones sean eficaces, se recomienda utilizar índices en este tipo de colecciones para evitar tener que recorrer toda la colección.

Modificar el tamaño de una colección limitada

Desde la versión 6 de MongoDB, es posible cambiar el tamaño de una colección limitada utilizando la opción `cappedSize` del comando `collMod`. Este tamaño se expresa en bytes y debe ser mayor que 0 y menor o igual que 1 petabyte. Así, para cambiar el tamaño de nuestra colección limitada de ejemplo a un tamaño de 10.000 bytes, basta con ejecutar:

```
db.runCommand({"collMod": "coll_limitada", "cappedSize": 10000})
```

Modificar el número máximo de documentos en una capped collection

Para cambiar el número máximo de documentos de una colección limitada, utilice la opción `cappedMax` del comando `collMod`. Si este número es menor o igual que 0, la colección no tendrá límite. Si es inferior al número de documentos permitidos actualmente en la colección, los documentos sobrantes se eliminarán la próxima vez que se inserte la colección. Este es el comando utilizado para establecer el número máximo de documentos en nuestra colección en 1.000:

```
db.runCommand({"collMod": "coll_limitada", "cappedMax": 1000})
```

Para recordar

Las *capped collections* son colecciones de tamaño fijo y configurable que no se pueden *fragmentar*.

Las *capped collections* funcionan como buffers circulares: cuando se llenan, los documentos más antiguos se eliminan para dejar paso a los más recientes.

Es posible convertir una colección «normal» en *capped collection*.

Desde la versión 5.0.7 de MongoDB, es posible eliminar documentos de una *capped collection*.

Colecciones de series temporales (time series)

Las colecciones de series temporales (*times series*) están disponibles desde la versión 5.0 de MongoDB y han sido especialmente diseñadas para almacenar datos que varían con el tiempo, como las mediciones de sensores, las cantidades de un producto en stock, el número de visitantes de un sitio web o el precio de una acción en bolsa.

Los datos que componen las series temporales suelen estar formados por:

- Una marca de tiempo (timestamp) obligatoria que indique cuándo se realizaron las mediciones;
- metadatos opcionales, que variarán poco de un documento a otro;
- las medidas propias o *métricas*.

Para ilustrar nuestro argumento, creemos una colección de este tipo: tomaremos el caso de una red de cámaras que vigilan cruces de carreteras y cuentan el número de vehículos y peatones que se encuentran en cada cruce cada minuto. Nuestro campo *timestamp* se llamará de la forma más sencilla posible y crearemos un campo de metadatos que contendrá esencialmente datos técnicos. Para indicar que queremos mediciones tomadas cada minuto, utilizaremos los campos `bucketRoundingSeconds` y `bucketMaxSpanSeconds`, disponibles desde la versión 6.3 y que sustituyen a `granularidad`. El valor de estos campos debe ser exactamente el mismo, es decir, 60 segundos:

```
db.createCollection("intersección_cámara", {
  "timeseries": {
    "timeField": "timestamp",
    "metaField": "metadata",
    "bucketRoundingSeconds": 60,
    "bucketMaxSpanSeconds": 60
  }
})
```

Hay que tener en cuenta que también es posible eliminar los documentos que hayan caducado, utilizando el campo `expireAfterSeconds`. Si queremos que nuestros documentos tengan una duración máxima de 24 horas, crearemos nuestra colección de la siguiente manera:

```
db.createCollection("camera_intersection", {
  "timeseries": {
```

```
    "timeField": "timestamp",
    "metaField": "metadata",
    "bucketRoundingSeconds": 60,
    "bucketMaxSpanSeconds": 60
  }

" expireAfterSeconds": 86400 })
```

He aquí un ejemplo de inserción en esta colección:

```
db.camera_intersection.insertOne({
  "timestamp": new Date(),
  "foto_edo_tráfico": "https://vigilancia.com/imagen_1.jpg",
  "núm_vehículos": 20,
  "núm_peatones": 1,
  "ubicación": {
    "intersección": "c. Tabaga / Cerrada Aldam",
    "ciudad": "Arles"
  },
  "metadonnees": {
    "cámara_id": "HSA5123",
    "cámara_marca": "Avigilon H5A infrared"
  }
})
```

Es probable que las mediciones varíen entre documentos (en este caso, el número de peatones y vehículos), mientras que es menos probable que los metadatos sean diferentes para la misma intersección, ya que cambiarán cuando se sustituya o se vuelva a registrar la cámara. Por este motivo, las mediciones se colocan en la raíz del documento, mientras que la información que es menos probable que cambie se coloca en los metadatos.

Capítulo 2
Realizar consultas en MongoDB

1. Buscar información usando find y findOne

Los métodos `find` y `findOne` tienen exactamente la misma firma. Tomemos el método `find`:

```
db.collection.find( <consulta>, <proyección>)
```

Los parámetros `consulta` y `proyección` son ambos documentos: el primero detalla la consulta, mientras que el segundo describe los campos que se mostrarán (o proyectarán; estos términos son intercambiables).

Para listar todos los documentos de la colección `personas`, contenida en la base de datos `prueba`, hemos tenido ya la ocasión de utilizar el método `find`, sin pasarle ningún argumento. En la práctica, devuelve lo que llamamos un *cursor*. De forma predefinida, un cursor está formado por grupos de 20 documentos. Cuando se realice una búsqueda que devuelva más de 20 documentos a través del *shell* de MongoDB, se tendrá que teclear `it` (de `iterar`) para acceder a los 20 resultados siguientes, hasta que el cursor haya sido recorrido por completo. Afortunadamente, se puede cambiar esta limitación utilizando la API `config`. Por ejemplo, si se desea que los cursores muestren grupos de 40 documentos, todo lo que se tiene que hacer es escribir:

```
config.set("displayBatchSize", 40)
```

El cambio surtirá efecto inmediatamente y persistirá incluso cuando se conecte al *shell* en el futuro.

Ahora vamos a crear una nueva versión de nuestra colección `personas`. Hay que, en orden, borrar la antigua colección y luego insertar los nuevos documentos, pero ya sabemos cómo hacer todo eso, ¡así que empecemos!

```
db.personas.drop()

db.personas.insertMany(
[
{"apellido": "Durand", "nombre": "René", "edad": 70},
{"apellido": "Durand", "nombre": "Gisèle", "edad": 68},
{"apellido": "Dupont", "nombre": "Gaston", "edad": 77},
{"apellido": "Dupont", "nombre": "Catherine", "edad": 76},
{"apellido": "Duport", "nombre": "Eric", "edad": 76},
{"apellido": "Duport", "nombre": "Arlette", "edad": 76},
{"apellido": "Lejeune", "nombre": "Jean", "edad": 88},
{"apellido": "Lejeune", "nombre": "Mariette", "edad": 80},
{ "apellido": "Incompleto", "nombre": "Jean-Michel"}
]
)
```

Para comprobar que nuestra nueva colección está en marcha, consulte los documentos:

```
db.personas.find()
```

Está viendo la página 1 de nuestro cursor, que solo contiene un documento, ya que el límite predefinido es de 20 y nuestra colección solo tiene 9.

También se puede limitar el `número` de documentos devueltos por una consulta utilizando el método `limit`:

```
cursor.limit(número)
```

Si solo se desean mostrar los cinco primeros documentos de la colección de personas, es fácil: hay que aplicar este límite al cursor devuelto por `find()`:

```
db.personas.find().limit(5)
```

Ahora ejecute la siguiente instrucción:

```
db.personas.findOne()
```

Se puede constatar que `findOne`, como su nombre indica, solo devuelve un documento, y que en este caso es el primero que se ha insertado en la colección. Nótese que se habría obtenido exactamente el mismo resultado ejecutando el siguiente comando:

```
db.personas.find().limit(1)
```

2. Operadores de comparación

Ahora vamos a realizar consultas en el único campo de tipo entero de nuestros documentos: el campo `edad`.

Si queremos mostrar las personas cuya edad es exactamente 76, podemos ejecutar la siguiente consulta:

```
db.personas.find({"edad": 76})
```

Pero también podemos utilizar el operador de igualdad `$eq` para solicitar una igualdad estricta:

```
db.personas.find({"edad": {$eq: 76}})
```

La primera forma es mucho más fácil de leer, pero el resultado es exactamente el mismo. La única diferencia radica en la forma de escribir la igualdad. En el segundo caso, tenemos un documento que a su vez contiene un documento cuya clave es el operador de igualdad `$eq` y cuyo valor es el número 76.

Si queremos obtener los nombres de las personas de 76 años, utilizaremos la parte de `proyección` de nuestro método de búsqueda `find` enumerando los campos que queremos que aparezcan en pantalla. El documento tendrá una clave llamada `nombre` y un valor booleano cuyo valor será `true`.

```
db.personas.find({"edad": {$eq: 76}}, {"nombre": true})
```

La ejecución de esta consulta muestra que efectivamente se muestra el campo `nombre`, pero también el identificador `ObjectId` de cada documento. Simplemente se indicará que no se desea conservar poniendo el valor booleano `false` delante del nombre del campo, de la siguiente manera:

```
db.personas.find({"edad": {$eq: 76}}, {"_id": false, "nombre":
true})
```

A partir de ahora, utilizaremos una notación simplificada, que consiste en sustituir los valores booleanos por su equivalente numérico (0 para `false` y 1 para `true`):

```
db.personas.find({"edad": {$eq: 76}}, {"_id": 0, "nombre": 1})
```

Veamos los demás operadores de comparación de que disponemos:

- diferencia con `$ne` (*not equals*)
- mayor que `$gt` (*greater than*) y `$gte` (*greater than or equals to*) - mayor que o igual a
- menor que `$lt` (*less than*) y $lte (less than or equals to) - menor que o igual a
- presencia y ausencia en una matriz de valores con `$in` y `$nin` respectivamente

Buscar basándose en una desigualdad

Averiguar los nombres de personas cuya edad no es 76 años:

```
db.personas.find({"edad": {$ne: 76}}, {"_id": 0, "nombre": 1})
```

Buscar basándose en menor que

Averiguar los nombres de las personas estrictamente menores de 70 años:

```
db.personas.find({"edad": {$lt: 70}}, {"_id": 0, "nombre": 1})
```

Si se desea un valor de edad inferior o igual a 70 años, se deberá utilizar `$lte`.

Buscar basándose en mayor que

Averiguar el nombre de las personas de 80 años o más:

```
db.personas.find({"edad": {$gte: 80}}, {"_id": 0, "nombre": 1})
```

Si se desea un valor de edad estrictamente superior a 80 años, se deberá utilizar `$gt`.

Buscar basándose en un intervalo

Para obtener los nombres de personas con edades comprendidas entre 70 y 80 años, es decir, mayores o iguales que 70 Y menores o iguales que 80, tendremos que pasar un documento que contenga dos operadores de comparación en la parte de consulta de nuestro método `find`:

```
db.personas.find({"edad": {$gte: 70, $lte: 80}}, {"_id": 0,
"nombre": 1})
```

Hay que tener en cuenta que el orden de estos operadores no es fijo; aquí aparecen en el sentido «natural» de lectura, pero se pueden intercambiar si se desea.

Buscar basándose en una enumeración de valores no deseados

Para encontrar los nombres y apellidos de las personas cuya edad no es ni 70 ni 80, vamos a utilizar una tabla que enumera estos valores no deseados:

```
db.personas.find({"edad": {$nin: [70, 80]}}, {"_id": 0,
"nombre": 1, "apellido": 1})
```

El último documento de nuestra colección contiene información relativa a Jean-Michel Incompleto. Este documento no tiene edad, por lo que coincide con los criterios de nuestra consulta basada en `$nin`. Podemos dirigirnos específicamente a este documento buscando los documentos que no tienen edad, es decir, aquellos cuya edad es `null`.

```
db.personas.find({"edad": null}, {"_id": 0, "nombre": 1, "apellido": 1})
```

Tendremos que combinar dos criterios para eliminar a Jean-Michel Incompleto de los documentos que mostramos.

El primero es «la edad debe existir» (es decir, «no debe ser `null`»), y escribiremos este criterio utilizando el operador de consulta `$exists`:

```
{"edad": {$exists: true}}
```

Ahora que se sabe que el valor numérico 1 puede sustituir al booleano `true`, se puede simplificar esta condición de la siguiente manera:

```
{"edad": {$exists: 1}}
```

La segunda sigue siendo «la edad no debe ser de 70 ni de 80 años»:

```
{"edad": {$nin: [70, 80]}}
```

A continuación, veremos cómo combinar estos dos criterios.

3. Operadores lógicos

3.1 El operador $and

El operador `$and` (Y) se utiliza para unir estos dos documentos. Su sintaxis es:

```
{$and: [{criterio1}, {criterio2}, ...]}
```

Si reescribimos nuestra condición de filtro, obtenemos:

```
{$and: [{"edad": {$exists: 1}}, {"edad": {$nin: [70, 80]}}]}
```

Nuestros criterios se enumeran ahora en una matriz a la que se aplicará una sucesión de «AND» lógicos. Ya podemos escribir la versión final de nuestra consulta:

```
db.personas.find({
 $and: [{
   "edad": {
     $exists: 1
   }
 }, {
   "edad": {
     $nin: [70, 80]
   }
 }]
}, {
 "_id": 0
 "nombre": 1
 "apellido: 1
})
```

Sin embargo, en el caso de un AND simple como el que acabamos de realizar, es mejor utilizar el AND implícito, enumerando nuestros criterios uno tras otro:

```
db.personas.find(
 "edad: {
   $exists: 1
   $nin: [70, 80]
 }
}, {
 "_id": 0
 "nombre": 1
 "apellido: 1
})
```

3.2 El operador $or

El operador lógico OR `$or` (O) funciona exactamente igual que el operador lógico `$and` (Y). Si queremos listar los documentos cuya edad es 76 o no existe, escribiremos:

```
db.personas.find({
 $or: [{
    "edad: {
      $exists: 0
    }
 }, {
    "edad": 76
} ]
}, {
 "_id": 0, {
 "nombre": 1
 "apellido": 1
})
```

3.3 El operador $not

El operador `$not` (NO) aplicado a un campo devuelve los documentos para los que el campo no existe. Supongamos que solo se quieren los nombres y apellidos de las personas de 70 años o más. Nuestra consulta será entonces:

```
db.personas.find({"edad": {$gte: 70}}, {"_id": 0, "apellido": 1,
"nombre": 1})
```

Esta consulta devuelve 7 documentos. Supongamos ahora que queremos personas cuya edad no sea estrictamente inferior a 70 años:

```
db.personas.find({
  "edad: {
    $not: {
      $lt: 70
    }
  }
}, {
  "_id: 0
  "nombre: 1
  "apellido: 1
})
```

Puede ver que el número de documentos es ahora 8 porque Jean-Michel Incompleto ha reaparecido en nuestro conjunto de resultados. Esto se debe a que el operador lógico `$not` también devuelve documentos que no tienen el campo de destino (en este caso, la `edad`), ¡que es el caso de este individuo!

3.4 El operador $nor

Si se quiere mostrar personas cuyo apellido no sea «Dupont» o que no tengan 76 años, utilizaremos `$nor` (para *not or*), que realiza un OR lógico sobre condiciones a las que se aplicará NOT individualmente:

```
db.personas.find({$nor: [{"edad": 76}, {"apellido": "Dupont"}]},
{"_id": 0, "nombre": 1, "apellido": 1})
```

Estos son los documentos que selecciona `$nor`:

- Aquellos cuya edad no sea 76 Y cuyo campo `apellido` no sea «Dupont».
- Aquellos cuya edad no llega a 76 años Y para los que falta el campo `apellido`.
- Aquellos para los que falta el campo `edad` Y para los que el campo `apellido` no tiene «Dupont» como valor.
- Aquellos para los que faltan los campos de edad y `apellido` .

4. Otros operadores

4.1 El operador $expr

Introducido en la versión 3.6, `$expr` permite utilizar expresiones en las consultas. Estas expresiones pueden contener operadores, objetos o rutas que apunten a campos.

A continuación, vamos a mostrar los nombres de las personas cuya longitud del apellido (en caracteres) multiplicada por 12 sea mayor que su edad. Nuestro `find` primero filtra la presencia obligatoria de los campos `apellido` y `edad` porque, como nuestra expresión va a operar sobre ellos, queremos asegurarnos de que están disponibles. A continuación, utilizamos el operador `$strLenCP`, que trabajará sobre el valor contenido en el campo `apellido` de cada documento en el que esté presente. Se comprobará entonces *para cada documento* si el producto de la longitud del apellido por 12 da un número superior al valor contenido en el campo `edad`. Esta notación con el signo del dólar ($) rodeado de comillas se conoce como *field path*, y apunta a los valores contenidos en los campos del documento que se está procesando. Es el equivalente al puntero `this` seguido del nombre de uno de sus miembros de datos en muchos de los lenguajes de programación orientados a objetos.

```
db.personas.find({
 "apellido": { $exists: 1 },
 "edad": { $exists: 1 }
 $expr: { $gt: [ { $multiply: [{ $strLenCP: "$apell" }, 12]},
"$edad"]}
 },
```

```
  {"_id":0, "apellido":1}
)
```

Vamos a crear una nueva colección llamada `banco` para utilizar `$expr` en un nuevo contexto. Esta colección contiene cuatro documentos con un campo numérico `crédito` obligatorio y un campo `débito` opcional. Aquí está el comando para crearla:

```
db.banco.insertMany([
   {"_id": 1, "crédito": 2000, "débito":[1000, 22, 50]},
   {"_id": 2, "crédito": 200, "débito":[50, 180]},
   {"_id": 3, "crédito": 770, "débito":[1000]},
   {"_id": 4, "crédito": 0}
])
```

Ahora vamos a utilizar `$expr` para mostrar las cuentas en las que la suma de las operaciones de débito es mayor que el importe del crédito, es decir, simplemente las cuentas en descubierto. Para ello, utilizaremos el operador `$sum` para sumar los débitos. Es la primera vez que vemos este operador, pero desde luego no será la última.

Solo recuerde que en este caso se sumarán todos los valores numéricos contenidos en la tabla en la clave `débito`. Esta suma se comparará con el valor del campo `crédito`. Esta operación se repetirá para cada documento que tenga el campo `débito`:

```
db.banco.find({
 "débito": {$exists: 1},
 $expr : {
   $gt : [
     { $sum : "$débito" },
     "$crédito"
   ]
 }
})
```

Se trata de expresiones de tipo ruta de campo (*field path*), en este caso `$débito` y `$crédito`, que apuntan a sus respectivos valores de campo y permiten comparar estos valores para cada uno de los documentos correspondientes a nuestra condición de filtro (la presencia del campo `débito`). Volveremos a utilizar estas rutas que apuntan a valores de campo cuando abordemos el *framework* (o marco de trabajo) de agregación.

4.2 El operador $type

Este operador se utiliza para apuntar a campos del tipo BSON especificado en el parámetro. Es muy útil en los casos en que los datos son muy heterogéneos y su tipo puede variar mucho de un documento a otro. Su sintaxis es la siguiente:

```
{ campo: { $type: < tipo BSON > }
```

Vamos a mostrar todos los documentos de nuestra colección de personas en los que el campo `apellido` es tipo *string* (cadena de caracteres):

```
db.personas.find({"apellido": {$type: "string"}})
```

Naturalmente, ¡toda nuestra colección está expuesta!

Veamos ahora los documentos cuyo campo `edad` es de tipo entero:

```
db.personas.find({"edad": { $type: "int"}})
```

Una vez más, se exponen todos los documentos de nuestra colección.

El operador `$type` también puede funcionar sobre una enumeración de tipos. Basta con pasarle como parámetro una matriz que los contenga. Intentemos ahora enumerar los documentos en los que la `edad` es de tipo *int* o *double*:

```
db.personas.find({"edad": { $type: ["int", "doble"]}})
```

Una vez más, remitimos todos los documentos de nuestra colección.

Estos son algunos de los tipos BSON más comunes: `double`, `string`, `object`, `array`, `binData`, `objectId`, `bool`, `date`, `int`, `timestamp`, `long` y `decimal`.

Puede consultar la lista completa de tipos BSON compatibles con MongoDB versión 7 en
https://www.mongodb.com/docs/manual/reference/operator/query/type/#op._S_type

4.3 El operador $mod

El operador `$mod` es útil para realizar operaciones de módulo al seleccionar documentos. Su sintaxis es la siguiente:

```
{ campo: { $mod: [ divisor, resto ] } }
```

Se suele utilizar para enfocarse en documentos pares o impares. Por ejemplo, supongamos que queremos mostrar el nombre y la edad de las personas cuya edad es par; esto equivaldría a decir «personas cuyo resto de la división de la edad entre 2 es 0»:

```
db.personas.find({"edad": {$mod: [ 2, 0 ]}}, {"_id": 0, "apellido":
1, "edad": 1})
```

Encontrar a las personas con edades impares es un juego de niños: basta con cambiar el resto de la división:

```
db.personas.find({"edad": {$mod: [ 2, 1 ]}}, {"_id": 0, "apellido": 1,
"edad": 1})
```

4.4 El operador $where

El operador `$where` puede utilizarse para ejecutar código JavaScript en forma de cadena de caracteres o de función. Este código se ejecuta para cada documento de la colección, lo que supone un coste significativo en términos de tiempo de ejecución de la consulta. Desde la versión 3.6, MongoDB permite utilizar expresiones de agregación en las consultas mediante el operador `$expr`, que consume menos tiempo que `$where`, ya que no ejecuta ningún código JavaScript. Siempre que sea posible, `$expr` se debe preferir a `$where` por razones obvias de rendimiento.

Mostremos los apellidos de más de 6 caracteres mediante una cadena que contenga código JavaScript:

```
db.personas.find({ $where: "this.apellido.length > 6"}, {"_id": 0,
"apellido": 1})
```

Aquí, la instrucción `this.apellido.length` significa «la longitud del valor contenido en el campo `apellido` del documento que se está procesando actualmente» y muestra claramente que el código JavaScript se evalúa para cada documento, lo que puede penalizar mucho el tiempo de ejecución de la consulta si el tamaño de la colección es grande.

Si hemos optado por utilizar `this`, la referencia al documento actual también puede hacerse utilizando la palabra clave `obj`, de la siguiente manera:

```
db.personas.find({ $where: "obj.apellido.length > 6"}, {"_id": 0, "apellido": 1})
```

Esta petición también podría escribirse utilizando una función de JavaScript:

```
db.personas.find({ $where: function() {
return obj.apellido.longitud > 6
}}, {"_id": 0, "apellido": 1})
```

Con `$where`, es posible trabajar sobre los valores de varios campos. Para ilustrar este caso de uso, recuperemos los nombres y apellidos de las personas cuyo apellido multiplicado por 11 sea igual a su edad:

```
db.personas.find({ $where: "obj.apellido.length*11 == obj.edad"},
{"_id": 0, "apellido": 1, "nombre": 1})
```

Nuestra primera consulta podría haberse realizado utilizando `$expr` y habría adoptado la siguiente forma:

```
db.personas.find({
  $expr: {
    $gt: [{
      $strLenCP: "$apellido"
    }, 6]
  }
}, {
  "_id": 0
  "apellido": 1
})
```

La segunda podría haberse escrito así:

```
db.personas.find({
  $expr: {
    $eq: [{
      $multiply: [{
        $strLenCP: "$apellido"
      }, 11]
    }, "$edad"]
  }
}, {
  "_id": 0
  "apellido": 1
})
```

Debemos tener siempre presente que, en cuanto una consulta que utilice el operador `$where` pueda transponerse a una consulta con `$expr`, ¡esta es la versión que hay que elegir!

5. Operadores para matrices

Añadir valores a una matriz utilizando $push

Este operador nos permite añadir (literalmente, «empujar»; push) uno o más valores a una matriz. Su sintaxis es muy intuitiva:

```
{ $push: { < campo >: < valor >, ...} }
```

El operador `$push` tiene un inverso, muy lógicamente llamado `$pull`, que tiene exactamente la misma sintaxis.

Vamos a crear una colección de `aficiones` para practicar e insertar algunos documentos:

```
db.aficiones.insertMany([
 { "_id": 1, "nombre": "Yves"},
 { "_id": 2, "nombre": "Sandra", "aficiones": []},
 { "_id": 3, "nombre": "Line", "aficiones": ["Teatro"]}
])
```

A Yves también le apasiona el senderismo:

```
db.aficiones.updateOne({"_id": 1}, {$push: {"aficiones": "Senderismo"}})
```

El campo no existía en el documento identificador 1, por lo que se creó y se añadió su elemento único «Senderismo».

Line ha descubierto su pasión por la natación; sin embargo, ya tiene otra pasión, así que la actualización consistirá en añadir un nuevo elemento a su tabla:

```
db.aficiones.updateOne({"_id": 3}, {$push: {"aficiones": "Natación"}})
```

Tras dos intentos en la piscina, Line se dio cuenta de que era alérgica al cloro, así que la natación no iba a ser una de sus pasiones:

```
db.aficiones.updateOne({"_id": 3}, {$pull: {"aficiones": "Natación"}})
```

Sandra, que hasta ahora no era una persona muy entusiasta, de repente se ha enamorado del dibujo y la pintura; así que vamos a añadir dos elementos a la vez, y para ello tendremos que utilizar el modificador `$each`:

```
db.aficiones.updateOne({
    "_id: 2
}, {
    $push: {
      "aficiones": {
        $each: ["Dibujo", "Pintura"]
      }
    }
})
```

Sin embargo, hay que tener cuidado: si ejecuta esta última actualización dos veces, se acabará con duplicados, ya que no se realiza ninguna comprobación de existencia previa:

```
{"_id": 2, "nombre": "Sandra", "aficiones": ["Dibujo", "Pintura",
"Dibujo", "Pintura"]}
```

Para evitar encontrarse en esta situación, es necesario utilizar el operador `$addToSet`. Es muy fácil de usar: ¡solo tiene que usarse en lugar de `$push`!

```
db.aficiones.updateOne(
 {"_id": 2},
 {$addToSet: {"aficiones": {$each: [ "Dibujo", "Pintura" ] }}}
)
```

Por supuesto, si estos operadores funcionan con valores escalares en nuestros ejemplos, lo mismo ocurre con los objetos que son documentos. Por ejemplo, añadamos una dirección a Yves:

```
db.aficiones.updateOne({
    "_id: 1
}, {
    $push: {
      "direcciones": {
        "ciudad": "Avignon",
        "código_postal": "84000"
      }
    }
})
```

Sandra tiene dos residencias, una secundaria y otra principal, así que vamos a añadirlas usando `$each` junto con `$addToSet` para variar:

```
db.aficiones.updateOne(
 { "_id": 2},
 {
    $addToSet: {
             "direcciones": {
                     $each: [{
                             "ciudad": "Avignon",
                             "código_postal": "84000"
                     }, {
                             "ciudad": "Marsella",
                             "código_postal": "13008"
                     }]
             }
    }
 }
)
```

Para utilizar estos operadores, se creará una nueva colección de `personas` que aloje documentos que contengan tablas. Las almacenaremos en un campo llamado `intereses`.

```
db.personas.drop()

db.personas.insertMany(
[
 {"apellido": "Durand", "nombre": "René", "intereses": ["bricolaje",
"jardinería"]},
 {"apellido": "Durand", "nombre": "Gisèle", "intereses": ["bridge",
"cocina"]},
```

```
{"apellido": "Dupont", "nombre": "Gaston", "intereses": ["jardinería",
"petanca"]},
 {"apellido": "Dupont", "nombre": "Catherine", "intereses": ["cocina"]},
 {"apellido": "Duport", "nombre": "Eric", "intereses": ["cocina",
"petanca"]},
 {"apellido": "Duport", "nombre": "Arlette", "intereses": ["jardinería",
"bridge"]},
 {"apellido": "Lejeune", "nombre": "Jean", "intereses": ["jardinería"]},
 {"apellido": "Lejeune", "nombre": "Mariette", "intereses": ["jardinería",
"bridge"]}
]
)
```

Empecemos por mostrar a las personas que disfrutan con la jardinería, entre otras cosas:

```
db.personas.find({"intereses" : "jardinería"})
```

Si quisiéramos encontrar personas cuyos intereses incluyen tanto la jardinería como el bridge, estaríamos tentados de escribir la siguiente consulta:

```
db.personas.find({"intereses" : ["jardinería", "bridge" ]})
```

El conjunto de resultados que aparece en pantalla contiene efectivamente dos personas, pero si invertimos el orden de estos intereses, ¡no aparecerá ningún documento más! En la medida en que el orden de los intereses no tiene importancia particular, conviene utilizar el operador `$all`:

```
db.personas.find({"intereses" : {$all: [ "bridge", "jardinería" ]}})
```

Utilizando este operador, ¡encontraremos nuestros dos documentos en los resultados!

También podemos pedir que un valor se sitúe en una posición concreta de la tabla `intereses`. Por ejemplo, si queremos obtener la lista de personas para las que la jardinería ocupa la segunda posición (es decir, el índice 1, ya que la numeración empieza en 0), escribiríamos:

```
db.personas.find({"intereses.1" : "jardinería"})
```

No se realiza ningún control para comprobar si se ha superado el tamaño de la matriz: si el índice que se desea utilizar queda fuera del rango de valores admisibles, no se devolverá ningún resultado.

El tamaño de una matriz también se puede utilizar con el operador `$size`. Así, para obtener la lista de personas con 2 aficiones, simplemente comprobamos que el tamaño de la matriz que contiene estas aficiones es 2:

```
db.personas.find({"intereses" : {$size: 2}})
```

Hay un pequeño truco que podemos utilizar para encontrar personas con más de una afición: ¡se trata de las personas para las que existe un valor en el índice 1 de la tabla de `intereses`! Una vez más, el operador `$exists` vendrá al rescate:

```
db.personas.find({"intereses.1" : {$exists: 1}})
```

Por último, si se desean aplicar varios criterios a los elementos de un campo array, se debe utilizar `$elemMatch`. Todo lo que se necesita es que uno de los elementos de la matriz objetivo satisfaga los criterios de consulta para que el documento sea devuelto por `$elemMatch`. Creemos una colección alumnos con sus en una matriz:

```
db.alumnos.insertMany(
 [
   {"apellido": "Durand", "nombre": "Léo", "notas": [12.50, 5, 17.25]},
   {"apellido": "Dupont", "nombre": "Sylvie", "notas": [7.50, 5]},
   {"apellido": "Lejeune", "nombre": "Aymeric", "notas": [18.50, 20.00]}
 ]
)
```

Para visualizar los alumnos que han obtenido una nota entre 0 y 10, procederemos del siguiente modo:

```
db.alumnos.find({"notas": {$elemMatch: {$gt: 0, $lt: 10 }}})
```

Entre los resultados que aparecen en la pantalla, no es de extrañar que haya alumnos llamados Léo y Sylvie.

Para encontrar todos los estudiantes con un conjunto definido de notas, podemos utilizar de nuevo `$all`. Por ejemplo, tratemos de encontrar los estudiantes que tienen exactamente las mismas notas de 5 y 7,5:

```
db.alumnos.find({
    "notas": {
            $all: [5, 7.50]
    }
})
```

Solo Sylvie aparece en nuestro conjunto de resultados, ya que es la única estudiante que tiene ambas calificaciones. Este operador actúa como un AND lógico entre los distintos criterios que figuran en la tabla, por lo que esta consulta bien podría haberse escrito de la siguiente manera:

```
db.alumnos.find({
  $and: [{ "notas": 5 }, { "notas": 7.50}]
})
```

Las tablas del documento

Ahora vamos a modificar nuestra colección `alumnos` para que nuestras notas sean ahora tablas que contienen documentos con campos `materia` y `nota`. Para llegar a ellos, lo único que tenemos que hacer es utilizar notación apuntada de la forma `nombretabla.nombrecampoendocumento`, que en este caso nos permitirá apuntar a la nota de un alumno escribiendo `calif.nota` y a la asignatura de esta nota apuntando a `calif.materia`. Borremos la colección antigua y creemos la que utilizaremos para trabajar con las tablas de documentos:

```
db.alumnos.drop()
db.alumnos.insertMany([{
            "apellido": "Durand",
            "nombre": "Léo",
            "calif": [{
                    "materia": "Matemáticas
                    "nota": 12
            }, {
                    "materia": "Geo",
                    "nota": 10
            }]
    },
    {
```

```
            "apellido": "Dupont",
            "nombre": "Sylvie",
            "calif": [{
                    "materia": "Matemáticas",
                    "nota": 18
            }, {
                    "materia": "Inglés",
                    "nota": 7
            }]
    },
    {
            "apellido": "Lejeune",
            "nombre": "Aymeric",
            "calif": [{
                    "materia": "Matemáticas",
                    "nota": 5
            }, {
                    "materia": "Deporte",
                    "nota": 18
            }]
    }
])
```

Para mostrar todos los documentos que contienen a los estudiantes que han obtenido 10 en cualquier asignatura:

```
db.alumnos.find({"calif.nota": 10})
```

Para aquellos que hayan obtenido al menos una nota entre 10 y 15 en cualquier materia:

```
db.alumnos.find({"calif": {$elemMatch: {"nota": {$gt: 10, $lte: 15 }}}})
```

Podríamos haber pensado que hacíamos lo correcto al ejecutar esta petición para conseguir nuestros fines:

```
db.alumnos.find({"calif.nota": {$gt: 10, $lte: 15}})
```

Pero es engañosa. De hecho, enumera los documentos con una puntuación superior a 10 o inferior o igual a 15... Y no necesariamente dentro del mismo documento. En nuestro caso, habría mostrado los tres documentos que componen nuestra colección de `alumnos`.

Como hemos visto con las tablas que contienen valores escalares, es perfectamente posible apuntar a un índice en la tabla que contiene nuestros documentos. Para llegar a los alumnos cuya primera nota está por debajo de la media, tenemos que hacer:

```
db.alumnos.find({"calif.0.nota": {$lt: 10}})
```

Mostrar los alumnos que han obtenido una nota en matemáticas estrictamente superior a 10:

```
db.alumnos.find({"calif": {$elemMatch: {"materia": "Matemáticas",
"nota": {$gt: 10}}}})
```

Y, por último, para los alumnos cuya primera nota esté por debajo de la media en matemáticas:

```
db.alumnos.find({"calif.0.nota": {$lt: 10}, "calif.0.materia":
"Matemáticas"})
```

Nuestras calificaciones aquí son matrices de documentos, por lo que podemos utilizar `$elemMatch` con `$all`, como vimos anteriormente. Si queremos mostrar los estudiantes cuyas notas coinciden con los criterios de `$elemMatch`, escribiremos:

```
db.alumnos.find({
 "calif": {
   $all: [{
         "$elemMatch": {
          "materia": "Matemáticas"
          "nota": 18
         }
     },
     {
          "$elemMatch": {
           "materia": "Inglés",
           "nota": 7
          }
     }
   ]
 }
})
```

Solo un alumno cumplía el criterio de «debe tener un 18 en matemáticas Y un 7 en inglés»:

```
{
 "_id": ObjectId("5cab1734d56bb5a28a70bb97"),
 "apellido": "Dupont",
 "nombre": "Sylvie",
 "notas": [{
   "materia": "Matemáticas
   "nota": 18
 },
   "materia": "Inglés",
   "nota": 7
 }]
}
```

6. Clasificar

La clasificación se realiza mediante el método `sort`, que se aplica a un cursor, de la siguiente manera:

```
cursor.sort(< clasificación >)
```

El parámetro de `clasificación` es un documento que describe la ordenación que se va a realizar. Hay dos tipos de ordenación: ascendente (denotado 1) y descendente (denotado -1). Para clasificar nuestra colección de `alumnos` en orden ascendente de nombre, vamos a ejecutar la siguiente consulta:

```
db.alumnos.find({}, {"_id": 0, "apellido": 1}).sort({"apellido": 1})
```

Para ordenar primero en orden ascendente el apellido y luego en orden descendente el nombre, tenemos que modificar ligeramente nuestro documento de ordenación:

```
db.alumnos.find({},{"_id":0, "apellido": 1,
      "nombre": 1}).sort({"apellido": 1, "nombre": -1})
```

Es perfectamente posible ordenar por los valores contenidos en los documentos. Para nuestra colección de `alumnos`, podríamos pedir una ordenación descendente sobre la primera nota obtenida en la tabla `calif`:

```
db.alumnos.find({},{"_id": 0, "apellido": 1, "nombre":
1}).sort({"calif.0.nota": -1})
```

También podemos utilizar el método `limit` junto con `sort` para limitar el número de resultados mostrados. Se utilizará de la misma forma que cuando lo combinamos con `find()` porque, al igual que `find()`, `sort()` devuelve un cursor al que luego se puede aplicar `limit`.

Existen, sin embargo, algunas restricciones que se deben tener en cuenta cuando se utiliza `sort`: cuando MongoDB no puede confiar en un índice para ordenar según un orden preciso. Cargará los datos por ordenar en memoria, que deben tener un tamaño inferior a 100 MB o generará un error. Utilizar `limit` además de `sort()` puede ser muy útil para reducir al máximo el volumen de datos cargados en memoria, aunque la mejor solución es crear un índice capaz de satisfacer este orden de clasificación sobre el campo objetivo.

Pero, ¿qué es exactamente un índice?

Capítulo 3
Indexar en MongoDB

1. ¿Cómo funciona?

En terminología de bases de datos, relacionales o no, un índice es muy parecido al que se encuentra al final de cualquier libro: agrupa los términos importantes que aparecen en el libro con, enfrente, los números de página en los que se encuentran. Esto simplemente nos ahorra tener que releer todo el libro cuando buscamos un solo término.

Por analogía, un índice colocado en el campo o subcampo de una colección significa que no tenemos que recorrer toda nuestra colección para encontrar los valores de este campo (o subcampo) correspondientes a nuestra consulta y, por lo tanto, ayuda a mantener el tiempo de ejecución de nuestras consultas lo más corto posible.

Los índices presentan ventajas e inconvenientes: mejoran considerablemente los tiempos de ejecución de las solicitudes de lectura, pero ralentizan las operaciones de escritura, como las inserciones, supresiones o actualizaciones, que requieren su reconstrucción. Sin embargo, las ralentizaciones observadas son generalmente insignificantes en comparación con la reducción del tiempo de ejecución que generan.

Para saber qué campos de una colección deben indexarse, hay que tener una idea de las consultas que se hacen sobre ella y de su frecuencia. Los campos a los que se dirigen con frecuencia las consultas deben indexarse prioritariamente. Un sitio web que ofrece un motor de búsqueda de productos en forma de zona de entrada de texto debe tener una colección de productos en la que se indexe el nombre de los productos o la categoría a la que pertenecen, porque los usuarios suelen introducir nombres de productos («iPhone 10») o de categorías («cafeteras italianas»).

La naturaleza de nuestra aplicación tendrá un impacto directo en nuestra lógica de indexación: ¿está orientado a la escritura (*write-heavy*)? ¿O a la lectura (*read-heavy*)? ¿No se encuentra un sitio web comercial en una encrucijada? Leemos mucho (búsquedas de productos, campañas promocionales por correo electrónico de la base de clientes, API a la disposición de los socios), pero también escribimos mucho (cestas de compra, pedidos, reposición de nuestro catálogo de productos, actualización diaria de los precios en función de los criterios de los proveedores), por lo que es comprensible que no podamos decidir una estrategia de indexación en el reverso de una servilleta.

2. Índices simples

Cuando se crea una colección, MongoDB genera automáticamente un índice sobre el campo `_id`. Este índice no puede borrarse, ya que garantiza la propia unicidad de este identificador. Para crear un índice, se debe utilizar la función `createIndex`, cuya sintaxis es la siguiente:

```
db.collection.createIndex(< campo_y_tipo >, < opciones >)
```

Le presentamos la nueva versión de nuestra colección `personas`:

```
db.personas.drop()

db.personas.insertMany(
[
{"apellido": "Durand", "nombre": "René", "intereses": ["jardinería",
"bricolaje"], "edad": 77},
{"apellido": "Durand", "nombre": "Gisèle", "intereses": ["bridge",
"cocina"], "edad": 75},
{"apellido": "Dupont", "nombre": "Gaston", "intereses": ["jardinería",
"petanca"], "edad": 79},
{"apellido": "Dupont", "nombre": "Catherine", "intereses": ["cocina"], "edad": 66},
{"apellido": "Duport", "nombre": "Eric", "intereses": ["cocina",
"petanca"], "edad": 57},
```

```
{"apellido": "Duport", "nombre": "Arlette", "intereses": ["jardinería"], "edad": 80},
{"apellido": "Lejeune", "nombre": "Jean", "intereses": ["jardinería"], "edad": 75},
{"apellido": "Lejeune", "nombre": "Mariette", "intereses": ["jardinería", "bridge"], "edad": 66}
]
)
```

Sin más preámbulos, vamos a crear un primer índice sobre el campo `edad` de los documentos de la colección. Cuando se crea un índice, se debe especificar el orden en que los valores de este campo aparecen en el índice: este orden es ascendente o descendente (1 y -1 respectivamente, exactamente igual que `sort()`). Hemos decidido que nuestro índice sobre el campo `edad` contendrá los valores tomados por `edad`, ordenados de forma descendente:

```
db.personas.createIndex({"edad": -1})
```

Para comprobar que este índice se ha creado como se esperaba, también podemos utilizar la función `getIndexes` y aplicarla a nuestra colección:

```
db.personas.getIndexes()
```

Esto muestra una tabla que contiene dos documentos con los detalles de nuestros índices:

```
[
  { v: 2, key : { _id: 1 }, name: '_id_' },
  { v: 2, key: { edad: -1 }, name: 'edad_-1' }
```

Veremos el campo en el que se basa el índice, el orden de indexación (ascendente o descendente) y el nombre que MongoDB ha dado a nuestro índice. De forma predefinida, nuestro índice tiene el nombre del campo objetivo con un carácter subrayado seguido del orden, que en este caso es `edad_-1`. Esto no es muy estético o significativo, así que vamos a nombrarlo de otra manera.

Para llevar a cabo la operación de cambio de nombre del índice, empezaremos por borrar el ya existente antes de volver a crear uno con un nuevo nombre: `idx_edad`. Para eliminar un índice, se utiliza el comando `dropIndex`, al que pasaremos el nombre del antiguo índice.

El nombre de nuestro nuevo índice se especificará en el documento que contiene los parámetros del índice, frente a la clave `name`. Por último, listaremos los índices de nuestra colección para comprobar que el nuevo índice con el nuevo nombre se ha creado correctamente.

```
db.personas.dropIndex("edad_-1")
db.personas.createIndex({"edad": -1}, {"name": "idx_edad"});
db.personas.getIndex()
[
  { v: 2, key: { _id: 1 },   name: '_id_' },
  { v: 2, key: { edad: -1 }, name: 'idx_edad' }
]
```

Nuestra colección ejemplo tiene un tamaño más que modesto y somos los únicos que la utilizamos, por lo que podemos permitirnos reconstruir el índice borrándolo. Es fácil imaginar que el impacto sería muy diferente en una colección de varios cientos de miles (¡o incluso millones!) de documentos utilizados por todo el personal de una gran empresa. A continuación, estos distintos procedimientos deben llevarse a cabo en una franja horaria propicia para el mantenimiento (en mitad de la noche, por ejemplo), utilizando la opción `Background` para indicar que se trata de una tarea en segundo plano de baja prioridad.

Por ejemplo, para crear un índice alfabético del campo `apellido` en segundo plano, se escribiría:

```
db.personas.createIndex( { "apellido": 1 }, { "background": true})
```

Al crear un índice, al igual que al crear una colección o una vista (que veremos más adelante), es posible especificar una intercalación (collation), pero esta funcionalidad solo está disponible desde la versión 3.4 de MongoDB. Si tomamos el índice anterior y le añadimos las opciones relativas a la naturaleza de la intercalación, obtenemos:

```
db.personas.createIndex(
  { "apellido": 1 },
  { "background": true   "intercalacion": {
       "local": "es"
  }

)
```

Cuando se crea un índice simple con una intercalación, solo las consultas que especifiquen esta misma intercalación podrán utilizarlo, de lo contrario se realizará una operación de búsqueda de colecciones (*collection scan*), ya que se utiliza una comparación binaria de forma predefinida. Tomemos el índice que acabamos de crear. La siguiente consulta lo utilizará:

```
db.personas.find({"apellido": "René"}).intercalacion({local: "es"})
```

Mientras que en el siguiente caso no se podrá contar con el índice:

```
db.personas.find({"apellido": "René"})
```

3. Índices compuestos

Un índice puede referirse a más de un campo: es lo que se conoce como índice compuesto (*compound index*). En este tipo de índice, el orden en que se enumeran los campos es importante. Eliminemos nuestro índice `idx_edad` y creemos un índice compuesto llamado `idx_edad_nombre` que buscará la edad y luego el nombre de las personas:

```
db.personas.createIndex({"edad": 1, "nombre": 1},
{"name": "idx_edad_nombre"})
```

El índice se ordenará primero por valores de edad crecientes y después por orden alfabético del nombre dentro de cada uno de los diferentes valores de edad.

Cuando se utiliza con intercalación un índice compuesto cuyo prefijo no es una cadena de caracteres, una matriz o un subdocumento, una consulta que utilice una intercalación incorrecta para el campo de texto indexado puede seguir basándose en el prefijo del índice.

Supongamos que nuestro índice anterior se creó de esta forma:

```
db.personas.createIndex(
  { "edad": 1, "nombre": 1},
  { "nombre": "idx_edad_nombre", "intercalacion": { local: "es" }}
)
```

La siguiente consulta, que utiliza la intercalación binaria básica para comparar cadenas de caracteres (y no el idioma `es`), podrá sin embargo utilizar `idx_nombre_edad` porque edad es el prefijo:

```
db.personas.find({"edad": {$gt: 40}, "nombre": "Christophe"})
```

Prefijo del índice

Una consulta puede utilizar todos los campos que componen el índice compuesto, o solo una subsección, siempre que esté formada por campos que aparezcan al principio del índice. Esta subsección del índice se denomina *prefijo* y algunos sistemas de gestión de bases de datos relacionales utilizan el término prefijo izquierdo (*leftmost prefix*).

En este caso, nuestro índice cubre dos campos y será utilizado por consultas dirigidas a:

- solo el campo `apellido` (el campo situado más a la izquierda, que inicia el índice y constituye su *prefijo*);
- los campos de `nombre` y `edad` (es decir, todo el índice).

Una consulta dirigida únicamente a los valores del campo `edad` no se beneficiará de este índice compuesto, ya que este campo no forma parte del *prefijo*.

Escribamos un índice compuesto llamado `idx_apellido_nombre_edad` que se aplicará a la tripleta `apellido`, `nombre` y `edad` (en este orden):

```
db.personas.createIndex(
  {"apellido": 1, "nombre": 1, "edad": 1},
  {"name": "idx_apellido_nombre_edad"}
)
```

Podremos apoyarnos en el para:

- consultar el primer campo del *prefijo*, apellido:

```
db.personas.find({"apellido": "Lejeune"})
```

- consultas relativas a los dos campos que componen el *prefijo*, `apellido` y `nombre`:

```
db.personas.find({"apellido": "Lejeune", "nombre": "Juan"})
db.personas.find({"nombre": "Juan", "apellido": "Lejeune"})
```

– consultas relativas a todos los campos que componen el índice compuesto:

```
db.personas.find({"apellido": "Lejeune", "nombre": "Jean", "edad": 75})
db.personas.find({"apellido": "Lejeune", "edad": 75, "nombre": "Jean"})
db.personas.find({"edad": 75, "apellido": "Lejeune", "nombre": "Juan"})
db.personas.find({"edad": 75, "nombre": "John", "apellido": "Lejeune"})
```

– consultas que contengan el *prefijo* y otro campo:

```
db.personas.find({"edad": 75, "apellido": "Durand"})
```

Sin embargo, las siguientes consultas no podrán utilizar el índice triple:

– las dirigidas a un campo que no forma parte del *prefijo*:

```
db.personas.find({"edad": 75})
```

– aquellas que solo utilizan una parte del *prefijo* (recuerde que está formado por los campos `apellido` y `nombre`):

```
db.personas.find({"nombre": "Jean"})
db.personas.find({"nombre": "Jean", "edad": 75})
```

Los índices también pueden utilizarse para ordenar un cursor utilizando el método de `sort` visto anteriormente. Mientras que, en el caso de los índices simples, el orden ascendente o descendente no tiene efecto en la ordenación porque MongoDB es capaz de recorrer el índice en cualquier dirección, este no es el caso de los índices compuestos: los campos usados en el `sort` deben aparecer en el mismo orden que en el índice.

Crearemos un índice compuesto `idx_ apellido_edad` definido como sigue:

```
{"edad": 1, " apellido": 1}
```

Esto significa que las siguientes clasificaciones lo utilizarán:

```
db.personas.find().sort({"edad": 1})
db.personas.find().sort({"edad": 1, "apellido": 1 })
```

Sin embargo, las siguientes clasificaciones no podrán contar con él:

```
db.personas.find().sort({"edad": 1})
db.personas.find().sort({"edad": 1, "apellido": 1 })
```

```
db.personas.find().sort({"apellido": 1, "edad": 1})
db.personas.find().sort({"apellido": 1})
```

Para utilizar un índice al ordenar, también hay que tener en cuenta el orden especificado cuando se creó el índice, ya que es este orden y su inverso exacto los que utilizarán el índice.
Tomemos el índice compuesto `idx_apellido_edad`:

```
{"apellido": 1, "edad": 1}
```

Su inversa será, por tanto:

```
{"apellido": -1, "edad": -1}
```

Las clasificaciones que utilizará el índice compuesto serán las siguientes:

```
db.personas.find().sort({"edad": 1, "apellido": 1 })
db.personas.find().sort({"edad": -1, "apellido": -1 })
```

Pero no podrán contar con él las siguientes:

```
db.personas.find().sort({"edad": -1, "apellido": 1 })
db.personas.find().sort({"edad": 1, "apellido": -1 })
```

Como regla general, cuando MongoDB utiliza un índice en una consulta, devuelve los documentos en el orden en que el índice los ha ordenado. Tomemos como ejemplo la siguiente consulta, que se dirige a documentos cuyo nombre empieza por «Du» (es una *expresión regular* contenida entre dos barras inclinadas, tenga en cuenta que sí se distingue entre mayúsculas y minúsculas):

```
db.personas.find({"apellido": /^Du/}, {"_id": 0, "apellido": 1, "edad": 1})
```

Con nuestro índice `idx_apellido_edad` de la forma {"apellido": 1, "edad": 1}, esto es lo que se obtiene:

```
{ "apellido" : "Dupont", "edad" : 66 }
{ "apellido" : "Dupont", "edad" : 79 }
{ "apellido" : "Duport", "edad" : 57 }
{ "apellido" : "Duport", "edad" : 80
{ "apellido" : "Durand", "edad" : 75 }
{ "apellido" : "Durand", "edad" : 77 }
```

Cuando cambiamos este índice por `{"apellido": 1, "edad": -1}`, vemos que efectivamente los resultados mostrados siguen el nuevo orden del índice, es decir, ordenan la edad en orden descendente dentro del mismo nombre:

```
{ "apellido" : "Dupont", "edad" : 79 }
{ "apellido" : "Dupont", "edad" : 66 }
{ "apellido" : "Duport", "edad" : 80 }
{ "apellido" : "Duport", "edad" : 57 }
{ "apellido" : "Durand", "edad" : 77 }
{ "apellido" : "Durand", "edad" : 75 }
```

4. Índices únicos

Los índices únicos garantizan que un valor determinado aparecerá como máximo una vez en el índice. Antes se vió que se colocaba sistemáticamente un índice de este tipo en el campo `_id` de los documentos de una colección, ¡y que era imposible borrarlo! En el estado actual de nuestra colección de `personas`, no podríamos poner este tipo de índice en el campo `apellido` porque la mayoría de los valores de este campo tienen varias apariciones. En cambio, podríamos crear un índice único para el campo `nombre`, donde todos los valores son únicos:

```
db.personas.createIndex({"nombre": 1}, {"unique": true})
```

A partir de ahora, cualquier intento de insertar a una persona con un nombre que ya esté presente en uno de los documentos de nuestra colección resultará en un fracaso estrepitoso. Evidentemente, colocar un índice único en un campo que muy probablemente contenga duplicados es una decisión bastante desacertada.

Además, ahora que nuestro campo `apellido` está sujeto a una restricción de unicidad, no podremos insertar más de un documento que no contenga este campo. La siguiente inserción falla en parte porque, como `apellido` se marcó como `null` al insertar el primer documento, no es posible insertar un segundo documento cuyo campo `apellido` también sea `null`.

```
db.personas.insertMany([{"apellido": "Ferrandez"}, {"nombre": "Pascal"}])
```

Por lo tanto, se insertará el primer documento y se rechazará el segundo.

Un índice puede ser compuesto y único. Si se quiere prohibir la inserción de personas con el mismo nombre y edad que otra persona en una colección, entonces se necesita crear el siguiente índice compuesto único:

```
db.personas.createIndex(
  {"apellido": 1, "edad": 1},
  {"name": "idx_unq_apellido_edad", "unique": true}
)
```

Y cualquier solicitud de inserción que intente violar la restricción de unicidad impuesta por este índice fallará. He aquí un ejemplo:

```
db.personas.insertOne({"apellido": "Lejeune", "edad": 66 })
```

5. Indexar objetos y tablas

La indexación de documentos contenidos en otros documentos se realiza de forma muy similar a la de un campo escalar. Supongamos que algunos de los documentos de nuestra colección de `personas` contienen ahora un subdocumento bajo la clave dirección que contiene detalles de la `dirección` postal de un individuo. Para ilustrarlo, actualicemos la información sobre el Sr. y la Sra. Lejeune:

```
db.personas.updateMany(
  {"apellido": "Lejeune"},
  {$set : {
    "dirección": {
      "número": 546
      "vía": "calle",
      "nombre": "Descartes",
      "cp": 71230,
      "ciudad": "Saint-Vallier"
    }
  }
})
```

A continuación, vamos a crear un índice basado en el campo `cp` del documento anidado en la clave `dirección`:

```
db.personas.createIndex({"dirección.cp": 1}, {"name": "idx_direccion_cp"})
```

Esta consulta puede basarse en dicho índice:

```
db.personas.find({"dirección.cp" : 71230})
```

Es perfectamente posible indexar todo el subdocumento de `dirección`:

```
db.personas.createIndex({"dirección": 1}, {"name": "idx_dir_cmplt"})
```

Esta consulta, que hace uso de todos los campos contenidos en el subdocumento, se utilizará así:

```
db.personas.find({
  "dirección": {
    "número": 546
    "vía": "calle",
    "nombre": "Descartes",
    "cp": 71230
    "ciudad": "Saint-Vallier"
  }
})
```

6. Índices geoespaciales

El uso de la geolocalización está completamente arraigado en los internautas: la ruta al destino de vacaciones, el patinete eléctrico más cercano, el tiempo medio que se tarda en llegar andando al restaurante favorito... Es difícil de evitar.

MongoDB ofrece varios tipos de índices para funcionar con consultas geoespaciales: los índices `2dsphere` se utilizan para consultas geoespaciales sobre una superficie esférica, mientras que los índices `2d` se utilizan para consultas sobre un plano euclidiano. Si el campo que contiene los datos geoespaciales en la colección `plan` se llama `geodata`, se crea un índice `2d` ejecutando el siguiente comando:

```
db.plan.createIndex({"geodata": "2d"})
```

Un índice de tipo 2dsphere sobre el campo geodata de una colección denominada sphere se plantea de la siguiente manera:

```
db.sphere.createIndex({"geodata": "2dsphere"})
```

6.1 Índices 2d

Los índices 2d utilizan los pares de coordenadas llamados heredados (*legacy*), es decir, se mantienen por razones de compatibilidad con versiones anteriores. Este tipo de coordenadas se utilizó hasta la versión 2.2 de MongoDB, pero desde entonces ha sido sustituido por GeoJSON, un formato unificado para describir datos geográficos utilizando JSON. Este formato está en proceso de estandarización; sus especificaciones completas pueden consultarse en https://tools.ietf.org/html/rfc7946.

Si se utilizan estas coordenadas heredadas (*legacy*), es aconsejable almacenar las coordenadas de un punto en forma de tabla, empezando siempre por la abscisa, seguida de la ordenada:

```
db.plan.insertOne({"apellido": "Point 1", "geodata": [1,1]})
```

Si estas coordenadas *legacy* representan un par longitud/latitud, la longitud debe aparecer en primer lugar:

```
db.plan.insertOne({"apellido": "Point 1", "geodata": [4.805528, 43.949317]})
```

Sin embargo, también es posible almacenarlos en forma de subdocumento, con la única condición de que la longitud (anotada aquí como lon) aparezca en primer lugar:

```
db.plan.insertOne({
  "apellido": "Point 2
  "geodata": {"lon": 4.805528, "lat": 43.949317}
})
```

Un índice 2d puede formar parte de un índice compuesto. Si es así, debe aparecer en la primera posición cuando se crea este último. Si se quiere crear un índice compuesto que cubra tanto el campo geodata como el campo apellido, tenemos que ejecutar el siguiente comando:

```
db.plan.createIndex({"geodata" : "2d", "apellido": -1})
```

6.2 Índices 2dsphere

Como ya se ha mencionado, el índice `2dsphere` se recomienda siempre que las consultas geoespaciales utilicen geometría esférica. Este tipo de índice geoespacial admite dos tipos de coordenadas:

- las coordenadas *legacy* mencionadas anteriormente
- Objetos GeoJSON

Cuando se utilizan coordenadas *legacy*, MongoDB las convierte en objetos GeoJSON de tipo `Point`, por lo que, pase lo que pase, ¡son estos objetos los que se utilizan entre bastidores!

Un campo en el que se ha colocado un índice `2dsphere` no puede ser una clave de fragmentación (*sharding*); si se desea fragmentar una colección, se deberá elegir otro campo como clave de fragmentación.

A diferencia de los índices `2d`, que deben aparecer en la primera posición de la definición de un índice compuesto, los índices `2dsphere` pueden aparecer en cualquier lugar.

6.3 Objetos GeoJSON

Los objetos GeoJSON se representan de forma estandarizada y detallada en un documento de especificación RFC (*Request For Comment*; el documento es el número 7946. Están formados por un campo llamado `type`, que contiene una cadena de caracteres que especifica el tipo de objeto que se está definiendo (los veremos en un momento) y un campo `coordinates`, que contiene las coordenadas, según la forma geométrica que se haya elegido. Resumamos todo esto en una sola línea:

```
{ type: < tipo de objeto GeoJSON > , coordinates: < coordenadas > }
```

Veamos con más detalle los distintos tipos de objetos disponibles en este formato.

El tipo punto

Empecemos por lo más obvio: ¡el punto! En la tabla `coordinates`, mencionaremos el eje x seguido del eje y (o, si se utilizan coordenadas geoespaciales, la longitud seguida de la latitud):

```
{
 "type": "Point",
 "coordinates": [13.0, 1.0]
}
```

Tipo multipunto

Como su nombre indica, la tabla `coordinates` de este tipo es una simple enumeración de coordenadas de puntos:

```
{
 "type": "Multipoint",
 "coordinates": [
   [12.0, 0.0], [13.0, 1.0]
 ]
}
```

El tipo LineString

Este tipo GeoJSON representa una línea simple. En la tabla `coordinates` , encontramos dos puntos representados a su vez en forma de matrices:

```
{
 "type": "LineString",
 "coordinates": [
   [12.0, 0.0], [13.0, 1.0]
 ]
}
```

Tipo de polígono

En la tabla `coordinates` encontramos secuencias de coordenadas de tipo `LineString`, con el primer par idéntico al último, y que forman así lo que en la jerga GeoJSON se conoce como `LinearRing` (nótese que `LinearRing` no es propiamente un tipo GeoJSON). He aquí cómo se materializa un polígono sólido que contiene casi todo el continente africano:

```
{
  "type": "Polygon",
  "coordinates": [
      [
          [
            -35.15625,
            35.460669951495305
          ],
          [
            18.28125,
            -44.087585028245165
          ],
          [
            59.765625,
            13.239945499286312
          ],
          [
            30.585937499999996,
            33.7243396617476
          ],
          [
            -35.15625,
            35.460669951495305
          ]
      ]
   ]
}
```

Para crear un polígono con agujeros, basta con pasar varias matrices correspondientes a los `LinearRings` de estos agujeros; ocuparán su lugar después del primer `LinearRing` que describe el borde exterior del polígono. A continuación, se muestra un polígono con un agujero modelado sobre el polígono sólido mostrado anteriormente:

```
{
  "type": "Polygon",
  "coordinates": [
      [
          [
              -35.15625,
              35.460669951495305
          ],
          [
              18.28125,
              -44.087585028245165
          ],
          [
              59.765625,
              13.239945499286312
          ],
          [
              30.585937499999996,
              33.7243396617476
          ],
          [
              -35.15625,
              35.460669951495305
          ]
      ],
      [
          [
              -0.3515625,
              27.059125784374068
          ],
          [
              -9.140625,
              14.26438308756265
          ],
          [
              4.5703125,
              3.5134210456400448
```

```
            ],
            [
                19.6875,
                14.26438308756265
            ],
            [
                -0.3515625,
                27.059125784374068
            ]
        ]
    ]
}
```

Como una imagen vale más que mil palabras, he aquí la representación de nuestro polígono con agujeros en el sitio web geojson.io:

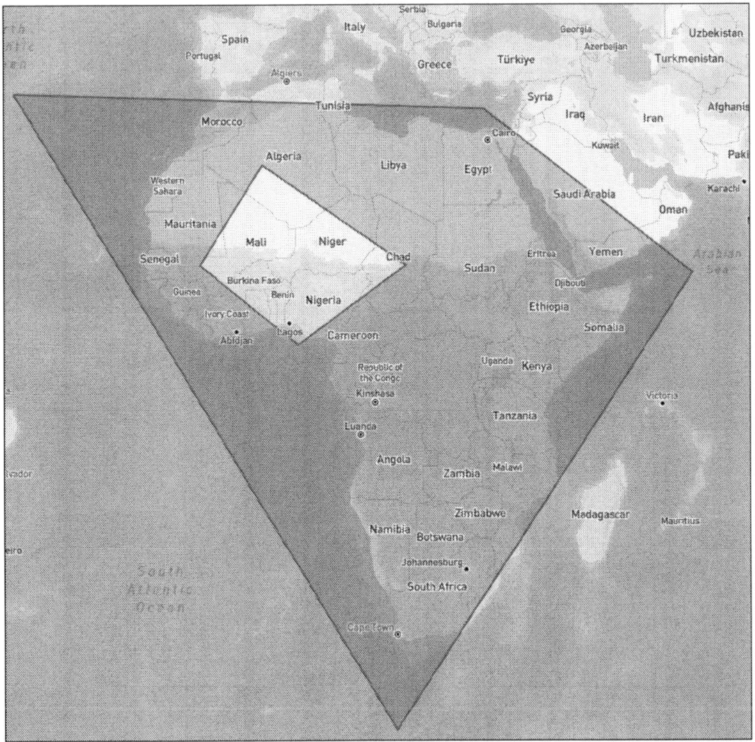

Tipo MultiPolígono

Nuestro objeto `MultiPolygon` incluirá las coordenadas de dos polígonos en su matriz `coordinates`: el primero de ellos es un polígono con un agujero; contiene, por tanto, dos polígonos (o dos `LinearRings`, si así lo prefiere) que representan sucesivamente el borde exterior y luego el propio agujero. El segundo es un polígono independiente de los dos, situado en Islandia. He aquí nuestro objeto GeoJSON completo, que es bastante imponente:

```
{
  "type": "MultiPolygon",
  "coordinates": [
      [
          [
              [
                  -4.921875,
                  64.16810689799152
              ],
              [
                  -35.15625,
                  41.50857729743935
              ],
              [
                  7.3828125,
                  19.973348786110602
              ],
              [
                  37.6171875,
                  41.77131167976407
              ],
              [
                  44.6484375,
                  71.41317683396566
              ],
              [
                  16.5234375,
                  71.74643171904148
              ],
              [
                  -4.921875,
                  64.16810689799152
              ]
          ],
```

```
            [
                [
                    -1.0546875,
                    53.330872983017066
                ],
                [
                    -9.140625,
                    48.69096039092549
                ],
                [
                    0.3515625,
                    40.713955826286046
                ],
                [
                    8.7890625,
                    41.244772343082076
                ],
                [
                    10.546875,
                    49.83798245308484
                ],
                [
                    -1.0546875,
                    53.330872983017066
                ]
            ]
        ],
        [
            [
                [
                    -22.67578125,
                    68.07330474079025
                ],
                [
                    -29.355468750000004,
                    64.16810689799152
                ],
                [
                    -18.45703125,
                    60.930432202923335
                ],
                [
                    -10.72265625,
                    65.36683689226321
```

```
                ],
                [
                    -22.67578125,
                    68.07330474079025
                ]
            ]
        ]
    ]
}
```

He aquí su representación en el mapa en línea antes mencionado:

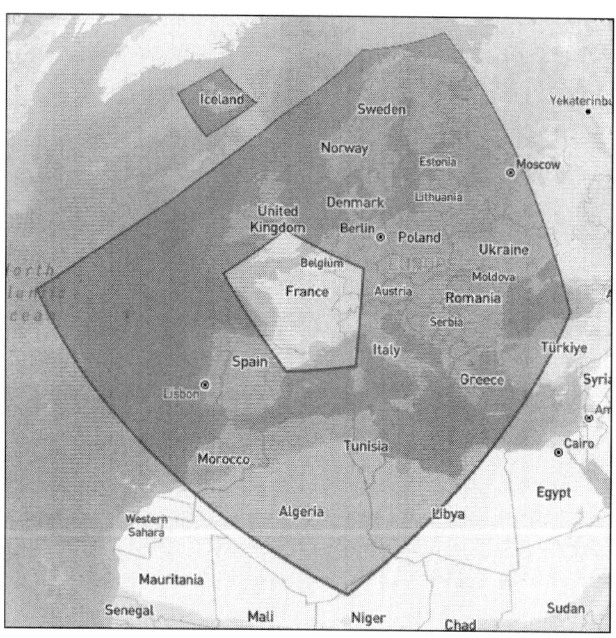

7. Índices parciales

Los índices parciales se introdujeron en la versión 3.2 para sustituir gradualmente a los índices *sparse* (disperso), mucho más limitados. Un índice *sparse* solo contiene documentos en los que está presente el campo objetivo.

Un índice parcial se comporta de forma similar a un índice *sparse* en el sentido de que también puede indexar un subconjunto de los documentos contenidos en una colección. Estos índices utilizan un filtro que actúa como criterio de selección de los documentos que se incluirán. Pero, a diferencia de los índices *sparse* a los que pretenden suplantar, el filtro no es necesariamente un campo objetivo del índice, como veremos. La ventaja es evidente: estos índices más pequeños ahorran memoria a la vez que tienen mejor rendimiento que un índice tradicional a la hora de escribir.

Vamos a crear una colección llamada `discos` en la que inyectaremos tres documentos:

```
db.discos.insertMany([{
    "grupo": "The Who
    "título": "Tommy",
    "precio": 5
    "disponible": true
}, {
    "grupo": "AC/DC",
    "título": "Powerage",
    "precio: 8
    "estado": null,
    "disponible": false,
}, {
    "grupo": "Queen",
    "título": "Innuendo",
    "precio": 9
    "estado": "nuevo",
    "disponible": true
}])
```

Nuestro índice parcial llamado `idx_parcial_grupo_titulo` seleccionará como subconjunto los documentos con un precio superior a 4 euros y se centrará en los campos `grupo` y `titulo` de estos mismos documentos.

La clave que describe la expresión utilizada para el filtrado se llama `partialFilterExpression` y este es el aspecto del comando para crear ese índice parcial:

```
db.discos.createIndex(
  { "grupo": 1, "título": 1},
  { "name": "idx_parcial_grupo_titulo",
    "partialFilterExpression": {"precio": {$gt: 4}}
  }
)
```

El índice parcial se utiliza siempre que las condiciones de una consulta correspondan a la expresión especificada al crearla o a un subconjunto de ella. Por ejemplo, la consulta siguiente utiliza `idx_parcial_grupo_titulo` porque su criterio de selección de precios corresponde *exactamente* al de nuestra expresión de filtro. Nótese la presencia de la expresión regular `/^Q/` que significa «comienza por la letra Q mayúscula»;

```
db.discos.find({"grupo": /^Q/, "precio": { $gt: 4}})
```

Del mismo modo, la consulta siguiente se basa en el índice `idx_parcial_grupo_titulo` porque su criterio de selección de precios corresponde a un subconjunto de nuestra expresión de filtro. Estamos indexando sobre la base de un valor de precio estrictamente superior a 4, y aquí buscamos precios estrictamente superiores a 6, por lo que este criterio de precio es un subconjunto de nuestro criterio de índice parcial.

```
db.discos.find({"grupo": /^Q/, "precio": { $gt: 6}})
```

Por el contrario, la siguiente consulta no utilizará este índice parcial, ya que su criterio de selección de precios queda fuera de los límites establecidos cuando se creó `idx_parcial_grupo_titulo`. En efecto, estamos pidiendo precios mayores o iguales que 4, cuando nuestro índice solo cubre los precios *estrictamente* mayores que 4.

```
db.discos.find({"grupo": /^Q/, "precio": { $gte: 4}})
```

El siguiente ejemplo tampoco, ya que la condición de filtro simplemente no está presente en `find()`:

```
db.discos.find({"grupo": /^A/})
```

Sigamos explorando los índices parciales y creemos ahora un índice para el campo `disponible` de nuestros documentos. De hecho, cada noche se ejecuta una tarea programada que indica a los responsables de la gestión de existencias cuáles de los cientos de miles de productos de nuestro sitio de comercio electrónico se han notificado como no disponibles. Llamaremos a este índice `idx_prod_indisp` y primero se debe eliminar el índice `idx_parcial_grupo_titulo` antes de crearlo, porque un índice parcial no puede tener como objetivo los mismos campos dos veces, aunque la expresión del filtro sea diferente.

```
db.discos.dropIndex("idx_parcial_grupo_titulo")

db.discos.createIndex(
  { "grupo": 1, "título": 1 },
  { "name": "idx_prod_indisp", "partialFilterExpression":
{ "disponible": false } }
)
```

La siguiente consulta se basa en nuestro nuevo índice parcial:

```
db.discos.find({"grupo": /^A/, "disponible": false})
```

Este último no se beneficia de él y solo realiza una operación de recorrer la colección (*collection scan*), que es lo que generalmente tratamos de evitar:

```
db.discos.find({"grupo": /^A/, "disponible": true})
```

Siguiendo el espíritu de los índices *sparse*, ahora vamos a indexar los documentos que contienen el campo de `estado`. Si solo quisiéramos indexar los documentos que contienen el campo de `estado`, habríamos creado el siguiente índice disperso:

```
db.discos.createIndex({"estado": 1 }, { sparse: true })
```

Utilizando un índice parcial, podríamos haber emulado nuestro índice *sparse* con la siguiente sintaxis:

```
db.discos.createIndex(
   {"estado": 1},
   { partialFilterExpression: {"estado": {$existe: true} }
)
```

Sin embargo, como hemos señalado, los índices parciales permiten incluir en la cláusula de filtrado campos que no son los del índice. Este no era el caso de los índices *sparse*, que pueden verse como una versión rudimentaria de los índices parciales recomendados por MongoDB desde la versión 3.2.

Vamos a crear de nuevo un índice sobre los campos `grupo` y `título`, pero esta vez restringido a los documentos en los que esté presente el campo estado. Como hicimos antes, tenemos que destruir el índice compuesto creado sobre estos campos antes de construir uno nuevo.

```
db.discos.dropIndex("idx_prod_indisp")

db.discos.createIndex(
  { "grupo": 1, "título": 1 },
  { "name": "idx_estato_exis",
    "partialFilterExpression": {"estado": {$exists: true}}}
)
```

La siguiente consulta se basa en este nuevo índice parcial:

```
db.discos.find({"grupo": /^Q/, "estado": "nuevo"})
```

Desde la versión 6 de MongoDB, es posible crear índices parciales utilizando los operadores `$and` y `$in`. Por ejemplo, si queremos crear un índice de discos nuevos con un precio igual o inferior a 5€, ejecutaremos el siguiente comando:

```
db.discos.createIndex(
  {
    "precio": 1
    "estado": 1
  },
  {
    "partialFilterExpression": {
      $and: [
        { "precio": { $lte: 5 } },
        { "estado": "nuevo" }
      ]
    }
  }
)
```

La misma creación con el operador `$in` se hará de la siguiente manera:

```
db.discos.createIndex(
  {
    "precio": 1
    "estado": 1
  },
  {
    "partialFilterExpression": {
      "precio": { $in: [1, 2, 3, 4, 5] },
      "estado": "nuevo"
    }
  }
)
```

8. Índices TTL

Los índices TTL tienen una duración limitada (*Time To Live*). Solo pueden aplicarse a un único campo, siempre que sea de tipo fecha. Los índices TTL se utilizan para eliminar documentos cuya fecha ha expirado. Son útiles para gestionar logs, sesiones, cestas o cualquier otra cosa con un tiempo de vida limitado. Para crearlos, la sintaxis es idéntica a la de un índice estándar; basta con especificar el número de segundos tras los cuales se considerará que el documento ha caducado.

El borrado de documentos caducados lo realiza el *monitor TTL*, una tarea en segundo plano que se ejecuta cada minuto. El valor predefinido del parámetro `ttlMonitorSleepSecs` puede consultarse mediante el siguiente comando de administración:

```
db.adminCommand({"getParameter":1, "ttlMonitorSleepSecs": 1})
```

De forma predefinida, nuestro monitor se invoca cada 60 segundos:

```
{ "ttlMonitorSleepSecs" : 60, "ok" : 1 }
```

Para cambiar el valor de este parámetro y ejecutar la tarea cada 30 segundos, es necesario cambiar el valor utilizando `setParameter`:

```
db.adminCommand({"setParameter":1, "ttlMonitorSleepSecs": 30})
```

Si se desea que se muestren los registros del *monitor TTL*, se deben activar mediante el siguiente comando:

```
db.setLogLevel(1, "index");
```

Si no se desea utilizar el *monitor TTL*, simplemente se desactiva con el siguiente comando:

```
db.adminCommand({"setParameter":1, "ttlMonitorEnabled":false})
```

Esta desactivación será efectiva hasta que se reinicie `mongod`. Para desactivar el monitor con mayor eficacia, se debe especificar al iniciar el proceso `mongod`:

```
mongod --setParameter ttlMonitorEnabled=false
```

Nada impide reactivarlo más tarde:

```
db.adminCommand({"setParameter":1, "ttlMonitorEnabled":true})
```

El *monitor TTL* no borra los documentos caducados en tiempo real; esto significa que si el monitor está configurado para ejecutarse cada minuto y comienza a las 16:00, un documento que caduca a las 16:00:05 no se borrará hasta la siguiente ejecución (16:01) y, por tanto, permanecerá en su colección durante 55 segundos, aunque oficialmente haya caducado. Este tiempo de latencia debe tenerse en cuenta al configurar la frecuencia de ejecución del monitor.

Para ver el número de pasadas y el número de documentos eliminados por el monitor, ejecute el comando:

```
db.serverStatus().metrics.ttl
```

Probemos ahora estos índices TTL y creemos una colección llamada `cestas` con un campo llamado `fecha_crea` de tipo fecha. En el primer documento se tendrá la fecha actual, mientras que en el segundo la retrocederemos 5 minutos (30.000 milisegundos). Para antedatar, usamos `Date.now()` que devuelve el número de milisegundos desde la época Unix. A continuación, restamos 5 minutos convertidos en milisegundos, es decir, `5*60*1000`. Finalmente, pasamos este número ajustado de milisegundos como argumento al constructor de la clase `Date` para obtener un objeto `Date` definido en una fecha anterior.

```
db.cestas.insertMany([{
     "fecha_crea": new Date(),
     "contenido": [{
            "ref": "TODKP1",
            "precio": 79.99
     }]
}, {
     "fecha_crea": new Date(Date.now() - 1000 * 60 * 5),
     "contenido": [{
            "ref": "TODKP2",
            "price": 19.99
     }]
}])
```

El comando que crea un índice TTL que expira a los 6 minutos (360 segundos) en el campo `date_crea` es:

```
db.cestas.createIndex({"fecha_crea": 1}, {"expireAfterSeconds": 360})
```

Basta con ver el contenido de la colección `cesta` un poco más de un minuto después de crear el índice TTL para comprobar que el documento con fecha anterior ha desaparecido de la colección. Aproximadamente seis minutos después de crear el índice, el documento con la fecha actual se borrará, dejando la colección vacía.

Esto es lo que aparece en los registros de `mongod`:

```
INDEX [TTLMonitor] ns: test.cesta key: { fecha_crea: 1.0 }
name: fecha_crea_1
INDEX [TTLMonitor] deleted: 2
```

Es posible crear un índice TTL en una matriz que contenga al menos una fecha, incluso en medio de valores de otros tipos. Para ello, creamos un documento que contiene una matriz de fechas llamado `conexiones` y colocamos un índice en él:

```
db.cestas.insertOne({
     "cliente": "Sébastien Ferrandez",
     "conexiones": [
         new Date(ISODate().getTime() - 1000 * 60 * 5),
         new Date()
     ],
     "productos": [{
          "ref": "TODKP1",
          "precio: 79.99
     }, {
```

```
            "ref": "TODKP2",
            "precio: 19.99
    }]
})
db.cestas.createIndex({"conexiones": 1}, {"expireAfterSeconds": 360})
```

Tenemos una tabla con varias fechas, pero la más antigua se utilizará para eliminar el documento. Aproximadamente un minuto después de que el índice TTL se establezca en `conexiones`, este documento se destruirá.

Tanto si el índice TTL se refiere a un campo escalar como a una matriz, un documento que no contenga el campo indexado no tiene ninguna posibilidad de ser eliminado.

9. Índices agrupados (clustered index)

Un índice agrupado (*clustered index*) ordena los documentos de una colección en función del valor de su clave, cuya unicidad está garantizada. Las colecciones agrupadas (*clustered collections*) se caracterizan por este tipo de índices.

A diferencia de las colecciones «tradicionales», que almacenan los identificadores de los documentos en una estructura de datos en árbol distinta de aquella en la que se almacenan los propios documentos, las *clustered collections* reúnen todo en la misma estructura de datos; el campo del identificador del documento sirve de índice contra el que se encontrará el documento buscado, eliminando la necesidad de recorrer dos árboles para encontrarlo. De este modo, ¡solo tenemos que realizar una única operación para leer, insertar, borrar o actualizar!

Estas son algunas características especiales de los *clustered indexes*:

- Sólo puede haber un *clustered index* para una colección y debe establecerse cuando se crea la colección.
- Un *clustered index* se basa únicamente en el campo `_id` de la colección, pero este campo puede ser de un tipo distinto a `ObjectId`, siempre que se garantice que es único e inmutable. Sin embargo, el índice debe ser lo más pequeño posible y, si es posible, debe basarse en valores que aumenten secuencialmente.

Así es como crearemos la *clustered collection* `pedidos`:

```
db.runCommand({
    "create": "pedidos",
    "clusteredIndex": {
       "key": { "_id": 1 },
       "unique": true
       "name": "idx_clus_id"
    }
})
```

Ahora vamos a comprobar sus propiedades:

```
db.getCollectionInfos({ name: "pedidos" })
[
 {
   name: 'pedidos',
   type: 'colección',
   options:
     clusteredIndex: { v: 2, key: { _id: 1 }, name: 'idx_clus_id',
unique: true },
   info: {
     readOnly: false,
     uuid: new UUID("79238deb-dcf7-449a-b946-0361fdebb067")
   }
 }
]
```

Desde la versión 6.2, los índices secundarios ya no tienen prioridad sobre los clustered indexes, que ahora se prefieren a la hora de optimizar las consultas realizadas en una *clustered collection*.

Este tipo de recopilación sigue siendo muy eficaz para las consultas que se dirigen a intervalos o realizan comparaciones sobre los valores del campo `_id`.

Por último, como limitación, es imposible transformar una colección «clásica» en una *clustered collection* y viceversa.

10. Índices de texto

MongoDB proporciona un tipo especial de índice para buscar dentro de campos tipo texto o matricial que contengan texto. Para crear un índice de texto, ya no es cuestión de orden ascendente o descendente, como vimos anteriormente. Todo lo que hay que hacer es especificar delante del nombre del campo que su índice será de tipo `text`:

```
db.collection.createIndex({"campo": "text"})
```

Se debe tener en cuenta que una colección solo puede albergar un único índice textual, que sin embargo puede referirse a varios campos. Un índice textual no puede utilizar la intercalación.

Empecemos por crear la colección de libros, que utilizaremos para manipular nuestros índices de texto:

```
db.libros.insertMany([
   {
       "autor": "Jack London",
       "título": "Colmillo Blanco",
       "resumen": "Croc-Blanc es un orgulloso y valiente perro lobo",
       "puntosDeVenta" : [
           { "ciudad": "Aix-en-Provence", "librería": "Goulard"}
       ]
   },
   {
       "autor": "Stendhal",
       "título": "Le Rouge et le noir",
       "resumen": "El viaje de Julien Sorel"
   },
   {
       "autor": ["Goscinny", "Uderzo"],
       "título": "Astérix",
       "resumen": "Las aventuras del orgulloso guerrero galo".
       "puntosDeVenta" : [
          { "ciudad": "Marsella", "librería": "La Réserve à bulles"},
          { "ciudad": "Avignon", "librería": "La Licorne"}
       ]
   }
])
```

A continuación, vamos a crear un primer índice que apunte únicamente al campo `resumen` y vamos a especificar que el idioma utilizado en este campo sea el español :

```
db.libros.createIndex({"resumen": "text"}, {"default_language": "spanish"})
```

Si se ejecuta el comando `db.libros.getIndexes()` para listar los índices colocados en la colección `libros`, se verá el número de versión de los índices de texto `textIndexVersion`, que en este caso es 3. Esta es la versión implementada en las versiones 3.2 y superiores de MongoDB:

```
{
  v: 2,
  key: { _fts: 'text', _ftsx: 1 },
  nombre: 'resumen_texto',
  weight: { resumen: 1 },
  default_language: 'spanish,
  language_override: 'language',
  textIndexVersion: 3
}
```

Para realizar una búsqueda en un campo en el que se ha colocado un índice textual, se necesita utilizar el operador `$text` y colocar la cadena de caracteres que se está buscando delante de la clave `$search` en el documento. Suponiendo que buscamos la palabra «orgulloso» en el campo `resumen` sobre el que se ha colocado previamente el índice, la consulta tendría el siguiente aspecto:

```
db.libros.find({$text: {$search: "orgulloso"}})
```

De forma predefinida, las búsquedas no distinguen entre mayúsculas ni minúsculas, pero se pueden forzar estableciendo el booleano `$caseSensitive` a true. La siguiente búsqueda no devolverá ningún resultado, porque ningún documento de nuestra colección contiene esta palabra que empieza por mayúscula:

```
db.libros.find({$text: {$search: "Orgulloso", $caseSensitive: true}})
```

Para buscar varias palabras simultáneamente, basta con encerrarlas entre comillas. Dos palabras escritas sin comillas producirán documentos que contengan cualquiera de las dos palabras. Así, la primera consulta devolverá dos documentos, mientras que la segunda solo devolverá uno. Obsérvese que las comillas que delimitan las palabras de nuestra búsqueda van precedidas del carácter de escape `'\'`, para distinguirlas de las comillas necesarias para que funcione el operador `$search`.

```
db.libros.find({$text: {$search: "orgulloso guerrero"}})
db.libros.find({$text: {$search: "\"orgulloso guerrero\""}})
```

Cuando un conjunto de palabras delimitadas por comillas aparece en una búsqueda que también incluye palabras sueltas, estas últimas se ignoran, por ejemplo:

```
db.libros.find({$text: {$search: "\"orgulloso guerrero\""}})
```

producirá exactamente el mismo resultado que:

```
db.libros.find({$text: {$search: "\"guerrero orgulloso\" otrapalabra"}})
```

Al buscar palabras que contengan guiones, como «perro-lobo», MongoDB indexará las dos palabras por separado. Por tanto, las cuatro consultas siguientes devolverán el mismo resultado:

```
db.libros.find({$text: {$search: "perro-lobo"}})
db.libros.find({$text: {$búsqueda: "perro"}})
db.libros.find({$text: {$search: "lobo"}})
db.libros.find({$text: {$search: "perro lobo"}})
```

Excluir términos

Para excluir términos de una búsqueda, deben ir precedidos del símbolo «guión». Nuestra búsqueda solo de la palabra «orgulloso» produjo dos documentos. Si queremos excluir la palabra «valiente» para que no aparezca junto a «orgulloso» tenemos que escribir:

```
db.libros.find({$text: {$search: "orgulloso -valiente"}})
```

Es importante tener en cuenta que cada palabra que se va a excluir debe ir precedida de un espacio antes del guión. Por el contrario, las palabras compuestas no deben tener un espacio antes del guión. Si repetimos nuestra búsqueda sobre el término «perro-lobo», añadiendo un espacio después de perro, la consulta se convertirá en «Quiero documentos cuyo resumen incluya la palabra perro, pero no la palabra lobo» y, por tanto, no devolverá ningún resultado:

```
db.libros.find({$text: {$search: "perro -lobo"}})
```

Gestionar diacríticos

Un diacrítico es un signo que se añade a una letra para modificar su sonido. En el español existen la tilde y la diéresis. Los índices de texto de la versión 3 son, de forma predefinida, insensibles a los diacríticos, lo que no ocurría en las versiones anteriores.

Para ilustrar la gestión de los diacríticos, añadamos un nuevo documento a nuestra colección de `libros`:

```
db.libros.insertOne({
   "autor": "Homero",
   "título": "La Odisea",
   "resumen": "Una orgullosa lección de coraje. Un poema soberbio.".
})
```

Para empezar, vamos a realizar una búsqueda muy básica:

```
db.libros.find({$text: {$búsqueda: "leccion"}})
```

Puede ver que, a pesar de haber especificado la palabra «leccion» sin la tilde o acento que debe llevar, nuestra búsqueda sí recupera el documento que acabamos de insertar. Si queremos realizar una búsqueda que tenga en cuenta los diacríticos, tendremos que establecer el booleano `$diacriticSensitive` como true en nuestra consulta, como se muestra a continuación:

```
db.libros.find({$text: {$search: "leccion", $diacriticSensitive: true}})
```

Ejecute de nuevo esta última consulta y verá que el documento recién insertado ya no forma parte de nuestro conjunto de resultados. Por supuesto, se pueden combinar las diferentes booleanas, teniendo en cuenta que una búsqueda sensible a los diacríticos puede tener un impacto significativo en el rendimiento de las búsquedas de texto.

Por último, si combinamos la sensibilidad diacrítica con la sensibilidad a mayúsculas y minúsculas, la siguiente búsqueda no producirá ningún resultado, porque en el estado actual de nuestra colección de `libros`, ninguna de las apariciones de la palabra «lección» está en mayúsculas:

```
db.libros.find({$text: {$search: "Lección", $diacriticSensitive:
true, $caseSensitive: true}})
```

Truncar palabras

En el caso de búsquedas de texto insensibles a mayúsculas, minúsculas y diacríticos, MongoDB utiliza la raíz de las palabras buscadas. Insertemos un nuevo documento para estudiar el comportamiento del operador `$text` con raíces de palabras:

```
db.libros.insertOne({
   "autor": "Colectivo",
   "título": "La Caza del Jabalí",
   "resumen": "Las técnicas de la caza de los jabalíes asiáticos explicadas
a fondo. Una lección de vida."
})
```

Si se realiza una búsqueda de texto de la palabra «jabali», la consulta producirá el nuevo documento que se acaba de insertar, porque «jabalíes» no es más que el plural de «jabalí», así que la raíz de la palabra es exactamente la misma:

```
db.libros.find({$texto: {$búsqueda: "jabali"}})
```

Por las mismas razones, si se busca en el texto la palabra «tecnica», el documento insertado anteriormente también se incluirá en los resultados, porque «tecnicas» tiene «técnica» como raíz:

```
db.libros.find({$text: {$search: "tecnica"}}, {"_id": 0, "resumen": 1})
```

```
{ "resumen": "Las técnicas de la caza de los jabalíes asiáticos
explicadas a fondo. Una lección de vida." }
{ "resumen" : "Una orgullosa lección de coraje. Un poema soberbio." }
```

Lo mismo ocurre con «orgulloso», cuya raíz es «orgullo»:

```
db.libros.find({$text: {$search: "orgullo"}}, {"_id": 0, "resumen": 1})
```

```
{ "resumen" : "Una orgullosa lección de coraje. Un poema soberbio." }
{ "resumen" : "Croc-Blanc es un orgulloso y valiente perro lobo" }
```

Palabras vacías

En una búsqueda de texto, el operador `$text` no tiene en cuenta las llamadas «*stop words*», como artículos o pronombres en una lengua determinada (se puede consultar la lista de stop words en español en:
https://github.com/mongodb/mongo/blob/master/src/mongo/db/fts/stop_words_spanish.txt

10.1 Puntuar un documento

MongoDB es capaz de asignar una puntuación (score) a cada documento devuelto por una consulta de texto. Para ver esta calificación, es necesarioos utilizar el operador de proyección `$meta`. Como su nombre indica, este operador extrae parte de los metadatos de cada documento producido por una consulta y se le pide que nos dé la puntuación, disponible bajo el nombre `textScore`.

Así es como mostramos la puntuación de cada documento además del resumen.

```
db.libros.find({$text: {$search: "orgulloso"}}, {"_id": 0, "resumen": 1,
"score": {$meta: "textScore"}})
```

Las puntuaciones otorgadas son las siguientes:

```
{ "resumen" : "Croc-Blanc es un perro lobo orgulloso y valiente", "score" :
0.5833333333333334 }
{ "resumen" : "Las aventuras del orgulloso guerrero galo", "score" : 0.625 }
```

La fórmula usada por MongoDB para calcular la puntuación en la versión 4 es la siguiente:

$$\left(0{,}5 \times \frac{núm\ correspondencias}{núm\ total\ palabras}\right) + 0{,}5$$

Tomemos el primer documento devuelto: una vez eliminadas las palabras vacías, quedan 6 palabras, una de las cuales coincide. Aplicando la fórmula del código fuente C++ de MongoDB, obtenemos 0,58333.

Texto inicial	Sin palabras vacías ni signos de puntuación	Número de correspondencias	Número total de palabras	Fórmula	Puntuación
Croc-Blanc es un **orgulloso** valiente perro lobo	Croc Blanc, perro lobo **orgulloso** y valiente	1 vez	6	$(0{,}5\times\frac{1}{6})+0{,}5$	0,58333

Procedamos del mismo modo para el segundo documento:

Texto inicial	Sin palabras vacías ni signos de puntuación	Número de correspondencias	Número total de palabras	Fórmula	Puntuación
Las aventuras del **orgulloso** guerrero galo	aventuras **orgulloso** guerrero galo	1 vez	5	$(0{,}5\times\frac{1}{4})+0{,}5$	0,6

10.2 Ponderar un índice

Al crear un índice de texto, se puede definir una ponderación para cada uno de los campos objeto del índice. Este coeficiente de ponderación se mencionará en el documento que contiene las distintas opciones del índice en la llave `weights`. Si no se especifica, su valor será 1.

Queremos crear un índice de texto, esta vez para dos campos: `título` y `resumen`. También queremos asignar un peso a cada uno de los campos: 5 al `título` y 2 al `resumen`. Este es el comando para crear el índice y asignar una ponderación:

```
db.libros.createIndex(
   {"título": "text", "resumen": "text"},
 {"default_language": "spanish", "weights": {"título": 6, "resumen": 2}}
)
```

En esencia, esto significa que cualquier coincidencia en el campo `título` tendrá tres veces más impacto que una coincidencia en el campo `resumen`.

Insertemos un nuevo documento que nos permita establecer una correspondencia en el campo `título`:

```
db.libros.insertOne({
   "autor": "Colectivo"
   "título": "¡Orgullo!",
   "resumen": "El orgullo humano desde sus orígenes hasta nuestros días"}.
)
```

Vamos a tomar nuestra tabla y aplicarla a nuestro documento recién insertado; esta vez la coincidencia no está en el campo `resumen` sino en el `título`:

Texto inicial	Sin palabras vacías ni signos de puntuación	Palabra encontradra	Número de palabras	Fórmula	Puntuación	Peso	Puntuación Final
¡Orgullo!	Orgullo	1	1	$(0{,}5\times\frac{1}{1})+0{,}5$	1	6	6

La puntuación de nuestras búsquedas en el campo `resumen` debería multiplicarse lógicamente por el peso especificado para este campo, es decir, 2. Esto es lo que obtenemos al ejecutar la siguiente consulta, que muestra la puntuación además del `título` y el `resumen`:

```
db.libros.find(
   {$text: {$search: "orgullo"}},
   {"_id": 0, "título": 1, "resumen": 1, "score": {$meta: "textScore"}}
)
```

```
{ "título": "Astérix", "resumen": "Las aventuras del orgulloso guerrero galo
"score" : 1.25 }
{ "título" : "Croc-Blanc", "resumen" : "Croc-Blanc es un orgulloso y
valiente perro-lobo", "score" : 1.1666666666666667
{ "resumen" : "El orgullo humano desde el principio hasta nuestros días", "score" : 6 }
```

Ahora vamos a insertar un documento que coincidirá con los dos campos:

```
db.libros.insertOne({"autor": ["Juan Orgullozada", "Luis Orgulloloa"],
"título": "Orgullo",
"resumen": "Orgullo"})
```

Vamos a revelar la puntuación de este documento en particular: ordenaremos los documentos devueltos por la consulta y mostraremos solo el primero. Recuerde que el orden de `textScore` es siempre descendente:

```
db.libros.find(
   {$text: {$search: "orgullo"}},
   {"_id": 0, "resumen": 1, "score": {$meta: "textScore"}}
).sort({"score": {$meta: "textScore"}}).limit(1)
```

La puntuación total es de 8:

```
{ "resumen" : "orgullo", "score" : 8 }
```

De hecho, la coincidencia con el `título` da la misma puntuación que antes (es decir, 6) a la que añadimos la puntuación de la coincidencia con el `resumen`, que describimos a continuación:

Texto inicial	Sin palabras vacías ni signos de puntuación	Palabra encontrada	Número de palabras	Fórmula	Puntuación	Peso	Puntuación Final
orgullo	orgullo	1 vez	1	$(0{,}5 \times \frac{1}{1}) + 0{,}5$	1	2	2

Esto da una puntuación acumulada de 6 + 2 = 8.

Se estará de acuerdo en que los ejemplos utilizados aquí son bastante triviales, pero en la práctica hay muchos parámetros que pueden influir en el cálculo de la puntuación: el idioma que puede utilizarse en la consulta (¿es el mismo que el utilizado cuando se creó el índice?), las distintas opciones de índice textual, el número de apariciones de una palabra en uno o varios campos y cualquier ponderación aplicada a un índice textual.

10.3 Índices comodín (wildcard index)

Es posible indexar cualquier campo de texto para todos los documentos de una colección; para ello utilizamos un comodín (*wildcard* ; anotado como **$****). Sin más preámbulos, vamos a crear un índice comodín para nuestra colección de `libros`:

```
db.libros.createIndex({"$**": "text"})
```

Para comprobar que, para cada uno de los documentos de nuestra colección, el índice se ha colocado en todos los campos que contienen texto, vamos a realizar una búsqueda de texto en el nombre de un autor, ya que el campo `autor` aún no se ha indexado:

```
db.libros.find({$text: {$search: "Uderzo"}}, {"_id": 0, "resumen": 1})
```

Ahora traemos el resumen del documento previsto:

```
{ "resumen": "Las aventuras del orgulloso guerrero galo" }
```

Es posible ponderar los campos en un índice de texto creado con un *comodín*. Si queremos aplicar una ponderación de 10 al campo `autor`, 5 al campo `título` y dejar el `resumen` en 1, que es el valor predefinido, tenemos que ejecutar este comando:

```
db.libros.createIndex({"$**": "text"}, {"weights":
{"autor": 10, "título": 5}})
```

Este tipo de índice también puede formar parte de un índice compuesto, en cuyo caso se aplicarán las mismas restricciones, en particular respetar el orden de los campos que componen el índice para que puedan utilizarse en una consulta.

Desde la versión 7 de MongoDB, es posible crear índices *wildcard* compuestos. Tales índices tienen un *wildcard* y uno o más términos más. Los índices *wildcard* compuestos evitan tener que crear un gran número de índices y alcanzar el fatídico límite de 64 índices por colección.

Por ejemplo, en lugar de crear un índice de:

- título / nombre del punto de venta
- título / ciudad del punto de venta

Podemos crear un único índice con un término *wildcard* para todos los campos de los objetos contenidos en la matriz `puntosDeVenta` y el campo `título`. He aquí cómo hacerlo con `createIndex`:

```
db.libros.createIndex(
  {
      "título": 1
      "puntosDeVenta.$**": 1
  },
  { nombre: "idx_lib_pdv" }
)
```

También se puede utilizar el siguiente comando:

```
db.runCommand(
  {
      createIndexes: "libros",
      indexes: [
         {
            key: {
               título: 1
               "puntosDeVenta.$**": 1
            },
            name: "idx_lib_pdv"
         }
      ]
  }
)
```

Los índices *wildcard*, compuestos o no, son índices parciales; solo contienen los documentos en los que están presentes los campos objeto del índice. Un documento formará parte de un índice *wildcard* compuesto en cuanto contenga uno de los términos *no wildcard*. Por ejemplo, si realizamos una búsqueda solo por el título, nuestro `indiceidx_lib_pdv` contendrá todos nuestros documentos, aunque el libro de Stendhal no esté disponible en ningún punto de venta. Tiene un título, que es la parte *no wildcard* de nuestro índice, y eso es suficiente.

11. Intersecar índices

La intersección de índices consiste en utilizar varios índices para satisfacer una consulta. Tomemos como punto de partida la colección `meteo`, que contiene dos documentos muy sencillos:

```
db.meteo.insertMany([
    {
        "ciudad": "Marsella",
        "temperaturas": {"día": 38,5, "noche": 25},
        "fecha": new Date("2024-08-15"),
        "fiable": true
    }, {
        "ciudad": "París",
        "temperaturas": {"día": 28,3, "noche": 19,6},
        "fecha": new Date("2024-08-15"),
        "fiable": true
    }
])
```

Vamos a ponerle dos índices: el primero se dirige al campo `día` del documento `temperaturas`:

```
db.meteo.createIndex({"temperaturas.dia": -1})
```

Un segundo, compuesto, que se dirige primero al campo `ciudad` (ordenado alfabéticamente) y luego, en orden descendente, al campo `fecha`:

```
db.meteo.createIndex({"ciudad": 1, "fecha": -1})
```

He aquí algunas consultas que se benefician de estos índices:

– Porque el campo `ciudad` forma parte del prefijo del índice compuesto:

```
db.meteo.find({"ciudad": "Marseille"})
```

– Porque el campo `día` del subdocumento `temperaturas` ha sido indexado:

```
db.meteo.find({"temperaturas.dia": {$gte: 38}})
```

– Porque los campos objetivo forman parte de un índice compuesto:

```
db.meteo.find({"fecha": new Date("2024-08-15"), "ciudad": "Marseille"})
```

Y aquí hay otros que no pueden esperar construir sobre él:

- Porque el campo `fecha` no forma parte del prefijo de nuestro índice compuesto y no podrá beneficiarse del índice ni en la parte de consulta ni en la parte de ordenar:

```
db.meteo.find({"fecha": new Date("2024-08-15")})
db.meteo.find({}).sort({"fecha": -1})
```

Porque no se han indexado los campos `noche` del subdocumento `temperaturas` y `fiable`:

```
db.meteo.find({"temperaturas.noche": {$lt: 30}})
db.meteo.find({"fiable": true})
```

La intersección puede realizarse en índices completos o en parte de ellos (el prefijo, por supuesto). Tomemos como ejemplo la siguiente consulta:

```
db.meteo.find({"ciudad": "París", "temperaturas.día": {$gte: 38}})
```

En este caso, tenemos un índice prefijo (`ciudad`) y un índice completo (`temperaturas.dia`), por lo que podría producirse una intersección de índices. Aquí se utiliza el condicional, porque la decisión de cruzar los índices corresponde al optimizador y depende de varios criterios (el perfil de la consulta, el tamaño del conjunto de resultados que devuelve y, en particular, si reside en memoria o en disco; el tamaño y la naturaleza de los índices, etc.). En nuestra colección simplificada, no se producirá ninguna intersección, pero lo importante es el principio de esta optimización.

En nuestro ejemplo, el optimizador optará por utilizar nuestro índice compuesto y no la intersección de los índices `ciudad` y `temperaturas.dia`.

Sin embargo, el hecho de que los índices puedan tener referencias cruzadas no debe llevar a descuidar la creación de índices compuestos en una colección. La naturaleza de las consultas debe determinar el tipo de índices utilizados en una colección.

Un índice compuesto no podrá proporcionar una cobertura completa a las consultas: tendrán que utilizar su prefijo, mientras que dos índices separados podrían proporcionar dicha cobertura.

Borremos nuestros índices y creemos dos nuevos:

```
db.meteo.createIndex({"ciudad": 1})
db.meteo.createIndex({"fecha": 1})
```

Todas las consultas que siguen se basarán en esto:

– En el índice llamado `fecha_1` porque el campo `fecha` es el único criterio de selección o se utiliza para ordenar según el orden en que se definió al crearlo:

```
db.meteo.find({"fecha": new Date("2024-08-15")})
db.meteo.find({}).sort({"fecha": 1})
```

– En el índice denominado `ciudad_1` por las mismas razones anteriores:

```
db.meteo.find({"ciudad": "París"})
db.meteo.find({}).sort({"ciudad": 1})
```

– Potencialmente en la intersección de los dos índices, ya que el criterio de selección está formado por los dos campos, cada uno de los cuales es objeto de un índice determinado:

```
db.meteo.find({"date": new Date("2024-08-15"), "ville": "Marseille"})
```

12. El método explain

Este método muestra en pantalla un documento que contiene información sobre la planificación de la consulta y también puede mostrar estadísticas de ejecución. Tiene dos modos de funcionamiento: puede aplicarse a una colección o a un cursor.

Si se aplica a una colección, su sintaxis es la siguiente:

```
db.collection.explain(información).<método>
```

Si se detalla un cursor, adopta esta forma:

```
db.collection.find().explain(información)
```

En ambos casos, su único parámetro es una cadena de caracteres que especifica la naturaleza de la información que debe mostrarse. Este parámetro puede tomar los siguientes valores:

- queryPlanner
- executionStats
- allPlansExecution

Si no especifica un parámetro a `explain`, la opción `queryPlanner` será el valor predefinido. Aquí hay algunos ejemplos de cómo hemos utilizado nuestra colección `libros`, comenzando con un cursor con la opción predefinida:

```
db.libros.find().explain()
```

Lo mismo, pero aplicado a la colección (el resultado será idéntico):

```
db.libros.explain().find()
```

Detalle de las estadísticas de ejecución, a nivel de colección:

```
db.libros.explain("executionStats").find()
```

Detalle de los planes de ejecución, siempre a nivel de colección:

```
db.libros.explain("allPlansExecution").find()
```

Independientemente de la opción pasada a `explain()`, podemos ver que la información relativa al planificador de consultas siempre está presente en el documento mostrado en pantalla. Si observamos más detenidamente el documento generado por el último `explain()`, podemos ver que toda la información está ahí: información relativa al planificador, estadísticas de ejecución y planes de ejecución, que se han añadido en forma de campo tipo tabla en el propio documento de estadísticas de ejecución. Estos distintos componentes se muestran a continuación en negrita:

```
"queryPlanner" :
    "plannerVersion" : 1,
    "namespace" : "test.libros",
    "indexFilterSet" : false,
    "parsedQuery" : {

    },
    "winningPlan" : {
```

```
                "stage" : "COLLSCAN",
                "direction" : "forward"
        },
        "rejectedPlans" : [ ]
    },
    "executionStats" :
        "executionSuccess" : true
        "nReturned" : 7,
        "executionTimeMillis" : 0,
        "totalKeysExamined" : 0,
        "totalDocsExamined" : 7,
        "executionStages" : {
                "stage" : "COLLSCAN",
                "nReturned" : 7,
                "executionTimeMillisEstimate" : 0,
                "works" : 9,
                "advanced" : 7,
                "needTime": 1,
                "needYield": 0,
                "saveState": 0
                "restoreState": 0,
                "isEOF": 1,
                "invalidates": 0,
                "direction": "forward",
                "docsExamined" : 7
        }
        "allPlansExecution" : [
    },
    "serverInfo" : {
        "host" : "lemmy",
        "port" : 27017,
        "version" : "4.0.5",
        "gitVersion" : "3739429dd92b92d1b0ab120911a23d50bf03c412"
    },
    "ok" : 1
}
```

Es importante tener en cuenta que las solicitudes que podrían alterar la colección (*remove*, *update*, etc.) no son ejecutadas por `explain`, sino solo explicadas. Así que no hay que preocuparse por los conjuntos de datos si alguna vez se solicita un `explain` sobre la eliminación o actualización de un documento, ¡no tendrá efecto!

12.1 Plan de ejecución de consultas

Como en muchos sistemas de gestión de bases de datos, el optimizador de consultas de MongoDB analiza las consultas que se le envian y luego elige el plan de ejecución más eficiente para ellas, teniendo en cuenta los índices disponibles para satisfacer la consulta.

Una vez establecido este plan, se reutiliza en cuanto se vuelve a procesar la solicitud.

Si una consulta tiene varios planes de ejecución posibles, el optimizador de consultas de MongoDB los almacena en una caché llamada *caché de planes de consulta*.

Cuando se gestiona una petición, el planificador de peticiones busca en la caché si puede encontrar un plan de ejecución que la satisfaga. Si no encuentra ninguno, generará planes llamados *candidatos*, que se pondrán en competición durante un periodo de evaluación. Entre estos planes, se elegirá un plan *ganador*, que se almacenará en caché y luego se utilizará para generar el documento que contiene los resultados de la petición, si es que produce alguno.

Si el planificador de consultas encuentra un plan coincidente, volverá a evaluar su rendimiento durante una fase de *replanificación*: si el plan almacenado en caché no supera esta fase, se elimina de la caché, se generan entonces nuevos planes *candidatos* y se vuelve a elegir un *ganador* que se ejecutará para devolver los documentos objetivo de la consulta cuando proceda.

Varios eventos pueden afectar a la caché del plan de consultas: el reinicio o apagado de una instancia de MongoDB, la destrucción de uno o más índices, la destrucción de una colección o incluso el borrado manual. Si la colección se llama `macoll`, entonces `db.macoll.getPlanCache().clear()` limpiará el caché. El método `getPlanCache()` devuelve un objeto sobre el que es posible invocar muchos otros métodos de manipulación de la caché. Se puede encontrar una lista bastante exhaustiva en:
https://docs.mongodb.com/manual/reference/method/js-plan-cache

12.2 Explain aplicada a una colección

Vamos a crear una colección llamada `bazar`, que contendrá algunos documentos que representen necesidades básicas:

```
db.bazar.insertMany(
[
   {
        "nombre": "Jabón",
        "precio: 2.5
        "stock: 25
   },
   {
        "nombre": "Pasta de dientes",
        "precio": 2.09
        "stock": 9
   },
   {
        "nombre": "Arroz",
        "precio": 1.99,
        "stock": 9
   },
   {
        "nombre": "Pilas LR6",
        "precio": 2.79
        "stock": 2
   },
   {
        "nombre": "Pañuelos",
        "precio": 3.66
        "stock": 3
   }
])
```

Uso de explain con el método find()

Vamos a aplicar `explain` a nuestra colección utilizando el método `find`:

```
db.bazaar.explain().find()
```

Aislemos la parte del despliegue que nos interesa:

```
queryPlanner: {
  namespace: 'test.bazar',
  indexFilterSet: false,
  parsedQuery: {},
  queryHash: '8880B5AF',
  planCacheKey: '8880B5AF',
  maxIndexedOrSolutionsReached: false,
  maxIndexedAndSolutionsReached: false,
  maxScansToExplodeReached: false,
  winningPlan: { stage: 'COLLSCAN', direction: 'forward' },
  rejectedPlans: []
}
```

Como sabemos, cuando utilizamos `explain` sin pasar ningún parámetro, se utiliza la opción `queryPlanner`, por lo que es lógico que encontremos una clave con este nombre en el documento de resultados. También podemos ver que en el documento del planificador de consultas aparece información relativa a los planes de ejecución rechazados y al plan *ganador*: mientras hay un plan *ganador*, no hay planes rechazados.

También observamos que el plan ganador es del tipo COLLSCAN, es decir, se recorre toda la colección para satisfacer la consulta. Esto no es muy eficiente, lo cual es de esperar, ya que en esta etapa no hemos establecido ningún índice.

Ahora vamos a escribir una consulta para encontrar productos con el nombre «Jabón»:

```
db.bazar.explain().find({"nombre": "Jabón"})
```

Seguimos sin tener un índice, por lo que nuestro plan ganador sigue siendo COLLSCAN, pero la visualización ha cambiado ligeramente:

```
parsedQuery: { nombre: { '$eq': 'Jabón' } },
winningPlan: {
  stage: 'COLLSCAN',
  filter: {  nombre: { '$eq': 'Jabón' } },
  dirección: 'forward'
},
rejectedPlans: []
```

La clave `parsedQuery` indica el criterio de búsqueda pasado ahora a `find` y encontramos este criterio de filtrado en nuestro plan ganador.

Ahora vamos a poner un índice en el campo `nombre` de los documentos de nuestra colección:

```
db.bazar.createIndex({"nombre": 1}, {"name": "idx_nombre"})
```

Si volvemos a ejecutar nuestra consulta, veremos que el plan ganador ya no es un COLLSCAN como antes, sino un IXSCAN, lo que básicamente significa que nuestra consulta se basa ahora en nuestro índice `idx_nombre`.

```
winningPlan: {
  stage: 'FETCH',
  inputStage:
    stage: 'IXSCAN'
    keyPattern: { nombre: 1 }
    indexName: 'idx_nombre'
    isMultiKey: false,
    multiKeyPaths: { nombre: [] },
    isUnique: false,
    isSparse: false
    isPartial: false,
    indexVersion: 2,
    direction: 'forward',
    indexBounds: { nombre: [ '["Jabón", "Jabón"]' ] }
  }
}
```

Usar explain con el método count()

Vamos a contar los productos que tenemos en stock, es decir, aquellos para los que el valor del campo stock es estrictamente mayor que 0:

```
db.bazar.countDocuments({"stock": {$gt: 0}})
```

Nuestro plan ganador es, como era de esperar, del tipo COLLSCAN, ya que stock no está indexado:

```
{
  etapa: 'COLLSCAN',
  filtro: { stock: { '$gt': 0 },
 dirección: 'forward
}
```

Creemos ahora un `índiceidx_stock` en el campo `stock` al que se dirige esta consulta de recuento:

```
db.bazar.createIndex({"stock": 1}, {"name": "idx_stock"})
```

El plan ganador ha evolucionado de forma natural y ahora se basa en `idx_stock`:

```
{
  stage: 'FETCH',
  inputStage:
    stage: 'IXSCAN'
    keyPattern: { stock: 1 }
    indexName: 'idx_stock'
    isMultiKey: false,
    multiKeyPaths: { stock: [] },
    isUnique: false,
    isSparse: false
    isPartial: false,
   indexVersion: 2,
    direction: 'forward',
    indexBounds: { stock: [ '(0, inf.0]' ] }
  }
}
```

Usar explain con el método distinct()

Veamos con más detalle el uso de `distinct` en el campo `nombre`:

```
db.bazar.explain().distinct("nombre")
```

Un resumen de nuestro plan ganador muestra DISTINCT_SCAN y siempre se utiliza el índice del campo `nombre`:

```
winningPlan: {
  stage: 'PROJECTION_COVERED',
  transformBy: {},
  inputStage: {
    stage: 'DISTINCT_SCAN',
    keyPattern: { nombre: 1 },
    indexName: 'idx_nombre,
    isMultiKey: false,
    multiKeyPaths: { nombre: [] },
    isUnique: false,
    isSparse: false
    isPartial: false,
    indexVersion: 2,
    direction: 'forward',
    indexBounds: { nombre: [ '[MinKey, MaxKey]' ] }
  }
}
```

Usar explain en caso de supresión

Veamos qué ocurriría si se eliminara uno o varios documentos cuyo campo de `nombre` contuviera la cadena «Jabón»:

```
db.bazar.explain().findOneAndDelete({"nombre": "Jabón"})
```

Una `explain` muestra que también se utiliza el índice `idx_name`:

```
winningPlan: {
  stage: 'BATCHED_DELETE',
  inputStage: {
    stage: 'FETCH',
    inputStage: {
      stage: 'IXSCAN',
      keyPattern: { nombre: 1 }
      indexName: 'idx_nombre'
      isMultiKey: false,
```

```
          multiKeyPaths: { nombre: [] },
          isUnique: false,
          isSparse: false
          isPartial: false,
          indexVersion: 2,
          direction: 'forward',
          indexBounds: { nombre: [ '["Jabón", "Jabón"]' ] }
        }
      }
    }
```

Usar explain en caso de actualización

Cuando actualizamos un documento filtrando sobre un campo indexado, el valor de la clave `stage` del plan ganador toma lógicamente el valor «UPDATE»:

```
db.bazar.explain().findOneAndUpdate({"nombre": "Jabón"}, {$set:
{"nombre": "Shampoo"}})
```

```
    winningPlan: {
      stage: 'UPDATE',
      inputStage: {
        stage: 'FETCH',
        inputStage: {
          stage: 'IXSCAN',
          keyPattern: { nombre: 1 },
          indexName: 'nombre_idx',
          isMultiKey: false,
          multiKeyPaths: { nombre: [] },
          isUnique: false,
          isSparse: false
          isPartial: false,
          indexVersion: 2,
          direction: 'forward',
          indexBounds: { nombre: [ '["Jabón", "Jabón"]' ] }
        }
      }
    }
```

13. Forzar el empleo de un índice usando $hint

El operador `$hint` se utiliza para forzar una consulta a utilizar un índice determinado. Tiene un método abreviado en el *shell*, que se aplica a un cursor y tiene la siguiente forma:

```
db.collection.find( < criterios > ).hint( < índice > )
```

Si se enumera toda la colección de `meteo` y se aplica `explain` al cursor resultante, se verá que se realiza un COLLSCAN, lo cual parece lógico:

```
db.meteo.find().explain()
```

```
winningPlan: { stage: 'COLLSCAN', direction: 'forward' }
```

Ahora forcemos el uso del índice colocado en el campo `ciudad` y apliquemos `explain` a todo el conjunto para confirmar el cambio de estrategia del optimizador de consultas, que hemos forzado un poco:

```
db.meteo.find({}).hint({"ciudad": 1}).explain()
```

A partir de ahora, ¡el plan ganador es el tipo IXSCAN!

```
winningPlan: {
  stage: 'FETCH',
  inputStage: {
    stage: 'IXSCAN',
    keyPattern: { ciudad: 1 },
    indexName: 'ciudad_1',
    isMultiKey: false,
    multiKeyPaths: { ciudad: [] },
    isUnique: false,
    isSparse: false
    isPartial: false,
    indexVersion: 2,
    direction: 'forward',
    indexBounds: { ciudad: [ '[MinKey, MaxKey]' ] }
  }
}
```

14. Ocultar un índice usando hideIndex

Ocultar un índice consiste simplemente en desactivarlo, es decir, en asegurarse de que ya no puede ser utilizado por el planificador de consultas de MongoDB. Esta acción puede deshacerse, por lo que es una muy buena forma de comprobar las consecuencias de borrar un índice, sin tener que destruirlo y reconstruirlo, dos operaciones que pueden ser especialmente costosas para colecciones con muchos datos.

Supongamos que queremos desactivar temporalmente el índice del campo `nombre` de nuestra colección `bazar`, llamado `idx_nombre`:

```
db.bazar.hideIndex("idx_nombre");
```

Para validar esta operación, vamos a ejecutar el comando `getIndexes` en nuestra colección:

```
[
  { v: 2, key: { _id: 1 }, name: '_id_' },
  { v: 2, key: { nombre: 1 }, name: 'idx_nombre', hidden: true }
]
```

Podemos ver que el booleano `hidden` está presente en el documento resultante de este comando, lo que significa que nuestro índice está ahora oculto. Una `explicación` sobre una búsqueda por nombre confirmará que MongoDB ahora debe realizar un `COLLSCAN`, ¡lo cual es cualquier cosa menos deseable!

Una vez que hemos validado que la eliminación del índice es extremadamente perjudicial para nuestras búsquedas más básicas, podemos reactivarlo utilizando el comando inverso, `unhideIndex`:

```
db.bazar.unhideIndex("idx_nombre");
```

Si se usa de nuevo `explain` en una búsqueda de nombres, se constatará, aliviado, que esta vez se trata de un `IXSCAN`.

Es fácil imaginar lo problemático que habría sido eliminar y luego reconstruir un índice de este tipo para una colección de millones de documentos. Con `hideIndex`, se puede medir de forma económica el impacto de la ausencia de un índice en la optimización de las consultas.

Algunos datos importantes sobre los índices ocultos:

- Un índice oculto, aunque invisible para el planificador de consultas, sigue actualizándose durante las operaciones de escritura y cumpliendo su misión: si es único, garantizará siempre la unicidad, si es TTL, seguirá borrando documentos tras un cierto retraso, etc.
- No es posible ocultar el índice del campo `_id`.
- No se puede utilizar `hint` en un índice que se haya ocultado.

Para recordar

Los índices sirven para optimizar las consultas. Aunque penalicen las modificaciones e inserciones de documentos debido a la reconstrucción que requieren, sus ventajas compensan con creces su coste.

Los índices pueden ser simples, compuestos, TTL, parciales, comodines, de texto, geoespaciales, etc. Hay un índice para cada caso de uso. MongoDB indexa de forma predefinida el campo `_id` de cualquier colección.

Para indexar correctamente las colecciones, se deben conocer las consultas que se realizan con más frecuencia sobre ellas y, si el índice es compuesto, debe tomarse el tiempo necesario para definir un prefijo que se utilice en el mayor número de casos posibles.

Se puede forzar a MongoDB a utilizar un índice determinado.

Se pueden crear varios índices *wildcard* para una colección.

Un índice puede desactivarse temporalmente ocultándolo.

El número máximo de índices en una colección es 64.

Capítulo 4
Consultas geoespaciales

1. Introducción

Sabemos ahora que conviene utilizar los objetos GeoJSON para consultas geoespaciales. He aquí una colección de ejemplo llamada `Aviñon`, que enumera algunos de los monumentos importantes y lugares notables de la antigua ciudad papal. Todos estos lugares están representados en forma de objetos GeoJSON de tipo Point:

```
db.aviñon.insertMany([{
   "nombre": "Palacio Papal",
   "localización": {
       "coordinates": [43.9507, 4.8075],
       "type": "Point"
   }
},
{
   "nombre": "Puente San-Bénézetzet",
   "localización": {
       "coordinates": [43.95397, 4.80478],
       "type": "Point"
   }
},
{
   "nombre": "Colección Lambert",
   "localización": {
       "coordinates": [43.944787, 4.804031],
```

```
        "type": "Point"
    }
}])
```

Creamos inmediatamente un índice de tipo `2dsphere`sobre el campo `localización` de nuestra colección para poder realizar nuestras futuras consultas:

```
db.aviñon.createIndex({"localización": "2dsphere"})
```

Al mismo tiempo, creamos una colección llamada `aviñon2d`, que utilizaremos para realizar consultas utilizando coordenadas *heredadas*:

```
db.aviñon2d.insertMany([
      {"nombre": "Palacio Papal", "localización": [43.9507, 4.8075]},
      {"nombre": "Puente San-Bénézet", "localización": [43.95397, 4.80478]},
      {"nombre": "Colección Lambert", "localización": [43.944787, 4.804031]}
])
```

A continuación, colocamos un índice `2d` en nuestra matriz de coordenadas de `localización`:

```
db.aviñon2d.createIndex({"localización": "2d"})
```

2. El operador $nearSphere

Este operador requiere un índice geoespacial `2dsphere` cuando se utiliza con objetos GeoJSON y un índice `2d` cuando se utiliza con coordenadas *legacy*. Cuando opera con objetos GeoJSON de tipo *Punto*, su sintaxis es:

```
{
$nearSphere: {
    $geometría: {
       type : "Point",
       coordinates : [ <longitud>, <latitud> ]
    },
    $minDistance: <distancia en metros>,
    $maxDistance: <distancia en metros>
}
}
```

Los campos `$minDistance` y `$maxDistance` son opcionales y se miden en metros.

Cuando se trabaja con coordenadas *heredadas*, el operador tiene esta forma:

```
{
 $nearSphere: [ <x>, <y> ],
 $minDistance: <distancia en radianes>,
 $maxDistance: <distancia en radianes>.
}
```

Los campos `$minDistance` y `$maxDistance` también son opcionales, pero su unidad de medida es el radián en lugar del metro. Ya lo hemos mencionado, pero hay que recordar que cuando x e y representan coordenadas geográficas, siempre se debe especificar primero la longitud.

Tanto si se trabaja con objetos GeoJSON como con coordenadas *legacy*, `$nearSphere` devuelve los documentos ordenados en orden ascendente de distancia desde el punto que representa el centro de la búsqueda. Es posible ordenarlos de otra manera realizando una ordenación que anulará la ordenación realizada de forma interna por `$nearSphere` pero, para evitar sobrescribir esta preordenación, es preferible utilizar el operador `$geoNear`, que no realiza ninguna ordenación.

Vamos a ejecutar dos consultas para utilizar `$nearSphere` en su versión «simplificada», es decir, sin ninguno de los campos opcionales.

Nuestro punto central será la Ópera de Aviñón. Como estamos trabajando con el intérprete JavaScript en la línea de comandos, aprovecharemos para almacenar este objeto en un archivo:

```
var opera = { type : "Point", coordinates : [ 43.949749, 4.805325 ]}
```

En un plano de la ciudad de Aviñón, los tres marcadores naranjas simbolizan los documentos de nuestras colecciones, y el marcador azul representa la ópera:

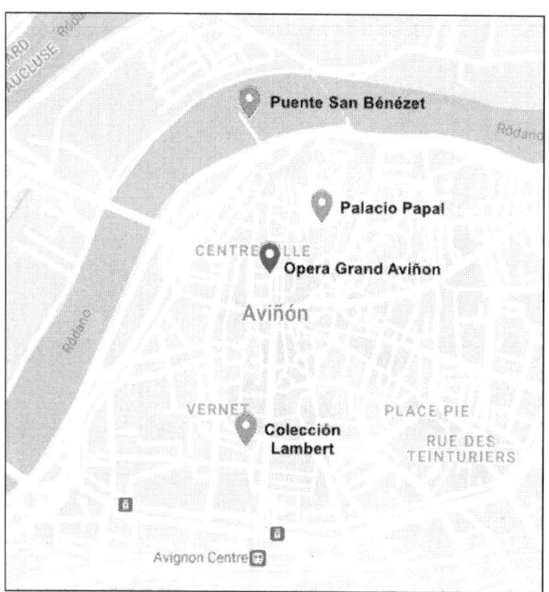

Empecemos por ejecutar una consulta en la colección `aviñon` que contiene objetos GeoJSON; nuestro repositorio tendrá como punto central el objeto almacenado previamente en la variable `opera`:

```
db.aviñon.find(
  {
    "localización: {
       $nearSphere: {
          $geometry: opera
       }
    }
  }, { "_id": 0, "nombre": 1}
)
```

Este es el resultado de la consulta `find` utilizando el operador `$nearSphere`:

```
{ "nombre" : "Palacio Papal" }
{ "nombre" : "Puente San-Bénézet" }
{ "nombre" : "Colección Lambert" }
```

Un rápido vistazo al mapa de Google confirmará que los puntos de interés están correctamente ordenados del más cercano al más alejado de nuestro punto central. Aprovechemos esta oportunidad para usar `explain` y comprobar que el índice se utiliza correctamente:

```
db.aviñon.find(
  {
    "localización: {
       $nearSphere: {
          $geometry: opera
       }
    }
  }, { "_id": 0, "nombre": 1}
).explain()
```

Así es, a juzgar por la exposición del producto:

```
    "winningPlan": {
       "inputStage" : {
           "stage" : "GEO_NEAR_2DSPHERE",
           "keyPattern" : {
                   "localización" : "2dsphere"
           },
            "indexName" : "localisation_2dsphere",
           "indexVersion" : 2
       }
   }
```

Realicemos la misma consulta en la colección `aviñon2d` que contiene coordenadas *legacy*; esta vez no podemos utilizar la variable *opera* porque las coordenadas que nos interesan están en la llave *coordinates* del objeto al que hace referencia. No es muy complicado, solo tenemos que apuntar a la tabla utilizando la notación `opera.coordinates`:

```
db.aviñon2d.find(
   {
       "localización: {
           $nearSphere: opera.coordinates
```

```
        }
    }, { "_id": 0, "nombre": 1}
)
```

La salida es exactamente la misma que cuando ejecutamos nuestra consulta con objetos GeoJSON, ¡así que eso es tranquilizador! Aprovechemos otra oportunidad para comprobar el uso de nuestro índice `2d`; una llamada a `explain` producirá la siguiente visualización:

```
"winningPlan": {
   "inputStage" : {
       "stage" : "GEO_NEAR_2D",
       "keyPattern" : {
               "localización" : "2d"
       },
       "indexName" : "localisation_2d",
       "indexVersion" : 2
   }
}
```

Ahora utilicemos `$minDistance` para comprobar qué puntos de interés se encuentran al menos a 500 metros de la ópera:

```
db.aviñon.find(
  {
    "localización: {
       $nearSphere: {
          $geometry: opera
           $ minDistance: 500 }
    }
  }, {"_id": 0, "nombre": 1}
)
```

Solo hay un punto de interés en el conjunto de resultados:

```
{ "nombre" : "Colección Lambert" }
```

Para realizar la misma consulta en nuestra colección de coordenadas *legacy*, tendremos que realizar una sencilla división para trabajar con radianes en lugar de metros: tomaremos nuestra distancia en kilómetros (0,5) y la dividiremos entre el radio ecuatorial de nuestro viejo planeta Tierra (que no es una esfera perfecta), cuyo valor comúnmente aceptado es de unos 6.378 kilómetros.

```
db.aviñon2d.find(
    {
        "localización": {
            $nearSphere: opera.coordinates
             $ minDistance: 0.5/6378
        }
    }, {"_id": 0, "nombre": 1}
)
```

Esta consulta devuelve el mismo resultado que la anterior.

Acoplemos ahora la utilización de `$minDistance` con la de `$maxDistance`: queremos visualizar todos los documentos que representan puntos de interés situados entre 500 y 1000 metros de nuestro punto central. Nuestra consulta trabajando con objetos GeoJSON da:

```
var opera = { tipo : "Punto", coordinates : [ 43.949749, 4.805325 ]}

db.aviñon.find(
  {
    "localización": {
       $nearSphere: {
          $geometry: opera
           $minDistance: 500
           $maxDistance: 1000
       }
    }
  }, {"_id": 0, "nombre": 1}
)
```

El enfoque basado en coordenadas *legacy* se convierte en:

```
var opera = { type: "Point", coordinates : [ 43.949749, 4.805325 ]}
var radioTierra = 6378
var min = 0.5
var max = 1

db.aviñon2d.find(
    {
        "localización": {
            $nearSphere: opera.coordinates,
             $minDistance: min/radioTierra,
             $maxDistance: max/radioTierra
        }
    }, {"_id": 0, "nombre": 1}
)
```

En ambos casos, se muestra ante nuestros ojos un único punto de interés:

```
{ "nombre" : "Colección Lambert" }
```

Hay que tener en cuenta, sin embargo, que se aplican ciertas restricciones cuando se utiliza `$nearSphere`: como este operador utiliza un tipo especial de índice (el índice geoespacial), es imposible añadir un operador o comando que también utilice un tipo especial de índice, como un índice de texto, por ejemplo.

En todas las versiones anteriores a la 4.0, no era posible utilizar este operador en colecciones fragmentadas. Ahora, a partir de la versión 4.0 admite este tipo de colecciones.

3. El operador $geoWithin

Este operador permite capturar documentos cuyos datos geoespaciales residan íntegramente en una forma definida en forma de objetos GeoJSON que encarnen un polígono o multipolígono (denominados *Polygon* y *Multipolygon* respectivamente) o una forma definida por coordenadas *legacy*.

A diferencia de `$nearSphere`, el operador `$geoWithin` no realiza ninguna preclasificación antes de la visualización y no requiere ninguna indexación geoespacial, aunque se recomienda utilizar un índice `2dsphere` o `2d` para optimizar el rendimiento de la consulta.

MongoDB utiliza su propio Sistema de Coordenadas de Referencia (RCS) para las áreas representadas por formas cuya superficie es igual o superior al tamaño de un hemisferio.

Empecemos por crear un polígono que excluya uno de los tres documentos simbolizados por un marcador naranja en nuestro mapa.

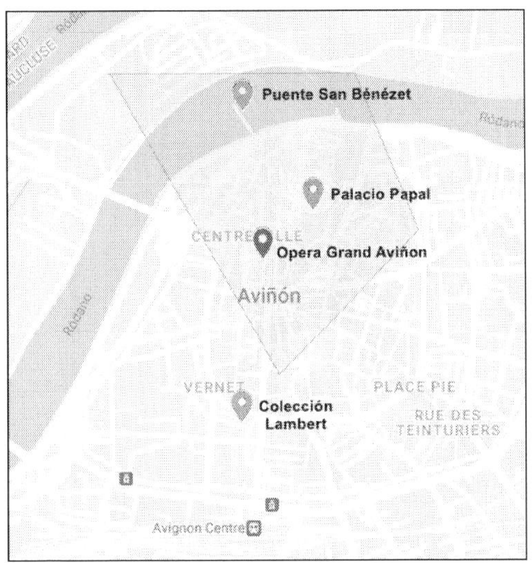

Almacenaremos sus coordenadas en una variable JavaScript llamada `polygon` antes de usarla en nuestra primera consulta usando `$geoWithin`. Esta consulta operará sobre la colección `aviñon2d` pasando nuestro polígono como parámetro. En primer lugar, veamos la sintaxis de nuestro operador cuando trabajamos con coordenadas *heredadas* sobre una superficie plana:

```
{
    <campo de documentos que contiene las coordenadas>: {
        $geoWithin: {
            <operador de forma >: <coordenadas >
        }
    }
}
```

El campo que contiene las coordenadas en nuestros documentos no ha cambiado, nuestro operador de forma será `$polygon` y las coordenadas estarán contenidas en una matriz de pares longitud/latitud que se muestra a continuación:

```
var polígono = [
    [43.9548, 4.80143],
    [43.95475, 4.80779],
    [43.95045, 4.81097],
    [43.94657, 4.80449]
]
```

La consulta que utiliza el polígono dibujado en nuestro mapa y cuyos distintos puntos están en la variable `polígono` es la siguiente:

```
db.aviñon2d.find(
    {
        "localización: {
            $geoWhithin:
                $polygon: polígono
            }
        }
    }
  { "_id": 0, "nombre": 1 }
)
```

De los tres puntos naranjas de nuestro mapa, solo dos se encuentran completamente dentro del polígono que hemos definido, por lo que al ejecutar la instrucción `find` se obtiene el siguiente resultado:

```
{ "nombre" : "Palacio Papal" }
{ "nombre" : "Puente San-Bénézet" }
```

Nótese que hemos enumerado los cuatro puntos de nuestro polígono en el sentido de las agujas del reloj; si los hubiéramos enumerado en sentido contrario, la consulta habría producido el mismo resultado:

```
db.aviñon2d.find(
    {
        "localización: {
            $geoWithin: {
                $polygon: [
                    [43.94657, 4.80449],
                    [43.95045, 4.81097],
                    [43.95475, 4.80779],
                    43.9548, 4.80143]
                ]
            }
        }
    }
  , { "_id": 0, "nombre": 1}
)
```

Al definir un polígono, es importante asegurarse de que las coordenadas que lo componen aparecen en el orden correcto.

Cuando se trabaje con colecciones que contengan coordenadas *legacy*, se pueden utilizar operadores distintos de `$polygon`:

`$box` creará un rectángulo con las coordenadas de los puntos inferior izquierdo y superior derecho.

`$center` devolverá la lista de puntos contenidos en un círculo, para el que se especifican las coordenadas del centro y el radio en la unidad del sistema de coordenadas de referencia utilizado. El operador `$centerSphere` hará lo mismo, pero sobre superficies esféricas en lugar de planas como `$center`. Además, puede operar tanto con coordenadas *legacy* como con objetos GeoJSON, a diferencia de `$center`, que se limita a coordenadas *legacy*.

Realicemos el mismo tipo de consulta, pero ahora utilizando un objeto GeoJSON de tipo *Polygon*; obviamente, nos dirigiremos a la colección que contiene objetos *Point*, pero utilizaremos una sintaxis ligeramente diferente:

```
{
      <campo de documentos que contiene las coordenadas>: {
            $geoWithin: {
                $geometry: {
                    type: < "Polygon" o bien "MultiPolygon" > ,
                    coordinates: [ < coordenadas > ]
                }
            }
      }
}
```

Nuestra matriz de coordenadas del polígono también variará, ya que tendremos que «cerrar el bucle», es decir, duplicar las coordenadas del primer punto de nuestra enumeración para colocarlo al final, de esta forma:

```
var polígono = [
   [43.9548, 4.80143],
   [43.95475, 4.80779],
   [43.95045, 4.81097],
   [43.94657, 4.80449]
   [43.9548, 4.80143]
 ]
```

Si no se hace, aparecerá el siguiente error en la pantalla:

```
{
       "ok" : 0
       "errmsg" : "Loop is not closed : [
           [ 43.9548, 4.80143 ],
           [ 43.95475, 4.80779 ],
           [ 43.95045, 4.81097 ],
           [ 43.94657, 4.80449 ] ]",
       "code" : 2,
       "codeName" : "BadValue".
}
```

Por último, he aquí nuestra consulta para la colección `aviñon`. Nótese que la propia matriz de polígonos reside dentro de una matriz:

```
db.aviñon.find(
  {
    "localización": {
      $geoWithin: {
         $geometry: {
            type : "Polygon
            coordinates: [polígono]
         }
      }
    }
  }, {"_id": 0, "nombre": 1}
)
```

El resultado es idéntico para ambas colecciones. Hay que recordar que `$geoWithin` no ordena los resultados, por lo que se deberá utilizar `sort` junto con `$geoWithin` si se desea ordenarlos.

Terminemos esta visión general de `$geoWithin` utilizando un objeto GeoJSON de tipo MultiPolygon. En primer lugar, veamos su representación en nuestro mapa; tenemos tres polígonos distintos que llamaremos de arriba a abajo `polígono1`, `polígono2` y `polígono3`, cada uno de los cuales contiene uno de nuestros puntos de interés:

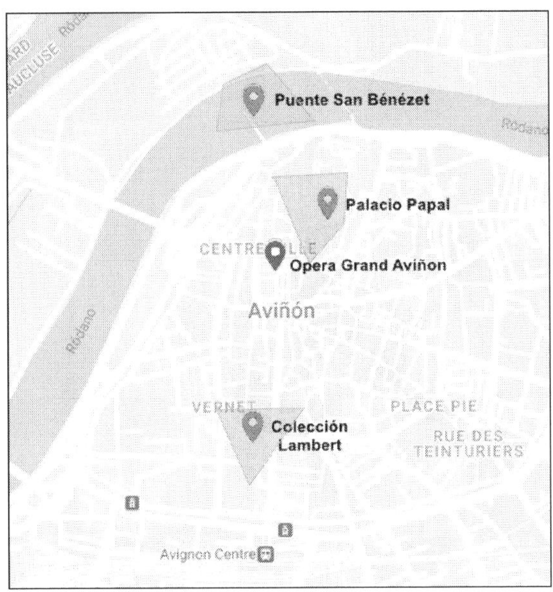

Nuestra petición es muy similar a la que escribimos anteriormente utilizando un objeto *Polygon*, pero esta vez pasamos las coordenadas clave a una matriz de matrices.

```
var polígono1 = [
   [43.95447, 4.80379],
   [43.95501, 4.8045],
   [43.95417, 4.80733],
   [43.95351, 4.80369],
   [43.95447, 4.80379]
]

var polígono2 = [
   [43.95275, 4.80379],
   [43.9528, 4.80776],
```

```
    [43.95122, 4.80806],
    [43.94899, 4.80595],
    [43.95275, 4.80379]
]

var polígono3 = [
    [43.94557, 4.80332],
    [43.94565, 4.80626],
    [43.94405, 4.80399],
    [43.94557, 4.80332]
]

db.aviñon.find(
  {
    "localización: {
      $geoWithin: {
         $geometry: {
            type : "MultiPolygon
            coordinates: [[polígono1], [polígono2], [polígono3]
         }
      }
    }
  }, {"_id": 0, "nombre": 1}
)
```

El resultado de la operación de búsqueda se muestra a continuación, con los puntos de interés que aparecen en el orden de los polígonos en nuestro mapa:

```
{ "nombre" : "Puente San-Bénézet" }
{ "nombre" : "Palacio Papal" }
{ "nombre" : "Colección Lambert" }
```

4. El operador $geoIntersects

Este operador selecciona los documentos en los que la intersección de datos geoespaciales con objetos GeoJSON no está vacía. Su sintaxis es la siguiente:

```
{
     <campo de documentos que contienen coordenadas>: {
           $geoIntersects: {
               $geometry: {
                   "type": < Cualquier tipo de objeto GeoJSON> ,
                   "coordinates": [ < coordenadas > ]
               }
           }
     }
}
```

Para utilizar el operador `$geoIntersects`, vamos a crear intersecciones de polígonos a nivel del polígono llamado `polígono2`. Este es el aspecto que tendrá nuestro mapa actualizado de Aviñón:

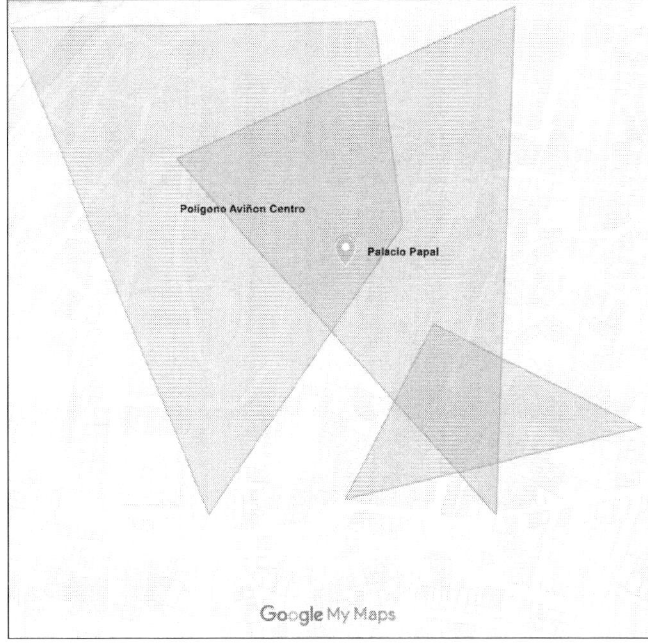

Nuestro polígono original está a la izquierda, y le hemos añadido dos triángulos:

- un triángulo en el centro, que llamaremos `polígono2bis`;
- un triángulo a la derecha, que llamaremos `polígono2ter`.

Insertamos los polígonos llamados `polígono2` y `polígono2ter` en nuestra colección `aviñon` (que solo contiene puntos), porque `polígono2bis` es en el que vamos a probar el operador de intersección.

Procedamos:

```
var polígono2 = {
     "type": "Polygon"
     "coordinates": [
            [
               [43.95275, 4.80379],
               [43.9528, 4.80776],
               [43.95122, 4.80806],
               [43.94899, 4.80595],
               [43.95275, 4.80379]
            ]
     ]
}

var polígono2ter = {
     "type": "Polygon"
     "coordinates": [
            [
               [43.95047, 4.80839],
               [43.94967, 4.81067],
               [43.94911, 4.80743],
               [43.95047, 4.80839]
            ]
     ]
}

db.aviñon.insertMany([{
       "nombre": "Polígono 2
       "localización": polígono2
   }, {
       "nombre": "Polígono 2 ter",
       "localización": polígono2ter
```

```
    }]
)

var polígono2bis = {
     "type": "Polygon"
     "coordinates": [
            [
               [43.94899, 4.80908],
               [43.95292, 4.80929],
               [43.95174, 4.8056],
               [43.94899, 4.80908]
            ]
     ]
}

db.aviñon.find({ "localización" : {
       $geoIntersects : {
           $geometry : polígono2bis
       }
   }}, {"_id": 0, "nombre": 1}
)
```

Aquí obtenemos todos los objetos GeoJSON cuya intersección con el polígono `polígono2bis` no está vacía, es decir, dos polígonos y un punto que se encuentra en nuestro polígono `polígono2bis` (en este sentido, vemos que `$geoIntersects` se comporta de la misma manera que `$geoWithin`).

Para filtrar y obtener solo polígonos, nada más sencillo: basta con especificar el tipo esperado en el campo epónimo:

```
db.aviñon.find({ "localización" : {
       "$geoIntersects" : {
           "$geometry" : polígono2bis
       }
   }, "localización.type": "Polygon"}, {"_id": 0, "nombre": 1}
)
```

Para recordar

Las coordenadas geoespaciales que pueden utilizarse con MongoDB son coordenadas *legacy* o coordenadas GeoJSON.

El operador `$nearSphere` funciona con índices `2dsphere` o `2d` y devuelve los documentos ordenados en orden ascendente de distancia desde el punto que representa el centro de la búsqueda.

A diferencia de `$nearSphere`, el operador `$geoWithin` no clasifica previamente antes de la visualización y no requiere indexación geoespacial, aunque es aconsejable hacerlo.

`$geoIntersects` selecciona documentos en los que la intersección de datos geoespaciales con objetos GeoJSON no está vacía.

Capítulo 5
El framework de agregación

1. Introducción

MongoDB proporciona a los usuarios una potente herramienta para analizar y procesar la información: el canal o pipeline de agregación (también conocida como marco de trabajo agregación o *framework de agregación*).

2. ¿Cómo funciona?

Para explicar cómo funciona el canal de agregación, MongoDB utiliza la metáfora de una cinta transportadora en una fábrica. Los documentos se encuentran en esta cinta transportadora y, a medida que se procesan, se les aplica un cierto número de procesos: estos procesos se denominan pasos (*stages*).

Así pues, un *pipeline* consta generalmente de uno o varios pasos que utilizan operadores denominados *operadores de agregación*, algunos de cuyos nombres ya hemos visto en capítulos anteriores. El método utilizado para ejecutar un *pipeline* sobre una colección se denomina `aggregate` y su sintaxis es:

```
db.collection.aggregate(< canal >, < opciones >)
```

El parámetro `pipeline` es una matriz de pasos, mientras que `options` es un documento. Algunas de las opciones notables en este método son:

- `collation`, que se utiliza para asignar una intercalación a la operación de agregación.
- `bypassDocumentValidation`, que solo funciona con el operador `$out` y permite saltarse la validación del documento.
- `allowDiskUse` permite que las operaciones de escritura se desborden sobre el disco.

Más adelante veremos que, aunque la utilidad de proceder de este modo es prácticamente nula, se puede invocar el `aggregate` sin ningún argumento.

Un paso puede identificarse por el operador que utiliza, que es siempre la clave del documento que lo representa. Como ya se vio con las consultas, el nombre de un operador siempre va precedido del símbolo $.

Se puede utilizar `aggregate` en la línea de comandos sin pasarle ningún argumento. Simplemente devolverá los documentos de la colección:

```
db.personas.aggregate()
```

Para utilizar la agregación en el *shell*, colocamos la matriz que representa nuestra *pipeline* en una variable del mismo nombre, que luego pasamos a la función de `aggregate`, de la siguiente manera:

```
pipeline = []
db.personas.aggregate(pipeline)
```

Al igual que con las vistas o las colecciones, es posible especificar la intercalación utilizada al ejecutar una *pipeline*. Si desea utilizar la intercalación (para especificar la configuración regional; *locale*) `es`, especifíquela en el documento que contiene las opciones del siguiente modo:

```
pipeline = []

db.personas.aggregate(
   pipeline,
   {
       "intercalacion": {
           "local": "es"
       }
   )
```

3. Pasos para la agregación

Para trabajar en la agregación, vamos a borrar la colección anterior de `personas` y crear una nueva:

```
db.personas.drop()

db.personas.insertMany(
[
 {
    "apellido": "Dupont",
     "nombre": "Catherine",
     "intereses": ["cocina"],
     "edad": 66
 }, {
     "apellido": "Duport",
     "nombre": "Eric",
     "intereses": ["cocina", "petanca"],
     "edad": 57
 }, {
     "apellido": "Duport",
     "nombre": "Arlette",
     "intereses": ["jardinería"],
     "edad": 80
 }, {
     "apellido": "Lejeune",
     "nombre": "Jean",
     "intereses": ["jardinería"],
     "edad": 75
 }, {
     "apellido": "Lejeune",
     "nombre": "Mariette",
     "intereses": ["jardinería", "bridge"],
     "edad": 66
 }]
)
```

3.1 Filtrar usando $match

El paso `$match` es crucial para conseguir *pipelines* de alto rendimiento con tiempos de ejecución cortos. Debe situarse lo más arriba posible en la *pipeline*, ya que actúa como filtro y reduce el número de documentos que deben procesarse más adelante en la cadena. Lo ideal sería que fuera el primero.

La sintaxis de este paso de comparación es sencilla: le pasamos un documento que contiene todas las condiciones de nuestra consulta:

```
{ $match: { < query > } }
```

Empecemos escribiendo una canalización o *pipeline* de un solo paso que utiliza el operador `$match`: su propósito es filtrar en el documento a personas en sentido ascendente, reteniendo solo a aquellas cuyo interés principal sea la jardinería.

```
pipeline = [{
   $match: {
       "intereses": "jardinería"
   }
}]

db.personas.aggregate(pipeline)
```

A estas alturas, en realidad no hay nada que distinga nuestra *pipeline* de un simple `find` que tomaría esta forma:

```
db.personas.find({"intereses": "jardinería"})
```

Es posible que se haya observado que la sintaxis del paso `match` es muy similar a la de `find`. Es cierto, salvo que, a diferencia de `find`, `match` no incluye nada para retener o excluir determinados campos, como hemos podido hacer muchas veces al utilizar `find`. Además, `match` no puede utilizar el operador `$where` que usábamos con `find`. En lo que respecta a las búsquedas de texto, es posible utilizar `$text` en un paso de `match`, pero con la doble condición de que `$text` solo aparezca una vez y que este `match` se encuentre al principio de la cadena de agregación, como se recomienda.

El uso del operador `$match` no está restringido; puede utilizarse varias veces dentro de la misma *pipeline*, como se muestra en el siguiente ejemplo:

```
pipeline = [{
    $match: {
        "intereses": "jardinería"
    },
    $match: {
        "nombre": /^L/,
        "edad": {$gt: 70}
    }
}]

db.personas.aggregate(pipeline)
```

Una vez más, nuestra pipeline es equivalente a esta petición `find` y, por lo tanto, tiene poco interés:

```
db.personas.find({"intereses": "jardinería", "apellido": /^L/,
"edad": {$gt: 70}})
```

El paso de filtrado es muy importante, ya que son los documentos que coincidan con nuestro filtro `$match` los que continuarán hacia el resto de etapas del *pipeline*. Como este `$match` es el primero de nuestros pasos, también puede hacer uso de índices en los campos del documento. Por eso es importante tener un `match` tan pronto como sea posible en el canal para tener un *pipeline* de alto rendimiento.

3.2 Seleccionar o modificar campos usando $project

Como su nombre indica, `$project` puede realizar proyecciones, pero no solo sirve para eso: su poder no se limita a conservar tal o cual campo, ¡también puede modificarlo o crear otros nuevos! La sintaxis de este paso es bastante sencilla:

```
{ $project: { < especificación(es) > } }
```

El documento pasado como parámetro puede especificar la eliminación del campo `_id`, la adición de nuevos campos o la exclusión de campos existentes del conjunto de resultados.

Utilizar $project para conservar o excluir campos

Al igual que `$match`, el paso `$project` puede utilizarse tantas veces como sea necesario en un *pipeline*. Tomemos el `$match` inicial y acoplemos su uso al de `project` de una forma muy sencilla, es decir, para mantener dos campos (`apellido` y `nombre`) y eliminar el identificador de nuestros documentos:

```
pipeline = [{
   $match: {
       "intereses": "jardinería"
   }
},
{
   $project: {
       "_id": 0,
       "apellido": 1,
       "nombre": 1
   }
}]

db.personas.aggregate(pipeline)
```

Tal y como están las cosas, nuestro *pipeline* no es más que el equivalente a este `find`:

```
db.personas.find({"intereses": "jardinería"}, {"_id": 0, "apellido": 1,
"nombre": 1})
```

Utilizar $project para añadir campos

Ahora imaginemos que queremos agregar un campo a cada uno de los documentos devueltos por este *pipeline*, con vistas a conceder un descuento del 50% en todo el departamento de herramientas a las personas mayores de 70 años que cuenten la jardinería entre sus intereses favoritos. Este campo, creado en la fase de `project`, se llamará `elegible` e indicará si una persona tiene o no derecho a nuestro descuento. Nótese de paso la diferencia de sintaxis entre el operador de comparación `$gte` que suele encontrarse en un `find` y nuestro `$gte`, que compara el valor del campo `$edad` (anotado entre comillas, esto es importante) de cada documento que ha superado el paso `$match` con el valor dado como segundo argumento.

```
pipeline = [{
   $match: {
       "intereses": "jardinería"
```

```
        }
    },
    {
        $project: {
            "_id": 0,
            "apellido": 1, {
            "nombre": 1
            "elegible": {$gte: ["$edad", 70 ]}
        }
    }]

db.persons.aggregate(pipeline)
```

A continuación, se muestra la salida producida por la ejecución de este *pipeline*:

```
{ "apellido" : "Durand", "nombre" : "René", "elegible" : true }
{ "apellido" : "Dupont", "nombre" : "Gaston", "elegible" : true }
{ "apellido" : "Duport", "nombre" : "Arlette", "elegible" : true }
{ "apellido" : "Lejeune", "nombre" : "Jean", "elegible" : true }
{ "apellido" : "Lejeune", "nombre" : "Mariette", "elegible" : false }
```

Hemos creado un nuevo campo llamado `elegible` en cada uno de nuestros documentos.

Aunque sabemos que `$match` debe ir lo más arriba posible en el *pipeline*, nada nos impide añadir un paso al final para retener solo a las personas que pueden optar a nuestra oferta de descuento, filtrando el valor booleano del campo recién creado:

```
pipeline = [{
    $match: {
        "intereses": "jardinería"
    }
},
{
    $project: {
        "_id": 0,
        "apellido": 1, {
        "nombre": 1
        "elegible": {$gte: ["$edad", 70 ]}
    }
},
{
    $match: {
```

```
        "elegible": true
    }
}]

db.personas.aggregate(pipeline)
```

Cuando ejecutamos esta nueva versión, vemos que el último de nuestros cinco documentos queda excluido del conjunto de resultados:

```
{ "apellido" : "Durand", "nombre" : "René", "elegible" : true }
{ "apellido" : "Dupont", "nombre" : "Gaston", "elegible" : true
{ "apellido" : "Duport", "nombre" : "Arlette", "elegible" : true }
{ "apellido" : "Lejeune", "nombre" : "Jean", "elegible" : true }
```

Durante la fase `project`, también es posible reasignar un valor contenido en un subdocumento a un campo. Por ejemplo, vamos a añadir un código postal y una ciudad a algunos de los documentos de nuestra colección, en un subdocumento que llamaremos `dirección`:

```
db.personas.updateMany({"apellido": "Durand"}, {$set: {"dirección":
{"cp": 84140, "ciudad": "Montfavet"}}})

db.personas.updateMany({"apellido": "Dupont"}, {$set: {"dirección":
{"cp": 13480, "ciudad": "Calas"}}})
```

Ahora vamos a asignar el valor contenido en el campo `ciudad` del subdocumento `dirección` a un campo que también llamaremos `ciudad`; este campo, al que se puede acceder utilizando la notación de puntos `dirección.ciudad`, debe ir precedido del signo `$` para referirse al valor que contiene: esta notación constituye la *ruta* del campo (*field path*) y debe ir entre comillas, como se ve a continuación:

```
pipeline = [{
    $match:
        "intereses": "jardinería"
    }
},
{
    $project: {
        "_id": 0,
        "apellido": 1,
        "nombre": 1,
        "ciudad": "$dirección.ciudad"
    }
```

```
}]

db.personas.aggregate(pipeline)
```

Cuando ejecutamos este *pipeline*, vemos que este campo aparece en los documentos previamente modificados:

```
{ "apellido" : "Durand", "nombre" : "René", "ciudad" : "Montfavet" }
{ "apellido" : "Dupont", "nombre" : "Gaston", "ciudad" : "Calas" }
{ "apellido" : "Duport", "nombre" : "Arlette" }
{ "apellido" : "Lejeune", "nombre" : "Jean" }
{ "apellido" : "Lejeune", "nombre" : "Mariette" }
```

En cierto modo, hemos subido un nivel el campo `ciudad`, de un subdocumento. Si queremos excluir documentos que no tengan un campo `ciudad`, podemos añadir un nuevo paso de `match` al final:

```
pipeline = [{
   $match: {
       "intereses": "jardinería"
   }
},
{
   $project: {
       "_id": 0,
       "apellido": 1,
       "nombre": 1,
       "ciudad": "$dirección.ciudad"
   }
},
{
   $match: {
       "ciudad": {$exists: true}
   }
}]

db.personas.aggregate(pipeline)
```

Por último, obtenemos los siguientes documentos:

```
{ "apellido" : "Durand", "nombre" : "René", "ciudad" : "Montfavet" }
{ "apellido" : "Dupont", "nombre" : "Gaston", "ciudad" : "Calas" }
```

3.3 Añadir campos usando $addFields

Introducido en la versión 3.4 de MongoDB, este paso adopta la siguiente forma:

```
{ $addFields: { <nuevo campo>: <expresión >, ... } }
```

Desde un punto de vista funcional, `$addFields` equivale a un `$project` en el que se crea el campo o campos y se listan todos para su visualización.

Vamos a añadir un campo llamado `núm_ss`, que más adelante contendrá los números de la seguridad social de las ocho personas de nuestra colección. Usando `$addFields`, esto nos da:

```
db.personas.aggregate([
{
   $addFields: {
       "núm_ss": null
   }
}])
```

Para hacer lo mismo usando `$project`, se tendría que escribir:

```
db.personas.aggregate([
{
   $project: {
       " _id: 1,
       "apellido: 1,
       "nombre": 1,
       "intereses": 1,
       "edad": 1,
       "address": 1,
       "núm_ss": null
   }
}])
```

Con `$addFields`, obviamente es posible añadir campos a un subdocumento. Por ejemplo, tomemos el subdocumento `dirección` contenido en algunos de los documentos de la colección `personas` y añadámosle el campo `país`, dándole el valor predefinido de la cadena "España" cuando exista:

```
db.personas.aggregate([{
    $match: {
        "direccion": {$exists: true}
    }
},
{
    $addFields: {
        "direccion.pais": "España"
    }
}])
```

Es posible añadir varios campos al mismo tiempo o combinar los pasos de `$addFields`. Para comprobarlo, creemos una colección llamada `compras` e insertemos dos documentos muy sencillos que contengan un apellido, un nombre, una lista de compras y una lista de descuentos aplicables a estas compras. Nuestra tarea consistirá en calcular los totales de las compras y de los descuentos antes de restarlos para obtener el importe total pagado. He aquí el *pipeline* que nos permitirá hacerlo, precedido de las inserciones de documentos:

```
db.compras.insertMany([{
    "apellido": "Pascal",
    "nombre": "Léo",
    "compras": [112.29, 88.36, 72.01],
    "descuentos": [12.30, 2.01]
},
{
    "apellido": "Pérez",
    "nombre": "Alex",
    "compras": [20.01, 296.35],
    "descuentos": [9.91, 0.87]
}])

db.compras.aggregate([{
    $addFields: {
        "total_compras": { $sum: "$compras" },
        "total_descuentos": { $sum: "$descuentos" }
    }
},
{
    $addFields: {
```

```
        "total_final": { $subtract: [ "$total_compras", "$total_descuentos" ] }
    }
}
,
{
    $project: {
        " _id: 0,
        "apellido": 1
        "nombre":1,
        "Total pagado": "$total_final"
    }
}
])
```

Documentos elaborados tras finalizar el *pipeline*:

```
{ "apellido" : "Pascal", "nombre" : "Léo", "Total pagado" : 258.35 }
{ "apellido" : "Perez", "nombre" : "Alex", "Total pagado" : 305.58000000000004 }
```

Sin embargo, ¡se estará de acuerdo en que nuestro total no es muy presentable! El operador `$round` se introdujo a partir de la versión 4.2 de MongoDB, pero de momento tendremos que utilizar un truco (*hack*) para mostrar un valor redondeado. Este *hack*, publicado por MongoDB en su cuenta de Twitter en marzo de 2014 y escrito por uno de los ingenieros de la compañía, se resume en la siguiente fórmula:

$$redondeo = \frac{x * 100 - ((x * 100) \bmod 1}{100}$$

Si lo aplicamos a nuestra *pipeline*, obtenemos:

```
db.compras.aggregate([{
    $addFields: {
        "total_compras": { $sum: "$compras" },
        "total_descuentos": { $sum: "$descuentos" }
    }
},
{
    $addFields: {
        "total_final": { $subtract: [ "$total_compras",
"$total_descuentos" ] }
    }
}
,
{
    $project: {
        "_id": 0,
        "apellido": 1, {
```

```
        "nombre": 1,
        "Total pagado": { $divide:[
            {
                $substract: [{
                    $multiply: ['$total_final', 100]
                },
                {
                    $mod: [{
                        $multiply: ['$total_final', 100]
                    }, 1]
                }
                ]
            }, 100]
        }
    }
}
])
```

El resultado es ligeramente diferente:

```
{ "apellido" : "Pascal", "nombre" : "Léo", "Total pagado" : 258.35 }
{ "apellido" : "Perez", "nombre" : "Alex", "Total pagado" : 305.58 }
```

Cuando se utilice `$addFields`, se debe tener en cuenta lo siguiente:

- Si el nombre del campo que se desea añadir existe en el documento, su valor actual será sustituido por el nuevo (esto también se aplica al campo identificador `_id`).
- No es posible utilizar `$addFields` para añadir un elemento a una tabla.

3.4 Manipular campos usando $getField, $setField y $unsetField

Como su nombre indica, el operador `$getField` devuelve el valor contenido en un campo del documento. He aquí su estructura general:

```
{
  $getField: {
    "field": < nombre del campo >,
    "input": < objeto (predefinido para el documento actual) >.
  }
}
```

Para recuperar los valores de nuestro campo proyectado `totalDescuentos`, que contiene la suma acumulada de las compras , haremos:

```
db.compras.aggregate([
  {
    $project: {
      "apellido": 1,
      "nombre": 1,
      "totalDescuentos": {
        $sum: "$descuentos"
      }
    }
  },
  {
    $match: {
      $expr:
        { $gt: [ { $getField: "totalDescuentos" }, 11 ] }
    }
  }
])
```

Tenga en cuenta que, en este caso concreto, habría bastado con escribir este paso de `match` al final:

```
$match: {
      "totalDescuentos": { $gt: 2 }
}
```

El operador `$getField`, al igual que `$setField`, tiene la particularidad de poder trabajar sobre campos (o subcampos) cuyo nombre incluya un punto o el signo dólar. Si su documento tiene la siguiente estructura:

```
{
  "_id": 1876453,
  "artículo": "Jersey de Navidad",
  "precio.euro": 49.90,
  "cantidades": {
    "$large": 1,
    "$medium": 2,
    "$small": 3
  }
}
```

Será posible utilizar `$getField` en el campo que contenga un nombre con un punto (`precio.euro`) de esta forma:

```
db.compras.aggregate([{
    $match:
      { $expr:
        { $gt: [{$getField: "precio.euro"}, 20]}
      }
    }
])
```

y apuntar al subcampo con un signo de dólar utilizando `$literal`, de la siguiente manera:

```
db.compras.aggregate( [
   { $match:
      { $expr:
         { $lte:
            [
            { $getField:
                  { "field": { $literal: "$small" },
                     "input": "$cantidades"
                  }
               },
               4
            ]
         }
      }
   }
] )
```

La sintaxis de `$setFIeld` es bastante similar a la de `$getField`:

```
{
  $setField: {
    "field": < nombre del campo >,
    "input": < objeto (predefinido al documento actual) >,
    "value": < expresión >
  }
}
```

Obviamente, la principal diferencia radica en la adición del campo `value`, que contendrá el valor por asignar al `field`. Vamos a utilizar el paso `$replaceWith` con el operador `$setField`, por lo que se añadirá un campo `login` a la raíz (`$$ROOT`) de los documentos de nuestra colección `compras`, que resultará de concatenar los campos `apellido` y `nombre`:

```
db.compras.aggregate([
  {
    $replaceWith: {
      $setField: {
        "field": "login",
        "input": "$$ROOT",
        "value": {
          $toLower: {
            $concat: [
                { $toLower:"$apellido" }, "_", { $toLower:"$nombre" }
            ]
          }
        }
      }
    }
  }
])
```

Terminemos con `$unsetField`, que se utiliza para eliminar un campo:

```
{
  $unsetField: {
    "field": < nombre del campo >,
    "input": < objeto (predefinido para el documento actual) >.
  }
}
```

Eliminemos el campo descuentos de nuestros documentos:

```
db.compras.aggregate([
  {
    $replaceWith: {
      $unsetField: {
        "field": "descuentos",
        "input": "$$ROOT
      }
    }
  }
])
```

3.5 Capturar la parte superior o inferior de un conjunto de documentos usando $top y $bottom

Estos dos operadores pueden utilizarse para devolver el primer o el último elemento de un grupo de documentos clasificados según un orden deseado. Su sintaxis es la misma:

```
{
   $top (o $bottom):
      {
        "sortBy": {
          < campo 1 >: < orden de clasificación>,
          < campo 2 >: < orden de clasificación>
          ... },
        "output": < expresión >
     }
}
```

Volvamos a la colección personas y mostremos el último elemento de cada grupo en función del valor del apellido y ordenados dentro de los grupos así formados por edad descendente.

```
db.personas.aggregate([
  {
    $group: {
      _id: "$apellido",
      "persona: {
        $bottom: {
          "output": [ "$nombre", "$edad" ],
```

```
          "sortBy": { "edad": -1 }
        }
      }
    }
  }
])
```

A continuación, se muestra la pantalla de salida producida por esta *pipeline*:

```
[
  { _id: 'Dupont', persona: [ 'Catherine', 66 ] },
  { _id: 'Duport', persona: [ 'Eric', 57 ] },
  { _id: 'Lejeune', persona: [ 'Mariette', 66 ] }
]
```

Para obtener los documentos con mayor edad, basta con sustituir `$bottom` por `$top`.

Cada uno de estos dos acumuladores tiene una versión que se puede utilizar para mostrar no solo un documento, sino N. Por lo tanto, es lógico que estas versiones se llamen `$topN` y `$bottomN`. Por ejemplo, aquí está el `$bottom` anterior transformado en `$bottomN` con N = 2:

```
db.personas.aggregate([
  {
    $group: {
      _id: "$apellido",
      "personas": {
        $finalN: {
          "output": [ "$nombre", "$edad" ],
          "sortBy": { "edad": -1 },
          "n": 2
        }
      }
    }
  }
])
```

Hay que tener en cuenta que existen operadores de acumulación cuyo propósito es muy similar a `$topN` y `$bottomN`: `$firstN/$maxN` y `$lastN/$minN`. Aunque estos últimos también pueden utilizarse como expresiones de acumulación, a diferencia de los primeros, operan sobre grupos de documentos ya ordenados porque, a diferencia de `$topN` y `$bottomN`, no ordenan datos.

He aquí, por ejemplo, la menor edad para cada grupo de apellidos:

```
db.personas.aggregate([
  {
    $group: {
      _id: "$apellido",
      "personas": {
        $minN: {
          "input": [ "$edad" ],
          "n": 1
        }
      }
    }
  }
])
```

Del mismo modo, he aquí las dos primeras edades de cada grupo de apellidos. Tenga en cuenta que no se realiza ninguna ordenación:

```
db.personas.aggregate([
  {
    $group: {
      _id: "$apellido",
      "personas": {
        $firstN: {
          "input": [ "$edad" ],
          "n": 2
        }
      }
    }
  }
])
```

3.6 Agrupar usando $group

El operador `$group` se utiliza para reunir varios documentos según una expresión dada, produciendo un documento por cada grupo creado. Así es como funciona:

```
{
   $group: {
       "_id": < expresión >,
       < campo >: { < operador de acumulación> : < expresión > }, ...
     }
}
```

El campo `_id` debe estar presente (¡incluso si es con *null*!), el resto es opcional y se refiere a campos a los que se desean aplicar operadores de acumulación como $push, `$sum`, `$avg`, `$min` o `$max`. Veremos cómo utilizar la agrupación con estos campos opcionales.

Sin embargo, empecemos con un ejemplo trivial. Vamos a agrupar los documentos de nuestra colección `personas` según su edad:

```
pipeline = [{
   $group: {
        " _id: $edad
   }
}]

db.personas.aggregate(pipeline)
```

Esto es lo que aparece en la pantalla:

```
{ "_id" : 80 }
{ "_id" : 57 }
{ "_id" : 75 }
{ "_id" : 79 }
{ "_id" : 77 }
{ "_id" : 66 }
```

Como tenemos ocho personas en nuestra colección, dos de las cuales tienen 66 años y dos 75, obtenemos seis documentos tras agrupar por el valor de este campo. En este paso, nuestro uso de `$group` produce un resultado que no es muy diferente del producido por un simple `distinct`, que devuelve una matriz:

```
db.personas.distinct("edad")
```

Sin embargo, no tenemos ni idea del número de personas por edad, por lo que se tendrá que modificar la *pipeline* para utilizar el operador `$sum`, que dará el número de documentos de cada grupo:

```
pipeline = [{
   $group: {
        "_id": "$edad",
        "núm personas": { $sum: 1
   }
}]
```

```
db.personas.aggregate(pipeline)
```

El conjunto de resultados se muestra a continuación:

```
{ "_id" : 80, "núm personas" : 1 }
{ "_id" : 57, "núm personas" : 1 }
{ "_id" : 75, "núm personas" : 2 }
{ "_id" : 79, "núm personas" : 1 }
{ "_id" : 77, "núm personas" : 1 }
{ "_id" : 66, "núm personas" : 2 }
```

También podemos ordenar en orden descendente por el número de personas, simplemente añadiendo un paso `$sort`:

```
pipeline = [{
    $group: {
        "_id": "$edad",
        "núm personas": { $sum: 1 }
    }
},{     $sort: {
        "núm personas": -1
    }
}]
```

la salida, una vez ordenada, da:

```
{ "_id" : 75, "núm personas" : 2 }
{ "_id" : 66, "núm personas" : 2 }
{ "_id" : 80, "núm personas" : 1 }
{ "_id" : 57, "núm personas" : 1 }
{ "_id" : 79, "núm personas" : 1 }
{ "_id" : 77, "núm personas" : 1 }
```

Dijimos que había que rellenar el campo `_id`, aunque eso significara poner *null*. Veamos cómo sería una agrupación con esta expresión y nuestro recuento anterior:

```
pipeline = [{
    $group:
        "_id": null,
        "núm personas": { $sum: 1 }
    }
}]

db.personas.aggregate(pipeline)
```

Esto nos da simplemente el número de documentos de la colección:

```
{ "_id" : null, "núm personas" : 8 }
```

Esta *pipeline* es estrictamente equivalente a una llamada a `countDocuments` actuando sobre la colección:

```
db.personas.countDocuments()
```

Al utilizar *null*, que en definitiva significa no agrupar, podemos utilizar el operador `$avg` para calcular la edad media de nuestras personas antes de redondear con `$ceil`:

```
pipeline = [{
   $match: {
       "edad": {$exists: true}
   }
},
{
   $group: {
       "_id": null,
       "avg": {
           $avg: "$edad"
       }
   }
},
{
   $project: {
       "_id": 0,
       "Edad promedio": {
           $ceil: "$avg"
       }
   }
}]

db.personas.aggregate(pipeline)
```

Aquí está el resultado:

```
{ "Edad promedio" : 72 }
```

Vamos a agrupar a las personas según el número de intereses que tengan. Para ello, vamos a dividir nuestra *pipeline* en dos partes:

- Un paso `$project` para obtener el número de elementos en la matriz `intereses` para cada uno de los documentos de nuestra colección, utilizando el operador `$size`.
- Un paso `$group` para agrupar los documentos obtenidos en el paso anterior según el número de intereses que hayamos determinado.

El primer paso es este:

```
pipeline = [{
   $project: {
       "núm intereses": {
           $size: "$intereses"
       }
   }
}]

db.personas.aggregate(pipeline)
```

El resultado de esta proyección es:

```
{ "_id" : ObjectId("5cbec5b73149b42f0065c35c"), "núm intereses" : 2 }
{ "_id" : ObjectId("5cbec5b73149b42f0065c35d"), "núm intereses" : 2 }
{ "_id" : ObjectId("5cbec5b73149b42f0065c35e"), "núm intereses" : 2 }
{ "_id" : ObjectId("5cbec5b73149b42f0065c35f"), "núm intereses" : 1 }
{ "_id" : ObjectId("5cbec5b73149b42f0065c360"), "núm intereses" : 2 }
{ "_id" : ObjectId("5cbec5b73149b42f0065c361"), "núm intereses" : 1 }
{ "_id" : ObjectId("5cbec5b73149b42f0065c362"), "núm intereses" : 1 }
{ "_id" : ObjectId("5cbec5b73149b42f0065c363"), "núm intereses" : 2 }
```

Ahora vamos a añadir el paso de agrupación. Necesitamos agrupar por número de intereses y contar las personas usando `$sum`, lo que nos dará:

```
pipeline = [{
   $project: {
       "núm intereses": {
           $tamaño: "$intereses"
       }
   }
}, {
   $group: {
       "_id": "$núm intereses",
```

```
        "núm personas": {
            $sum: 1
        }
    }
}]

db.personas.aggregate(pipeline)
```

El conjunto de resultados obtenido tras la ejecución de este *pipeline* por el *framework* de agregación es:

```
{ "_id" : 1, "núm personas" : 3 }
{ "_id" : 2, "núm personas" : 5 }
```

Comparando con los documentos obtenidos en el paso 1, podemos ver que, efectivamente, ¡hay tres personas con un solo elemento en su tabla de `intereses` y cinco personas con dos!

Hay que tener cuidado, sin embargo, cuando se utilice `$size`; si `intereses` no es una matriz, se producirá un error. Por lo tanto, se necesitará añadir una condición: «si `intereses` es una matriz, se recupera su tamaño, de lo contrario el tamaño será 0». Utilicemos `$cond` para conseguirlo:

```
pipeline = [{
    $project: {
        "núm intereses":
            $cond: [{$isArray: "$intereses"}, {$size: "$intereses"}, 0]
        }
    }
}, {
    $group: {
        "_id": "$núm intereses",
        "núm personas": {
            $sum: 1
        }
    }
}]

db.personas.aggregate(pipeline)
```

Construyamos ahora una nueva colección para seguir explorando el operador de agrupación. La colección `tienda` contendrá una serie de documentos que representan compras realizadas en fechas determinadas, con una breve descripción, un precio y una cantidad:

```
db.tienda.insertMany([
{"artículo": "jabón", "precio": 2.99, "cantidad": 3, "fecha":
new Date("2024-11-30")},
{ "artículo": "sal", "precio": 3, "cantidad": 1, "fecha":
new Date("2024-11-30")},
{"artículo": "harina", "precio": 1.65, "cantidad": 5, "fecha":
new Date("2024-12-01")},
{"artículo": "mantequilla", "precio": 2.68, "cantidad": 2, "fecha":
new Date("2024-12-01")},
{"artículo": "huevosx6", "precio": 1.99, "cantidad": 3, "fecha":
new Date("2024-12-02")}
])
```

Nuestro objetivo es sencillo: mostrar, para cada mes de cada año, el número de productos comprados y la suma total que representan. Multiplicaremos el precio unitario (`precio`) por la cantidad y le aplicaremos `$sum` para obtener el total. Para los criterios de agrupación, utilizaremos `$year` y `$month` aplicados al campo `fecha`. El resultado final será:

```
db.tienda.aggregate(
  [
     {
       $group : {
           _id : { "mes": { $month:"$fecha"}, "año":
{ $year: "$fecha"}},
           "total": { $sum: { $multiply: ["$precio", "$cantidad "]}},
           "número": { $sum: 1 }
       }
     }
  ]
)
```

Y el resultado será este:

```
{ "_id" : { "mes" : 12, "año" : 2024 }, "total" : 19.58, "número" : 3 }
{ "_id" : { "mes" : 11, "año" : 2024 }, "total" : 11.97, "número" : 2 }
```

Para 2024, tenemos tres productos comprados en diciembre por un total de 19,58 euros y dos productos comprados en noviembre por un total de 11,97 euros.

Podemos mejorar este *pipeline* mostrando los nombres de los elementos, así como el número de ellos. Para ello, utilizaremos `$push` para acumular estos valores en una matriz que llamaremos `artículos`:

```
db.tienda.aggregate(
  [
    {
      $group : {
        _id : { "mes": { $month:"$fecha" }, "año": { $year:"$fecha"}},
        "total": { $sum: { $multiply: ["$precio", "$cantidad"]}},
        "número": { $sum: 1 }
        "artículos": { $push: "$artículo" }
      }
    }
  ]
)
```

Los documentos generados difieren ligeramente:

```
{ "_id" : { "mes" : 12, "año" : 2024 }, "total" : 19.58, "número" : 3,
"artículos" : [ "harina", "mantequilla", "huevosx6" ] }
{ "_id" : { "mes" : 11, "año" : 2024 }, "total" : 11.97, "número" : 2,
"artículos" : [ "jabón", "sal" ] }
```

Si no se quieren duplicados en la tabla de elementos, hay que sustituir `$push` por `$addToSet`.

Ahora vamos a añadir un paso de clasificación a nuestro *pipeline* para ordenar por mes en forma ascendente. Notará que hemos prefijado el paso `$sort` con `_id` porque contiene la expresión en la que aparece el `mes`:

```
db.tienda.aggregate(
  [
    {
      $group : {
        _id : { "mes": { $month: "$fecha" }, "año": { $year: "$fecha"}},
        "total": { $sum: { $multiply: ["$precio", "$cantidad"]}},
        "número": { $sum: 1 },
        "artículos": { $push: "$artículo" }
      }
    },
```

```
        {
          $sort: {"_id.mes": 1}
        }
    ]
)
```

A continuación, utilizamos `$group` para agrupar todos los nombres de un apellido determinado. Agrupamos sobre el valor del campo `nombre` y acumulamos dichos valores en una matriz, de nuevo con la ayuda de `$push` (una vez más, hay que recordar usar `$addToSet` si no se quiere acabar con duplicados):

```
db.personas.aggregate([

        $group: {
            "_id": "$apellido",
            "nombre": {
                $push: "$nombre"
            }
        }
    },
    {
        $addFields: {
            "apellido": "$_id"
        }
    },
    {
        $project: {
            "_id": 0
        }
    }
])
```

Nuestro grupo tendrá este aspecto:

```
{ "nombre" : [ "Eric", "Arlette" ], "apellido" : "Duport" }
{ "nombre" : [ "Gaston", "Catherine" ], "apellido" : "Dupont" }
{ "nombre" : [ "Jean", "Mariette" ], "apellido" : "Lejeune" }
{ "nombre" : [ "René", "Gisèle" ], "apellido" : "Durand" }
```

3.7 Dividir una matriz usando $unwind

Este operador se utiliza para fraccionar una matriz en tantos documentos como elementos tenga.

Ofrece dos sintaxis. La primera espera una ruta de campo:

```
{ $unwind: < ruta de campo > }
```

Y la segunda es un documento:

```
{
$unwind:
   {
     path: < ruta de campo >,
     includeArrayIndex: < cadena de caracteres >,
     preserveNullAndEmptyArrays: < booleano >
   }
}
```

Este documento requiere al menos una ruta de campo y puede incluir dos opciones. La primera, denominada `includeArrayIndex`, se utiliza para nombrar el índice que dará la posición del valor en la matriz antes de ser explotada (este índice será de tipo `NumberLong`) y la segunda, denominada `preserveNullAndEmptyArrays`, indica si deseamos «pasar» documentos en los que el campo no exista, este marcado como *null* o este representado por una matriz vacía.

Empecemos por el primero. Vamos a centrarnos en las personas que juegan a la petanca en su tiempo libre y comprobar que cada uno de los valores contenidos en su tabla de `intereses` da lugar a un documento:

```
pipeline = [{
   $match: {
       "intereses": "petanca"
   }
},
{
   $project: {
       "_id": 0,
       "apellido": 1,
       "nombre": 1,
       "intereses": 1
```

```
        }
    },
    {
        $unwind: "$intereses"
    }]

db.personas.aggregate(pipeline)
```

Esto es lo que nos muestra el *intérprete de comandos*; la matriz se ha dividido, porque cada valor diferente contenido en la matriz `intereses` ha generado un documento por derecho propio:

```
{ "apellido" : "Dupont", "nombre" : "Gaston", "intereses" : "jardinería" }
{ "apellido" : "Dupont", "nombre" : "Gaston", "intereses" : "petanca" }
{ "apellido" : "Duport", "nombre" : "Eric", "intereses" : "cocina" }
{ "apellido": "Duport", "nombre": "Eric", "intereses": "petanca" }
```

Con la segunda sintaxis utilizando ambas opciones, obtenemos esto:

```
pipeline = [{
    $match: {
        "intereses": "petanca"
    }
},
{
    $project: {
        "_id": 0,
        "apellido": 1,
        "nombre": 1,
        "intereses": 1
    }
},
{
    $unwind: {
        path: "$intereses",
        includeArrayIndex: "i",
        preserveNullAndEmptyArrays: true
    }
}]
```

Esta es la visualización producida por la ejecución de este *pipeline*:

```
{ "apellido" : "Dupont", "nombre" : "Gaston", "intereses" : "jardinería", "i" :
NumberLong(0) }
{ "apellido" : "Dupont", "nombre" : "Gaston", "intereses" : "petanca", "i" :
NumberLong(1) }
{ "apellido" : "Duport", "nombre" : "Eric", "intereses" : "cocina", "i" :
NumberLong(0) }
```

```
{ "apellido" : "Duport", "nombre" : "Eric", "intereses" : "petanca", "i" :
NumberLong(1) }
```

3.8 Agrupar y contar usando $sortByCount

El operador `$sortByCount` agrupa los documentos según una expresión dada y calcula el número de documentos en cada uno de los grupos así formados. Su sintaxis es muy sencilla:

```
{ $sortByCount: < expresión > }
```

Empecemos por calcular el número de nombres diferentes en la colección:

```
db.persons.aggregate([{
        $sortByCount: "$nombre"
    }
])
```

No hay nombres duplicados en la colección `personas`, por lo que es lógico que cada uno de los grupos tenga un valor de contador de 1:

```
{ "_id": "Jean", "count" : 1 }
{ "_id": "Mariette", "count": 1
{ "_id": "Arlette", "count": 1 }
{ "_id": "René", "count": 1 }
{ "_id": "Gisèle", "count": 1 }
{ "_id": "Eric", "count": 1 }
{ "_id": "Gaston", "count": 1 }
{ "_id": "Catherine", "count": 1 }
```

Hagamos lo mismo, pero con los intereses de la gente. El campo `intereses`, que contiene los datos por agrupar y luego contar, es de tipo array, por lo que tendremos que utilizar un paso de división `$unwind` antes de hacer nuestra llamada a `$sortByCount`:

```
db.personas.aggregate([{
        $unwind: "$intereses"
    }, {
        $sortByCount: "$intereses"
    }
])
```

¡Y aquí está el resultado! Se puede ver que `$sortByCount` hace lo que dice: cuenta y ordena (¡en forma descendente!):

```
{ "_id": "jardinería", "count" : 5 }
{ "_id": "cocina", "count": 3 }
{ "_id": "petanca", "count": 2 }
{ "_id": "bridge", "count": 2 }
{ "_id": "bricolage", "count": 1 }
```

Acoplemos el uso de `$sortByCount` con una búsqueda en un índice de texto. Para ello, utilizaremos una nueva colección llamada `instrumentos` (¡con su propio índice de texto!), que nos permitirá trabajar con este binomio:

```
db.instrumentos.insertMany([{
          "nombre": "B.C Rich Mockingbird",
          "tipo": "guitarra",
          "gancho": "¡Una guitarra con aspecto de Metal!",
          "descripción": "Diapasón de palosanto, cuerpo de caoba",
          "precio: 499.99
     },
     {
          "nombre": "TAMA Rockstar",
          "tipo": "batería",
          "gancho": "Batería de gran valor",
          "descripción": "4 tambores de arce",
          "precio": 799.99
     },
     {
          "nombre": "Fender Jazz Bass",
          "tipo": "bajo",
          "gancho": "El bajo que hay que tener",
          "descripción": "Muy bueno de segunda mano",
          "precio": 1299.99
     },
     {
          "nombre": "Gibson SG",
          "tipo": "guitarra",
          "gancho": "¡LA guitarra para rockeros!",
          "descripción": "Usada",
          "precio": 799.99
     }
])

db.instrumentos.createIndex({"eslogan": "text"})
```

Ahora vamos a contar el número de tipos de instrumentos que tienen la cadena «guitarra» al menos una vez en su campo `gancho`, al que hemos aplicado un índice de texto. Nuestro primer paso será un `$match` (que sabemos que debe llegar lo antes posible en el *pipeline*) y los documentos filtrados de esta forma se inyectarán en una llamada a `$sortByCount` para el campo tipo:

```
db.instrumentos.aggregate([{
        $match: { $text: { $search: "guitarra"}}
    }, {
        $sortByCount: "$tipo"
    }
])
```

Nuestro conjunto de resultados será:

```
{ "_id" : "guitarra", "count" : 2 }
{ "_id" : "bajo", "count" : 1 }
```

De hecho, tenemos dos documentos del tipo «guitarra» que tienen este término en su campo `gancho`, así como un documento del tipo «bajo».

Podríamos haber dividido el paso `$sortByCount` en este *pipeline* en un paso `$group` seguido de un paso de clasificación. Esto es lo que tendríamos que haber escrito para conseguirlo:

```
db.instrumentos.aggregate([{
        $match: { $text: { $search: "guitarra"}}
    }, {
        $group: {
            "_id": "$tipo", "count": { $sum: 1}}
    }, {
        $sort: { "_id": -1}
    }
])
```

3.9 Unir colecciones usando $lookup

El paso `$lookup` se utiliza para realizar el equivalente de una unión externa en un sistema de gestión de bases de datos relacionales (RDBMS). Solo puede operar sobre colecciones no *fragmentadas* ubicadas en la misma base de datos, y adopta la siguiente forma cuando se basa en la igualdad entre valores:

```
{
  $lookup:
    {
      from: < colección a unir >,
      localField: < campo en los documentos de la colección inicial >,
      foreignField: <campo en los documentos de la colección por unir>,
      as: < nombre de la matriz que se añadirá a los documentos del conjunto
resultante >
    }
}
```

En cada uno de los documentos recibidos como entrada, el paso `$lookup` añadirá una matriz que contiene datos de la colección sobre la que se ha solicitado la unión antes de pasar estos documentos al siguiente paso del *pipeline*. El término unión no siempre es muy apropiado, y veremos por qué cuando veamos las consultas no correlacionadas.

Para ver `$lookup` en acción, utilizaremos dos colecciones que almacenan por un lado a los artistas y por otro sus ventas, expresadas en número de unidades. Obsérvese que se usa el tipo `NumberLong` para el campo numérico:

```
db.artistas.insertMany([
   { "nombre": "Michael Jackson", "país": "USA"},
   { "nombre": "The Beatles", "país": "ENG"}
])

db.ventas.insertMany([
   {"artista": "Michael Jackson", "núm_unidades": NumberLong("84000000")},
   {"artista": "The Beatles", "núm_unidades": NumberLong("183000000")}
])
```

Unir colecciones basándose en una igualdad

Partamos de las ventas para llegar a los artistas:

```
db.ventas.aggregate([
  {
    $lookup: {
        "from": "artistas",
        "localField": "artista",
        "foreignField": "nombre",
        "as": "detalle_artista"
    }
  }
])
```

Aquí están los resultados, ¡seguro de que se estará de acuerdo en que está un poco saturado!

```
{
     "_id": ObjectId("5cc8803dd4a3ed9c9e42e2d8"),
     "artista": "Michael Jackson",
     "núm_unidades": NumberLong(84000000),
     "detalle_artista": [{
          "_id": ObjectId("5cc8803cd4a3ed9c9e42e2d6"),
          "nombre": "Michael Jackson",
          "país": "USA"
     }]
} {
     "_id": ObjectId("5cc8803dd4a3ed9c9e42e2d9"),
     "artista": "The Beatles",
     "núm_unidades": NumberLong(183000000),
     "detalle_artista": [{
          "_id": ObjectId("5cc8803cd4a3ed9c9e42e2d7"),
          "nombre": "The Beatles",
          "país": "ENG"
     }]
}
```

Podemos hacerlo mejor añadiendo un paso `$project` para clarificar la visualización. No mantendremos los campos identificativos que se encuentran en el documento raíz y en la tabla `detalle_artista`:

```
db.ventas.aggregate([
  {
    $lookup: {
        "from": "artistas",
        "localField": "artista",
```

```
            "foreignField": "nombre",
            "as": "detalle_artista"
        }
    },
    {
        $project: {
            "_id": 0,
            "detalle_artista._id": 0,
            "detalle_artista.nombre": 0
        }
    }
])
```

Ahora está mucho más claro:

```
{
    "artista": "Michael Jackson",
    "núm_unidades": NumberLong(84000000),
    "detalle_artista": [{
        "país": "USA"
    }]
} {
    "artista": "The Beatles",
    "núm_unidades": NumberLong(183000000),
    "detalle_artista": [{
        "país": "ENG"
    }]
}
```

Supongamos que tenemos las ventas de una obra en colaboración entre dos artistas («Sting» y «Shaggy» en este caso) y actualizamos nuestro conjunto de datos:

```
db.ventas.insertOne(
   { "artista": ["Shaggy", "Sting"], "núm_unidades": NumberLong("500000")}
)

db.artistas.insertMany([
   { "nombre": "Sting", "país": "ENG"},
   { "nombre": "Shaggy", "país": "JAM"}
])
```

Antes de unir una matriz por un lado con un campo escalar por el otro, necesitaremos utilizar un paso `$unwind` anterior para dividir nuestra matriz y obtener valores únicos:

```
db.ventas.aggregate([

      $unwind: "$artista
   },
   {
     $lookup: {
         "from": "artistas",
         "localField": "artista",
         "foreignField": "nombre",
         "as": "detalle_artista"
     }
   },
   {
     $project: {
         "_id": 0,
         "detalle_artista._id": 0,
         "detalle_artista.nombre ": 0
     }
   }
])
```

Aquí están los resultados actualizados:

```
{
     "artista": "Michael Jackson",
     "núm_unidades": NumberLong(84000000),
     "detalle_artista": [{
           "país": "USA"
     }]
} {
     "artista": "The Beatles",
     "núm_unidades": NumberLong(183000000),
     "detalle_artista": [{
           "país": "ENG"
     }]
} {
     "artista": "Shaggy",
     "núm_unidades": NumberLong(500000),
     "detalle_artista": [{
           "país": "JAM"
     }]
}
```

Fusionar dos fuentes de datos usando $mergeObjects

Volvamos al *pipeline* descrito anteriormente y asegurémonos de que el documento contenido en la matriz `detalle_artista` «asciende» al nivel del documento raíz. Para realizar esta fusión entre la raíz (señalada aquí como `$$ROOT`) y el único elemento de la matriz `detalle_artista`, que por tanto reside en el índice 0 de esta última, utilizaremos el operador `$mergeObjects`.

El objetivo de `$mergeObjects`, disponible desde la versión 3.6 de MongoDB, es combinar varios documentos para producir uno solo. Para ello, basta con enumerarlos en una matriz de la siguiente forma:

```
{ $mergeObjects: [ < documento 1 >, < documento 2 >, ... ] }
```

Como ya lo dijimos, fusionaremos `$$ROOT` con el primer (¡y único!) elemento de la matriz `detalle_artista`. Obtendremos este elemento, que es un documento, usando `$arrayElemAt`, que toma una matriz como parámetro y el índice del elemento que se va a recuperar de esta matriz (en este caso 0, ya que nuestra matriz solo contiene uno).
Este es el aspecto que tendrá nuestra operación de fusión:

```
{ $mergeObjects: [ { $arrayElemAt: [ "$datos_artistas", 0 ] },
"$$ROOT" ] } }
```

En esta fase, hemos fusionado dos documentos en uno, pero aún no hemos terminado: ahora tenemos que «elevar» este nuevo documento al nivel raíz, es decir, simplemente sustituirlo por el nuevo documento.

Realizaremos esta acción utilizando el paso `$replaceRoot`, al que pasaremos el resultado de la fusión anterior. Esta es la sintaxis de este paso:

```
{ $replaceRoot: { newRoot: < documento que será la nueva raíz > } }
```

Nuestro *pipeline* completo, que une y fusiona los documentos obtenidos con `$lookup` utilizando `$mergeObjects`, es el siguiente:

```
db.ventas.aggregate([
        {
            $unwind: "$artista"
        },
        {
            $lookup: {
                "from": "artistas",
                "localField": "artista",
                "foreignField": "nombre",
                "as": "datos_artistas"
            }
        },
        {
            $replaceRoot: {
                "newRoot": {
                    $mergeObjects: [{
                        $arrayElemAt: ["$datos_artistas", 0]
                    }, "$$ROOT"]
                }
            }
        },
        {
            $project: {
                "_id": 0,
                "datos_artistas": 0
                "nombre": 0
            }
        }
    ])
```

Por último, aquí está nuestro conjunto actualizado de resultados con el campo `país` tomado del `$lookup` y «reensamblado» a nivel raíz después de fusionar los documentos adjuntos entre `ventas` y `artistas`:

```
{ "país" : "USA", "artista" : "Michael Jackson", "núm_unidades" :
NumberLong(84000000) }
{ "país" : "ENG", "artista" : "The Beatles", "núm_unidades" :
NumberLong(183000000) }
{ "país" : "JAM", "artista" : "Shaggy", "núm_unidades" : NumberLong(500000) }
{ "país" : "ENG", "artista" : "Sting", "núm_unidades" : NumberLong(500000) }
```

Recuperar información de varias colecciones usando consultas no correlacionadas

Las consultas no correlacionadas permiten trabajar con colecciones sin una condición de unión (join) que las vincule. Para realizar este tipo de consultas, la sintaxis de `$lookup` variará ligeramente: aparecerá un campo `let` opcional que permitirá declarar variables que se utilizarán en el *pipeline* que se ejecuta sobre la colección objetivo.

```
{
  $lookup:
    {
      "from": < colección que se va a unir >,
      "let": { < var >: < expresión >, ... },
      "pipeline": [ < pipeline por ejecutar sobre la colección por unir > ],
     "as": < nombre de la matriz que se añadirá a los documentos del conjunto
de resultados >
    }
}
```

Veamos un ejemplo en el que se unirán datos de las colecciones `artistas` y `ventas`. Se mostrarrán los nombres de los artistas y, frente a ellos, se listarán los nombres de los distintos países de la colección `artistas` en una tabla llamada `países_disponibles`. Observará que en el *pipeline* aplicado a `artistas` no hay nada que correlacione los documentos de esta colección con los de ventas, a partir de la cual estamos ejecutando el *pipeline*.

```
db.ventas.aggregate([
  {
     $unwind: "$artista"
  },
  {
    $lookup: {
       "from": "artistas",
       "pipeline": [
           { $match: { "país": {$existe: true} } },
           { $group: { "_id": "$país"}},
           { $project: { "_id": 0, "nombre": "$_id" }}
       ],
       "as": "países_disponibles"
    }
  },
  {
    $project: {
        "_id": 0,
```

```
            "artista": 1,
            "países_disponibles": 1
        }
    }
])
```

Esto es lo que produce esta consulta no correlacionada:

```
{
    "artista": "Michael Jackson",
    "países_disponibles": [{
            "name o ¿nombre?": "JAM"
    }, {
            "name": "ENG"
    }, {
            "name": "USA"
    }]
} {
    "artista": "The Beatles",
    "países_disponibles": [{
            "name": "JAM"
    }, {
            "name": "ENG"
    }, {
            "name": "USA"
    }]
} {
    "artista": "Shaggy",
    "países_disponibles": [{
            "name": "JAM"
    }, {
            "name": "ENG"
    }, {
            "name": "USA"
    }]
} {
    "artista": "Sting",
    "países_disponibles": [{
            "name": "JAM"
    }, {
            "name": "ENG"
    }, {
            "name": "USA"
    }]
}
```

La no correlación surge del hecho de que los países enumerados en la tabla `países_disponibles` no están todos relacionados con el artista mencionado en cada uno de los documentos; simplemente están todos enumerados, independientemente del artista.

Unir dos colecciones utilizando criterios combinados

Para unir dos colecciones no siempre es necesario que sean iguales. Vamos a crear una nueva colección llamada `hitparade`, que contendrá las ventas digitales y físicas de un artista a lo largo de un año, e insertar en ella algunos documentos:

```
db.hitparade.insertMany([
   { "artista": "Shaggy", "ventas_fís": NumberLong("100000"),
"ventas_dig":
NumberLong("400000")},
   { "artista": "Sting", "ventas_fís": NumberLong("100000"),
"ventas_dig":
NumberLong("400000")},
   { "artista": "The Beatles", "ventas_fís": NumberLong("2000000"),

"ventas_dig":
NumberLong("5000000")},
])
```

Ahora vamos a combinar esta nueva colección con las `ventas` según dos criterios:

- Los nombres de los artistas deben ser idénticos.
- Las ventas físicas en la lista deben ser necesariamente inferiores a las ventas totales del artista.

Por lo tanto, el *pipeline* contendrá un paso `$match` que utilizará `$expr` para combinar las dos expresiones resultantes de las condiciones que acabamos de enunciar. Antes de empezar a escribir este paso, necesitaremos utilizar el campo `let` porque estamos a punto de comparar valores de la colección `ventas` con valores de `hitparade`, que es el objetivo de nuestro `$lookup`.

El *pipeline* opera sobre una tabla que se va a unir por lo que no puede utilizar variables de otra tabla sin que se le inyecten. Esto es precisamente lo que `let` nos ayudará a conseguir (¡una palabra reservada que seguro conoce si alguna vez ha desarrollado con JavaScript!).

También lo utilizaremos para utilizar el campo `artista` en ventas con un nombre diferente para evitar confusiones con el campo `artista` contenido en los documentos de la colección `hitparade`. Del mismo modo, daremos un nuevo nombre al campo `núm_unidades` para poder identificar rápidamente el origen de los campos en las expresiones que se construyan.

Así que aquí está el *pipeline* completo:

```
db.ventas.aggregate([
  {
     $unwind: "$artista"
  }
  {
     $lookup: {
          from: "hitparade",
          "let": {
                 "ventas_artista": "$artista", "ventas_unidades":
"$núm_unidades"
          },
          "pipeline": [{
               $match:{
                    $expr:{
                         $and:[
                              { $eq: [ "$artista", "$$ventas_artista" ] },
                             { $lt: [ "$ventas_fís", "$$ventas_unidades" ] }
                         ]
                    }
               }
          }],
        as: "info_hitparade"
     }
  },
  { $match: {"info_hitparade": {$ne: []}}},
  {
    $project: {
        "_id": 0,
        "núm_unidades": 0,
        "info_hitparade._id": 0,
        "info_hitparade.artista": 0,
    }
  }
])
```

El resultado de su ejecución es el siguiente:

```
{
     "artista": "The Beatles",
     "info_hitparade": [{
            "ventas_fís": Long(2000000),
            "ventas_dig": Long(5000000)
     }]
} {
     "artista": "Shaggy",
     "info_hitparade": [{
            "ventas_fís": Long(100000),
            "ventas_dig": Long(400000)
     }]
} {
     "artista": "Sting",
     "info_hitparade": [{
            "ventas_fís": Long(100000),
            "ventas_dig": Long(400000)
     }]
}
```

3.10 Combinar los resultados de un pipeline usando $unionWith

Para realizar el equivalente a una unión de proyecciones en SQL, MongoDB proporciona el operador `$unionWith`. Esto permite combinar los resultados de dos pipelines en un único conjunto de resultados, con la posibilidad de que haya duplicados, que puede ser necesario gestionar.

Supongamos que queremos combinar los artistas de nuestra colección `ventas` con los de la colección `artistas`. Tendremos que tener en cuenta varias cosas:

- Los nombres de los artistas no se almacenan bajo la misma clave: en `artistas` será `nombre` mientras que en `ventas` será `artista`.
- En la colección `ventas`, la clave del `artista` es a veces una tabla.
- Tendremos que gestionar los duplicados una vez fusionadas las dos fuentes de datos.

Empecemos con la colección `ventas` y realicemos primero un paso `$unwind` para explotar las tablas presentes:

```
db.ventas.aggregate([
  { $unwind: { path: "$artista"}},
  { $project: { artista: 1, _id: 0 } }
])
```

De momento, no hemos unido nada, solo preparado el terreno. Ahora toca hacer la unión, que se hará con un *pipeline* exactamente igual al paso `$project` que acabamos de ver, pero esta vez desde la colección `artistas`:

```
db.ventas.aggregate([
  { $unwind: { ruta: "$artista"}},
  { $project: { artista: 1, _id: 0 } },
  { $unionWith: { coll: "artistas", pipeline: [
      { $project: { artista: "$nombre", _id: 0 } }
  ] } }
])
```

Ahora los resultados están unidos, ¡pero también tenemos que gestionar los artistas con nombres idénticos! A estas alturas ya no es ningún secreto que se utilizará un paso `$group`:

```
db.ventas.aggregate([
  { $unwind: { "path": "$artista" } },
  { $project: { "artista": 1, "_id": 0 } },
  { $unionWith: { "coll": "artistas", "pipeline": [
      { $project: { "artista": "$nombre", "_id": 0 } }
  ] } },
  { $group: { "_id": "$artista" } }
])
```

Nuestro conjunto de resultados es casi exactamente como nos gustaría que fuera, pero vamos a añadir un paso de clasificación al final, ¡para que nuestros resultados sean irreprochables!

```
db.ventas.aggregate([
  { $unwind: { "path": "$artista" } },
  { $project: { "artista": 1, "_id": 0 } },
  { $unionWith: { "coll": "artistas", "pipeline": [
     { $project: { "artista": "$nombre", "_id": 0 } }
  ] } },
  { $group: { "_id": "$artista" } },
  { $sort: { "_id": 1 } }
])
```

3.11 Buscar de forma recursiva usando $graphLookup

Tanto si se trabaja en la representación de rutas (nodos de redes informáticas, concentradores marítimos o aéreos, etc.) como de jerarquías (organigrama de una empresa, categorías de productos en un sitio de compras, etc.), `$graphLookup` resultará inestimable en cuanto entre en juego la noción de recursión.

El paso `$graphLookup` tiene elementos en común con `$lookup` y no solo parte de su nombre: el campo `from` también contiene el nombre de la colección no *fragmentada* sobre la que se realiza la búsqueda recursiva y `as`, el nombre de la matriz que contiene los resultados. Su sintaxis es de la forma:

```
{
  $graphLookup: {
     "from": < colección que se va a unir >,
     "startWith": < expresión >,
     "connectFromField": < nombre del campo origen de la conexión >,
     "connectToField": < nombre del campo destino de la conexión >,
     "as": < nombre de la matriz que se añadirá a los documentos del conjunto de
resultados >,
     "maxDepth": < número máximo de niveles de profundidad >,
     "depthField": <nombre dado al campo que contendrá el nivel de profundidad >,
     "restrictSearchWithMatch": < documento utilizado como filtro >
  }
}
```

El campo startWith indica el valor del campo connectFromField que inicia el proceso de búsqueda recursiva. Este último contiene el nombre del campo en el que $graphLookup intenta hacer coincidir connectToField, que se encuentra en la colección por unir. Hay que tener en cuenta que es muy recomendable indexar este último campo para mejorar el rendimiento de las correspondencias.

Los campos maxDepth, depthField y restrictSearchWithMatch son todos opcionales. Este último es un documento que contiene condiciones adicionales para el proceso recursivo y no puede contener una expresión de agregación utilizando rutas de campo (*field paths*), de las que ya hemos hablado.

Este paso, como muchos otros, está sujeto a un límite de RAM de 100 megabytes, pero allowDiskUse puede utilizarse aquí también si se excede la capacidad de memoria.

Operar sobre la misma colección

Ejecutar un $graphLookup usando la misma colección como puntos inicial y final recuerda a lo que se conoce como auto unión (auto-joining) en el mundo de los sistemas de bases de datos relacionales. Para ilustrar nuestros ejemplos de uso, vamos a crear una colección llamada currículum, que contendrá una serie de documentos que representan parte de la oferta educativa de una organización de formación ficticia. Esta es la colección:

```
db.currículum.insertMany([
   { "_id": "000", "mat": "Redes Informáticas"},
   { "_id": "001", "mat": "Software y Programación", "depend": "000"},
   { "_id": "002", "mat": "Programación orientada a objetos", "depend":
"001"},
   { "_id": "003", "mat": "PHP", "depend": "002"},
   { "_id": "004", "mat": "JAVA", "depend": "002"}
   { "_id": "005", "mat": "Administración de redes", "depend": "000"},
   { "_id": "006", "mat": "Arquitectura para la nube", "depend": "005"}.
])
```

Estos documentos representan la siguiente jerarquía: *Redes de ordenadores* es la raíz de nuestra estructura arbórea y no tiene padre, razón por la cual el campo `depend` (depende de) está simplemente ausente de este documento (¡podría haber contenido el marcador *null*, pero también podría no haber aparecido en absoluto!) A continuación, dos itinerarios de aprendizaje dependen directamente de él: *Software y Programación* y *Administración de Redes*, y esta dependencia se materializa por la presencia del campo `depend`, que en estos dos documentos subordinados contiene el identificador del padre (en este caso 000). A partir de los valores de este campo, podemos ver que *Software y Programación* tiene un único hijo (*Programación Orientada a Objetos*), que a su vez tiene dos hijos (*PHP* y *JAVA*), que son por tanto dos hojas en nuestra arborescencia, y que *Administración de Redes* tiene un único descendiente (*Arquitectura para la Nube*), que es también una hoja en nuestra arborescencia.

Vamos a empezar en la raíz de nuestro árbol y listar todo lo que está más abajo en la jerarquía. Nuestro primer paso no será `$graphLookup` sino `$match`, para centrarnos en nuestro documento inicial. Una vez que hayamos aislado nuestro documento inicial, determinaremos:

- La colección de destino: será la misma sobre la que ejecutemos el *pipeline*, es decir, el `currículum`.
- El valor inicial de nuestro proceso recursivo: será el campo `_id` del documento al que apuntamos en el paso `$match`.
- El campo cuyo valor se comparará recursivamente con el contenido en el campo `connectToField`: será el campo `_id`.
- El campo de destino de esta comparación recursiva: `depend`.
- El nombre de la matriz en el que se almacenarán los hijos del nodo raíz (es decir, todos los nodos de nuestra estructura excepto, por supuesto, el nodo raíz); lo llamaremos `currículum_completo`.

He aquí el *pipeline* resultante de nuestra lista:

```
db.currículum.aggregate([
  {
     $match: {"mat": "Redes informáticas"}
  },
  {
    $graphLookup: {
        "from": "currículum",
```

```
            "startWith": "$_id",
            "connectFromField": "_id",
            "connectToField": "depend",
            "as": "currículum_completo"
      }
    }
  ])
```

Y esto es lo que produce al ejecutarse:

```
{
     "_id": "000",
     "mat": "Redes de ordenadores",
     "currículum_completo": [{
               "_id": "003",
               "mat": "PHP",
               "depend": "002"
          },
          {
               "_id": "001",
               "mat": "Software y programación",
               "depend": "000"
          },
          {
               "_id": "004",
               "mat": "JAVA",
               "depend": "002"
          },
          {
               "_id": "002",
               "mat": "Programación Orientada a Objetos",
               "depend": "001"
          },
          {
               "_id": "006",
               "mat": "Arquitectura para la Nube",
               "depend": "005"
          },
          {
               "_id": "005",
               "mat": "Administración de redes",
               "depend": "000"
          }
     ]
}
```

Solicitemos ahora la visualización de cada nivel de anidamiento en nuestros documentos con depthField y aprovechemos para ocultar alguna información que no es muy útil y perturba un poco la visualización:

```
db.curriculum.aggregate([
    {
        $match: {"mat": "Redes informáticas"}
    },
    {
        $graphLookup: {
            "from": " currículum ",
            "startWith": "$_id",
            "connectFromField": "_id",
            "connectToField": "depend",
            "depthField": "nivel",
            "as": " currículum_completo"
        }
    },
    {
        $project: {
            "_id": 0
            " currículum_completo._id": 0,
            " currículum_completo.depend": 0,
        }
    }
])
```

La visualización es ahora más comprensible, mostrando el nivel en el que se encuentra cada documento. Obsérvese que el nivel está representado por un entero de tipo NumberLong, ¡así que no hay riesgo de estar limitado!

```
{
     "mat": "Redes de ordenadores",
     "currículum_completo": [{
                  "mat": "PHP",
                  "nivel": NumberLong(2)
            },
            {
                  "mat": "Software y programación",
                  "nivel": NumberLong(0)
            },
            {
                  "mat": "JAVA",
                  "nivel": NumberLong(2)
            },
            {
                  "mat": "Programación orientada a objetos",
```

```
                "nivel": NumberLong(1)
        },
        {
                "mat": "Arquitectura para la nube",
                "nivel": NumberLong(1)
        },
        {
                "mat": "Administración de redes",
                "nivel": NumberLong(0
        }
    ]
}
```

Utilicemos ahora el campo `maxDepth` para indicar que solo queremos los hijos inmediatos del nodo raíz. La numeración empieza en cero, así que ese es el valor que le damos a este campo. El paso `$graphLookup` tiene este aspecto:

```
  {
    $graphLookup: {
        "from": " currículum ",
        "startWith": "$_id",
        "connectFromField": "_id",
        "connectToField": "depend",
        "depthField": "nivel"
        "maxDepth": 0,
        "as": " currículum _completo"
    }
  }
```

He aquí el resultado final:

```
{
    "mat": "Redes de ordenadores",
    "currículum_completo": [{
                "mat": "Administración de redes",
                "nivel": NumberLong(0)
        },
       {
                "mat": "Software y programación",
                "nivel": NumberLong(0)
        }
    ]
}
```

Hemos recorrido nuestra arborescencia en dirección descendente (es decir, de la raíz a las hojas), así que ahora vamos a ir en la dirección opuesta: empezaremos desde una hoja del árbol (*PHP* en este caso) e intentaremos encontrar el camino que lleva desde esta hoja a la raíz. El procedimiento sigue siendo el mismo: un paso `$match` para aislar el nodo inicial, un paso `$graphLookup` y luego un paso `$project`. Nuestro paso central es el mismo que el anterior, excepto que el punto de entrada es `depend` en lugar de `_id` como en la dirección descendente; ¡simplemente estamos invirtiendo los nombres de los campos!

Nuestro *pipeline* modificado es el siguiente:

```
db.currículum.aggregate([
    {
        $match: {"nombre": "PHP"}
    },
    {
        $graphLookup: {
            "from": " currículum ",
            "startWith": "$depend",
            "connectFromField": "depend",
            "connectToField": "_id",
            "depthField": "nivel",
            "as": "ruta"
        }
    },
    {
        $project: {
            "_id": 0,
            "ruta._id": 0,
            "ruta.depend": 0,
        }
    }
])
```

Este es el camino de nuestra hoja a la raíz:

```
{
    "mat": "PHP",
    "depend": "002",
    "ruta": [{
                "mat": "Redes informáticas",
                "nivel": NumberLong(2)
            },
            {
                "mat": "Software y programación",
                "nivel": NumberLong(1)
            },
            {
                "mat": "Programación Orientada a Objetos",
                "nivel": NumberLong(0)
            }
    ]
}
```

Aunque MongoDB no puede garantizar ningún tipo de clasificación de los documentos devueltos en la tabla `ruta` que hemos creado, tenemos aquí una ruta numerada de la hoja: el primer nivel (marcado con 0) es *Programación Orientada a Objetos* y la raíz, que es el primer elemento de nuestra tabla, se encuentra en el último nivel (2).

Agregar una condición a una búsqueda recursiva

Para ilustrar nuestro nuevo ejemplo de uso de `$graphLookup`, vamos a crear una nueva colección `instaton` que representa las relaciones entre usuarios en una red social imaginaria de una forma muy sencilla:

```
db.instaton.insertMany([
  {"nombre": "Sébastien", "amigos": ["Raphaël", "Bertrand"]},
  {"nombre": "Céline", "amigos": ["Raphaël", "Sylvie"]},
  {"nombre": "Sylvie", "amigos": ["Céline"]},
  {"nombre": "Raphaël", "amigos": ["Bertrand"]},
  {"nombre": "Bertrand", "amigos": ["Raphaël"]},
])
```

Queremos listar todas las personas relacionadas directa o indirectamente con Sylvie. Nuestro punto de entrada ya no es un campo que contiene un valor escalar, sino una matriz llamada `amigos`, cada elemento de la cual es objeto de una búsqueda recursiva que compara su valor con el valor contenido en el campo `nombre` de cada uno de los documentos. Empezaremos por `amigos`, y luego conectaremos `amigos` con `nombre` durante nuestra búsqueda; por lo tanto, hemos construido un paso de la forma:

```
$graphLookup: {
    "from": "instaton",
    "startWith": "$amigos",
    "connectFromField": "amigos",
    "connectToField": "nombre",
    "as": "vínculos de amistad"
}
```

Como hemos hecho en nuestros ejemplos anteriores, comenzamos el *pipeline* con un paso de coincidencia (*match*) y lo terminamos con un paso de proyección. Observaremos de paso que la tabla que contiene los documentos de nuestra búsqueda tiene un nombre poco habitual: contiene caracteres acentuados, un espacio y signos de puntuación, pero MongoDB nos permite hacer todo esto, así que ¡aprovechémoslo! Nuestro *pipeline* completo es por tanto:

```
db.instaton.aggregate([
  {
     $match: {"nombre": "Sylvie"}
  },
  {
    $graphLookup: {
         "from": "instaton",
         "startWith": "$amigos",
         "connectFromField": "amigos",
         "connectToField": "nombre",
         "as": "vínculos de amistad"
    }
  },
  {
    $project: {
        "_id": 0,
        "amigos": 0,
        "vínculos de amistad._id": 0,
        "vínculos de amistad.amigos": 0,
```

```
        }
    }
])
```

Veamos la salida que genera:

```
{
    "nombre": "Sylvie",
    "vínculos de amistad": [{
        "nombre": "Bertrand"
    }, {
        "nombre": "Raphaël"
    }, {
        "nombre": "Sylvie
    }, {
        "nombre": "Céline"
    }]
}
```

Céline aparece lógicamente, ya que está directamente relacionada con Sylvie; es la única persona cuyo nombre aparece en la tabla de `amigos` del documento que contiene información sobre Sylvie. Raphaël aparece porque está relacionado con Céline, y es por tanto un contacto indirecto (nivel 1) para Sylvie. Por último, Bertrand está presente porque es el único contacto de Raphaël. Es otro de los contactos indirectos de Sylvie y se sitúa en el nivel 2 de la jerarquía (es decir, es un contacto indirecto de un contacto indirecto de Sylvie).

Sin embargo, tenemos un pequeño problema: Sylvie también aparece en nuestros resultados de búsqueda, porque si Céline está entre sus amigos, ella misma está entre los amigos de Céline.

Es entonces cuando la opción `restrictSearchWithMatch` viene al rescate. Vamos a pasarle un documento para especificar que no queremos una referencia circular excluyendo de nuestro conjunto de resultados el documento cuyo nombre sea Sylvie:

```
"restrictSearchWithMatch": {"nombre": {$ne: "Sylvie"}}
```

Aparte de esta adición, nuestro *pipeline* es el mismo que antes:

```
db.instaton.aggregate([
  {
     $match: {"nombre": "Sylvie"}
  },
  {
    $graphLookup: {
         "from": "instaton",
         "startWith": "$amigos",
         "connectFromField": "amigos",
         "connectToField": "nombre",
         "restrictSearchWithMatch": {"nombre": {$ne: "Sylvie"}},
         "as": "vínculos de amistad"
    }
  },
  {
    $project: {
        "_id": 0,
        "amigos": 0,
        "vínculos de amistad._id": 0,
        "vínculos de amistad.amigos": 0,
    }
  }
])
```

El resultado, sin embargo, es mucho más coherente:

```
{
     "nombre": "Sylvie",
     "vínculos de amistad": [{
           "nombre": "Bertrand"
     }, {
           "nombre": "Raphaël"
     }, {
           "nombre": "Céline"
     }]
}
```

Si añadimos el campo `maxDepth` al paso `$graphLookup`, dándole el valor 0, solo obtendremos los contactos directos de Sylvie:

```
{ "nombre" : "Sylvie", "vínculos de amistad" : [ { "nombre" : "Céline" } ] }
```

Operar en distintas colecciones

Ahora vamos a crear dos colecciones: la primera, llamada supermerkat, contendrá todos los puntos de venta de la cadena de supermercados del mismo nombre y, para cada uno de estos puntos de venta, los demás locales del departamento. La otra colección, personal, contendrá una breve información sobre nuestros empleados: su nombre y la tienda en la que trabajan. He aquí el código utilizado para crearlas:

```
db.supermerkat.insertMany([
   { "ciudad": "Aviñón", "dpt_tienda": ["Cavaillon", "Orange"]},
   { "ciudad": "Cavaillon", "dpt_tienda": ["Aviñón", "Orange"]},
   { "ciudad": "Orange", "dpt_tienda": ["Cavaillon", "Aviñón"]},
   { "ciudad": "Marsella"},
])

db.personal.insertMany([
   {"nombre": "Amine", "tienda": "Aviñón"},
   {"nombre": "Eric", "tienda": "Aviñón"},
   {"nombre": "Lydie", "tienda": "Aviñón"},
   {"nombre": "Jean", "tienda": "Cavaillon"},
   {"nombre": "Léo", "tienda": "Cavaillon"},
   {"nombre": "Hapsatou", "tienda": "Orange"},
   {"nombre": "Charlotte", "tienda": "Orange"},
   {"nombre": "Lisa", "tienda": "Orange"},
   {"nombre": "Hassan", "tienda": "Marsella"}
])
```

Ahora vamos a combinar estas dos colecciones para obtener las ciudades a las que se pueden transferir los distintos empleados, con una restricción: una transferencia solo puede tener lugar dentro del departamento.

Para cada uno de los documentos de personal, buscaremos el valor del campo tienda en la matriz dpt_tienda de la colección supermerkat, que se comparará recursivamente con el valor del campo ciudad de la misma colección.

Traduzcamos lo que acabamos de escribir:

```
db.personal.aggregate([{
      $graphLookup: {
          "from": "supermerkat",
          "startWith": "$tienda",
```

```
                "connectFromField": "dpt_tienda",
                "connectToField": "ciudad",
                "as": "tiendas"
            }
        },
        {
            $project: {
                "_id": 0,
                "nombre": 1,
                "posibles_mutaciones": "$tiendas"
            }
        }
])
```

Tomemos el primero de los documentos devueltos al final de esta *cadena*:

```
{
    "nombre": "Amina",
    "posibles_mutaciones": [{
            "_id": ObjectId("5cd86e7c9db42a36e28bcacd"),
            "ciudad": "Orange",
            "dpt_tienda": [
                "Cavaillon",
                "Aviñón"
            ]
        },
        {
            "_id": ObjectId("5cd86e7c9db42a36e28bcacc"),
            "ciudad": "Cavaillon",
            "dpt_tienda": [
                "Aviñón",
                "Orange"
            ]
        },
        {
            "_id": ObjectId("5cd86e7c9db42a36e28bcacb"),
            "ciudad": "Aviñón",
            "dpt_tienda": [
                "Cavaillon",
                "Orange"
            ]
        }
    ]
}
```

En la tabla posibles_mutaciones, que es el resultado de renombrar la tabla tiendas creada por $graphLookup, encontramos la ciudad de asignación del empleado, pero no puede ser trasladado allí porque ya trabaja allí para nuestra empresa. Obviamente vamos a tener que poner un poco de orden aquí, el objetivo final es tener solo una matriz que contenga los nombres de las ciudades elegibles para el traslado.

Para conseguir el resultado deseado, vamos a aplicar $map con la matriz tiendas como entrada, del que extraeremos la ciudad cuyo valor sea igual al del campo tienda del documento que se está procesando. La parte input de nuestro $map será por tanto el siguiente $filter:

```
"input": {
   $filter: {
       "input": "$tiendas",
       "as": "m",
       "cond": {
           "$ne": ["$$m.ciudad", "$tienda"]
       }
   }
}
```

Solo recuperaremos el campo ciudad a la salida del $map para obtener una matriz de cadenas de caracteres. Así que aquí está nuestro *pipeline* completo:

```
db.personal.aggregate([{
        $graphLookup: {
            "from": "supermerkat",
            "startWith": "$tienda",
            "connectFromField": "dpt_tiendas",
            "connectToField": "ciudad",
            "as": "tiendas"
        }
    },
    {
        $project: {
            "_id": 0,
            "nombre": 1,
            "posibles_mutaciones": {
                $map: {
                    "input": {
                        $filter: {
                            "input": "$tiendas",
```

```
                                "as": "m",
                                "cond": {
                                    "$ne": ["$$m.ciudad", "$tienda"]
                                }
                            }
                        },
                        "as": "tienda_filtrada",
                        "in": "$$tienda_filtrada.ciudad"
                    }
                }
            }
        }
])
```

Veamos qué significa todo esto en cuanto a los posibles traslados de nuestros empleados:

```
{ "nombre" : "Amine", "posibles_mutaciones" : [ "Orange", "Cavaillon" ] }
{ "nombre" : "Eric", "posibles_mutaciones" : [ "Orange", "Cavaillon" ] }
{ "nombre" : "Lydie", "posibles_mutaciones" : [ "Orange", "Cavaillon" ] }
{ "nombre" : "Jean", "posibles_mutaciones" : [ "Orange", "Aviñón" ] }
{ "nombre" : "Léo", "posibles_mutaciones" : [ "Orange", "Aviñón" ] }
{ "nombre" : "Hapsatou", "posibles_mutaciones" : [ "Aviñón", "Cavaillon" ] }
{ "nombre" : "Charlotte", "posibles_mutaciones" : [ "Aviñón", "Cavaillon" ] }
{ "nombre" : "Lisa", "posibles_mutaciones" : [ "Aviñón", "Cavaillon" ] }
{ "nombre" : "Hassan", " posibles_mutaciones" : [ ] }
```

Nos complace señalar que los empleados con sede en Aviñón solo podrán ser trasladados a Orange y Cavaillon, los de Cavaillon solo podrán ir a Orange y Aviñón, y los de Orange solo podrán ser trasladados a Cavaillon y Aviñón. Por último, está nuestro solitario empleado de Marsella, que no podrá ser trasladado en absoluto porque `supermerkat` solo tiene un punto de venta en el departamento de Bouches-du-Rhône.

3.12 Gestionar distancias usando $geoNear

El paso `$geoNear` genera documentos en orden ascendente de distancia desde un punto dado. Este operador, que debe aparecer al principio del *pipeline*, toma como parámetro un documento con opciones. La forma general de este paso es:

```
$geoNear: < documento que contiene las opciones de búsqueda >
```

Las opciones de búsqueda son:

- `spherical`: este booleano indica cómo se calculará la distancia entre dos puntos; utilizando solo geometría esférica cuando su valor es *true*, o utilizando geometría esférica con índices `2dsphere` y geometría plana con índices `2d` cuando su valor es *false*, que es el valor predefinido.
- `num` y `limit`: estos dos campos enteros opcionales limitan el número de resultados devueltos. El valor predefinido es 100 y si se utilizan los dos juntos, `num` tendrá prioridad sobre el valor definido en `limit`.
- `maxDistance`: este entero opcional indica la distancia máxima desde el punto central en el que pueden residir los documentos. La unidad es el metro si el punto central es un objeto GeoJSON y el radián si las coordenadas son de tipo *legacy*.
- `query`: este campo opcional contiene un documento que limita los resultados devueltos a solo los documentos correspondientes a esta consulta.
- `distanceMultiplier`: se utiliza para convertir distancias, por ejemplo, de radianes a kilómetros.
- `near`: es el punto de referencia a partir del cual se realizará la búsqueda geográfica. Puede representarse en forma de objeto GeoJSON o de coordenadas *legacy*, dependiendo por supuesto del tipo de índice que se use (`2dsphere` permite ambos, pero no `2d`).
- `distanceField`: es el nombre dado al campo que contendrá la distancia calculada.
- `includeLocs`: nombre del campo que contiene las localizaciones utilizadas para calcular la distancia.

- `minDistance`: desde la versión 3.2, este campo se utiliza para limitar los resultados a los documentos situados fuera de esta distancia mínima. Puede expresarse en metros o en radianes, dependiendo simplemente del tipo de coordenadas utilizadas.
- `key`: nuevo en la versión 4, este campo se usa para especificar qué índices se utilizarán. Su presencia es obligatoria siempre que existan varios índices `2d` o `2dsphere` en una colección, de lo contrario se producirá un error. Si se omite, MongoDB intentará utilizar primero un índice `2d` y, si no existe tal índice, intentará utilizar un índice `2dsphere`.

Creemos una nueva colección sin tardar más, ¡y pongámonos manos a la obra con esta nueva herramienta! Como se sabe, cada verano Aviñón se convierte en LA capital internacional del teatro. La ciudad cuenta con más de cien teatros repartidos por los cuatro puntos cardinales de la antigua ciudad papal, tanto dentro como fuera de sus murallas. Nuestra colección `teatros` no los contendrá todos, por supuesto, pero incluirá algunos de ellos, en un espacio deliberadamente bastante reducido. Aquí están:

```
db.teatros.insertMany([{
     "nombre": "Théâtre des Doms",
     "coordenadas": {
            "type": "Point",
            "coordinates": [43.95166, 4.80886]
     },
     "aforo": NumberInt(145)
}, {
     "nombre": "Théâtre du Chapeau Rouge",
     "coordenadas": {
            "type": "Point",
            "coordinates": [43.94903, 4.81156]
     },
     "aforo": NumberInt(35)
}, {
     "nombre": "Théâtre Le Vieux Balancier",
     "coordenadas": {
            "type": "Point",
            "coordinates": [43.94793, 4.81138]
     },
     "aforo": NumberInt(40)
}, {
     "nombre": "Théâtre Le Cabestan",
```

```
        "coordenadas": {
                "type": "Point",
                "coordinates": [43.94681, 4.80871]
        },
        "aforo": NumberInt(85)
}, {
        "nombre": "Théâtre Notre Dame",
        "coordenadas": {
                "type": "Point",
                "coordinates": [43.94584, 4.80489]
        },
        "aforo": NumberInt(150)
}])
```

Nuestro punto de referencia será el teatro «Le Chêne Noir», en azul en el siguiente mapa:

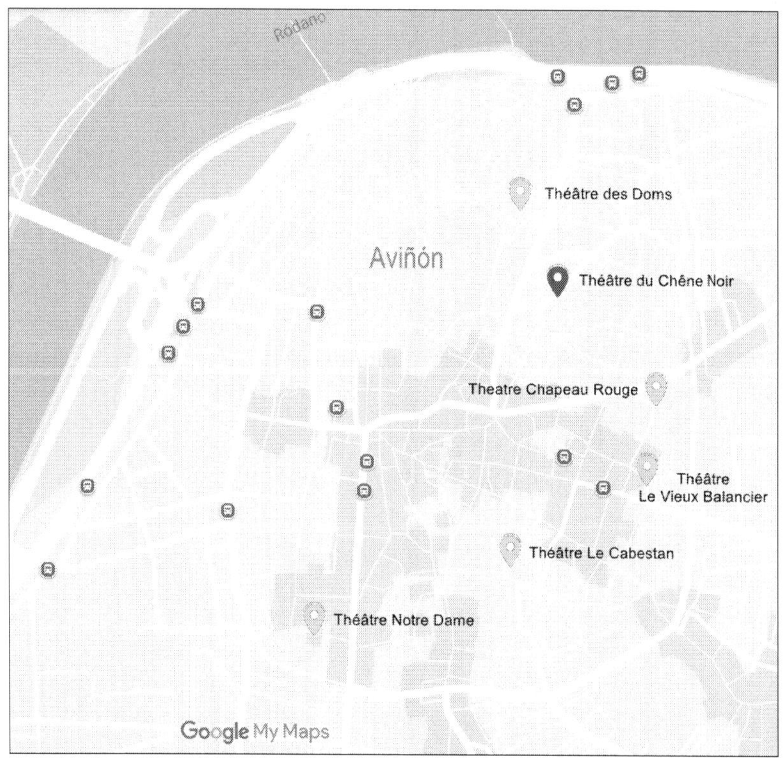

Realicemos una primera búsqueda a partir de este punto de referencia utilizando únicamente las opciones obligatorias:

```
referencia = {
     "nombre": "Théâtre du Chêne Noir",
     "coordenadas": {
            "type": "Point",
            "coordinates": [43.95053, 4.80978]
     }
}

db.teatros.aggregate([
  {
    $geoNear: {
       "near": referencia.coordenadas,
       "distanceField": "distancia.estimación"
    }
  }, {
    $project: { "_id": 0, "nombre": 1, "distancia": 1}
  }
])
```

¡Maldición! No hemos establecido ningún índice geoespacial y MongoDB nos lo está indicando amablemente:

```
MongoServerError: $geoNear requires a 2d or 2dsphere index,
but none were found
```

Así que solucionemos ese descuido sin demora:

```
db.teatros.createIndex({"coordenadas": "2dsphere"})
```

Cuando volvemos a ejecutar el *pipeline*, obtenemos el siguiente conjunto de resultados, con documentos que contienen distancias expresadas en metros y ordenadas de la más cercana a la más lejana:

```
{
     "nombre": "Théâtre des Doms",
     "distancia": {
            "estimación": 161.86558179436201
     }
} {
     "nombre": "Théâtre du Chapeau Rouge",
     "distancia": {
            "estimación": 258.74330283867545
```

```
        }
} {
        "nombre": "Théâtre Le Vieux Balancier",
        "distancia": {
                "estimación": 338.9738015262305
        }
} {
        "nombre": "Théâtre Le Cabestan",
        "distancia": {
                "estimación": 429.49503913788277
        }
} {
        "nombre": "Théâtre Notre Dame",
        "distancia": {
                "estimación": 752.9772710338572
        }
}
```

Ahora vamos a añadir algunos campos opcionales al documento de búsqueda. Por ejemplo, vamos a restringir la búsqueda a los teatros con un aforo igual o superior a 100 localidades. Para ello, ¡vamos a utilizar la opción `query`! Hemos visto que el paso `$geoNear` se debe colocar al principio del *pipeline*, por lo que no podemos utilizar `$match` al inicio. Por lo tanto, el filtrado se realizará utilizando nuestra opción de consulta, que se muestra en negritas:

```
db.teatros.aggregate([
  {
    $geoNear: {
       "near": referencia.coordenadas,
       "distanceField": "distancia.estimación",
       "query": {"aforo": {$gte: 100}}
    }
  }, {
    $project: {"_id": 0, "nombre": 1, "distancia": 1}
  }
])
```

Ahora busquemos teatros con un aforo superior a 40 localidades y situados a un mínimo de 100 metros de nuestro punto de referencia:

```
db.teatros.aggregate([
  {
    $geoNear: {
       "near": referencia.coordenadas,
       "distanceField": "distancia.estimación",
       "query": {"aforo": {$gt: 40}},
       "minDistance": 100
    }
  }, {
    $project: { "_id": 0, "nombre": 1, "distancia": 1}
  }
])
```

Estamos asistiendo a una reducción de nuestra oferta, que ahora consta de tres salas:

```
{
     "nombre": "Théâtre des Doms",
     "distancia": {
            "estimación": 161.86558179436201
     }
} {
     "nombre": "Théâtre Le Cabestan",
     "distancia": {
            "estimación": 429.49503913788277
     }
} {
     "nombre": "Théâtre Notre Dame",
     "distancia": {
            "estimación": 752.9772710338572
     }
}
```

Por último, limitemos nuestra oferta a un solo teatro, que obviamente será el primero, es decir, el más cercano a nuestro punto central:

```
db.teatros.aggregate([
  {
    $geoNear: {
      "near": referencia.coordenadas,
      "distanceField": "distancia.estimación",
      "query": {"aforo": {$gte: 100}}
    }
  },
  { $limit: 1 },
  { $project: { "_id": 0, "nombre": 1, "distancia": 1 } }
])
```

Por último, si hay varios índices geoespaciales, de tipo `2d` y/o `2dsphere`, se debe indicar explícitamente cuál se quiere utilizar. Como solo hay uno, mencionarlo no es imprescindible, pero ¡hagámoslo de todos modos!

```
db.teatros.aggregate([
  {
    $geoNear: {
    "near": referencia.coordenadas,
      "distanceField": "distancia.estimación",
      "query": {"aforo": {$gte: 100}},
      "key": "coordenadas"
    }
  },
  { $limit: 1 },
  { $project: { "_id": 0, "nombre": 1, "distancia": 1 } }
])
```

3.13 Escribir el resultado de un pipeline en una colección usando $out

Tarde o temprano se querrá guardar los resultados de la ejecución de un *pipeline* en algún lugar, para su uso futuro. El paso `$out`, que solo puede aparecer al final de un pipeline, está ahí para permitir llevar a cabo tal operación. Aparte de la restricción de su posición en el pipeline, este paso no puede escribir en una *capped collection* (colección limitada) o en una *sharded collection* (colección fragmentada).

Si la colección destinada a recibir los resultados de la ejecución del *pipeline* ya existe, será sustituida. Si no existe y el *pipeline* no falla, se creará. Sin embargo, existen algunos casos especiales: si la colección existe, pero las inserciones hacen que se violen restricciones (unicidad, por ejemplo), no se sobrescribirá. Si los documentos producidos por el *pipeline* no satisfacen las reglas de validación vigentes en la colección, no se insertarán.

Hay que tener en cuenta que es posible saltarse la validación dando el valor booleano *true* a la opción `bypassDocumentValidation` pasada como parámetro al método `aggregate`.

Tomemos el último *pipeline* y añadámosle un paso de escritura en una colección que llamaremos `teatros_próximos` y que imaginaremos que contiene reglas de validación. La sintaxis del paso `$out` es muy sencilla: simplemente espera una cadena de caracteres que se utilizará como nombre de la colección creada o que representa el nombre de la colección que se va a sobrescribir:

```
db.teatros.aggregate([
  {
    $geoNear: {
      "near": referencia.coordenadas,
      "distanceField": "distancia.estimación",
      "query": {"aforo": {$gte: 100}},
      "key": "coordenadas"
    }
  },
  { $limit: 1 },
  { $project: { "_id": 0, "nombre": 1, "distancia": 1 } },
  { $out: "teatros_próximos" }
], { "bypassDocumentValidation": true })
```

Se observa un hecho notable en este *pipeline*: tenemos un paso que debe estar al principio del *pipeline* (`$geoNear`) y un paso que solo puede estar al final (`$out`).

Enumeremos el contenido de la colección generada de esta forma para validar que la operación de crear la colección y luego insertar en ella se ha realizado correctamente, sin tener en cuenta ninguna regla de validación de documentos:

```
db.teatros_próximos.find(
{ "_id" : ObjectId("5cefc3600609ce3e24aef5cb"), "nombre" : "Théâtre des Doms",
"distancia" : { "estimación" : 161.86558179436201 }
```

3.14 Densificar datos usando $densify

La densificación es una operación que consiste en completar los datos que faltan en un intervalo determinado. Su sintaxis es la siguiente:

```
{
   $densify: {
      field: < campo >,
      partitionByFields: [ < campo 1 >, ... < campo n > ],
       range {
         step: < incremento >,
         unit: < unidad de tiempo >,
         bounds: < "full" || "partition" > || [ < límite inferior >,
< límite superior > ]
      }
   }
}
```

El parámetro `field` contiene el campo o campos sobre los que operará la densificación. Solo pueden incluirse campos tipo numéricos o fecha; todos deben ser del mismo tipo.

Para especificar cómo se densificarán los datos, se utiliza `range`. El campo numérico `step` indica en cuánto se incrementará `field` y `unit` especifica la unidad del incremento, que solo se requiere cuando el campo `field` objeto de densificación es de tipo fecha.

Los límites se describen en el campo `bounds` y pueden tomar tres valores: una matriz para apuntar a un intervalo específico, la cadena de caracteres `full`, que significa que el intervalo estará delimitado por el menor y el mayor de los valores contenidos en el campo `field`, y la cadena de caracteres `partition`, que se utilizará para añadir documentos a cada partición.

El campo `partitionByFields` es el único opcional en esta etapa; nos servirá para saber cómo se agruparán los documentos, constituyendo estos grupos nuestras particiones.

Se creará una colección llamada `diarioDeCaja`, que contiene la facturación de un día determinado en cada una de las dos cajas de nuestra tienda abierta continuamente, una en la planta baja y la otra en la primera planta del edificio.

```
db.diarioDeCaja.insertMany([
  {
    "fecha": new Date("2024-05-02"),
    "facturación": Double(2501.33),
    "formaPago": "TC",
    "caja": "1erpiso"
  },
  {
    "fecha": new Date("2024-05-05"),
    "facturación": Double(6800.00),
    "formaPago": "TC",
    "caja": "pb"
  },
  {
    "fecha": new Date("2024-05-07"),
    "facturación": Double(4788.90),
    "formaPago": "TC",
    "caja": "pb"
  },
  {
    "fecha": new Date("2024-05-10"),
    "facturación": Double(2587.77),
    "formaPago": "Efectivo",
    "caja": "1erpiso"
  }
])
```

Nos gustaría tener un documento por día durante la primera quincena de mayo, pero como hemos tenido que cerrar por obras, solo tenemos 4 días durante esta quincena en los que hemos podido generar ventas. Así que vamos a tener que producir los documentos restantes y poner las ventas a 0 para ellos: ¡ahora vamos a densificar nuestra colección!

```
db.diarioDeCaja.aggregate([
   {
      $densify: {
         "field": "fecha",
         "range": {
            "step": 1,
            "unit": "day",
```

```
                "bounds": [ISODate("2024-05-01"), ISODate("2024-05-15")]
            }
        }
    },
    {
        $addFields: {
            "facturación": { $ifNull: ["$facturación", 0] }
        }
    }
])
```

Veamos este *pipeline*: en primer lugar, elegimos como objetivo el campo `fecha`. A continuación, en la sección `range`, especificamos los límites superior e inferior del intervalo: irá del 1ero al 15 de mayo de 2024, con un paso (o incremento) de un día.

Esto significa que nos disponemos a generar documentos para cada día que falte de este intervalo de fechas.

Insertaremos un atributo `facturación` en cada documento creado por el paso `$densify`, asignándole un valor entero de 0 para reflejar el hecho de que no se pudo generar ningún ingreso ese día.

He aquí un ejemplo utilizando la opción `partitionByFields`:

```
db.diarioDeCaja.aggregate([
  {
    $densify: {
      field: "fecha",
      partitionByFields: ["caja"],
      range: {
        bounds: "partition",
        step: 1
        unit: "day"
      }
    }
  },
  {
    $addFields: {
       facturación: { $ifNull: ["$facturación", 0] }
    }
  }
])
```

El objetivo sigue siendo centrarse en el campo `fecha`, pero también particionar por casos y sobre el intervalo ya existente en la colección, lo que esta vez dará como resultado:

- documentos relativos al periodo 02-10 de mayo para la caja del 1er piso;
- documentos para el periodo 05-07 de mayo, para la caja de la planta baja.

Veamos el resultado que produce un *pipeline* de este tipo:

```
[
  {
    _id: ObjectId("65eafbde0fead3ce4beb48f5"),
    fecha: ISODate("2024-05-02T00:00:00.000Z"),
    facturación: 2501.33,
    formaPago: 'TC',
    caja: '1erpiso'
  },
  {
    caja: '1erpiso',
    fecha: ISODate("2024-05-03T00:00:00.000Z"),
    facturación: 0
  },
  {
    caja: '1erpiso',
    fecha: ISODate("2024-05-04T00:00:00.000Z"),
    facturación: 0
  },
  {
    caja: '1erpiso',
    fecha: ISODate("2024-05-05T00:00:00.000Z"),
    facturación: 0
  },
  {
    caja: '1erpiso',
    fecha: ISODate("2024-05-06T00:00:00.000Z"),
    facturación: 0
  },
  {
    caja: '1erpiso',
    fecha: ISODate("2024-05-07T00:00:00.000Z"),
    facturación: 0
  },
  {
```

```
      caja: '1erpiso',
      fecha: ISODate("2024-05-08T00:00:00.000Z"),
      facturación: 0
    },

      caja: '1erpiso',
      fecha: ISODate("2024-05-09T00:00:00.000Z"),
      facturación: 0
    },
    {
      _id: ObjectId("65eafbde0fead3ce4beb48f8"),
      fecha: ISODate("2024-05-10T00:00:00.000Z"),
      facturación: 2587.77,
      formaPago: 'Efectivo',
      caja: '1erpiso'
    },
    {
      _id: ObjectId("65eafbde0fead3ce4beb48f6"),
      fecha: ISODate("2024-05-05T00:00:00.000Z"),
      facturación: 6800,
      formaPago: 'TC',
      caja: 'pb'
    },
    {
      caja: 'pb',
      fecha: ISODate("2024-05-06T00:00:00.000Z"),
      facturación: 0
    },
    {
      _id: ObjectId("65eafbde0fead3ce4beb48f7"),
      fecha: ISODate("2024-05-07T00:00:00.000Z"),
      facturación: 4788.9,
      formaPago: 'TC',
      caja: 'pb'
    }
  ]
```

En cierto modo, ¡rellenamos los intersticios temporales para cada caja en el rango de fechas que tenía en la colección!

3.15 Rellenar datos faltantes usando $fill

Cuando los campos de los documentos se marcan como `null` o faltantes, se lespuede asignar un valor utilizando `$fill`. Esta es la sintaxis para este paso:

```
{
   $fill: {
      "partitionBy": < expresión >,
      "partitionByFields": [ < campo 1 >, ... , < campo n > ],
      "sortBy": {
         < campo de clasificación 1 >: < orden de clasificación >,
         ...
         < campo de clasificación n >: < orden de clasificación >
      },
      "output": {
         < campo 1 >: { "valor": < expresión > },
         ...
      }
   }
}
```

Los campos opcionales `partitionBy` y `partitionByFields` son mutuamente excluyentes; como en el paso `$densify`, se utilizarán para describir los campos utilizados para crear las particiones. Si no se especifican, la partición estará formada por todos los documentos de la colección.

El objeto `output` se utiliza para detallar los campos por rellenar.

Vamos a crear una colección llamada `meteoski` que contiene algunas lecturas de temperatura de estaciones de esquí, tomadas a determinadas horas del día. Algunos de estos registros, nuestros documentos, contienen un campo `temperatura` vacío o inexistente. Esta es la colección:

```
db.meteoski.insertMany([
  {
    "ubicación": "chamonix",
    "fecha": ISODate("2024-03-05T12:00:00.000Z"),
    "temperatura": 18
  },
  {
    "ubicación": "chamonix",
    "fecha": ISODate("2024-03-05T16:00:00.000Z"),
    "temperatura": 14
  },
  {
```

```
    "ubicación": "chamonix",
    "fecha": ISODate("2024-03-05T18:00:00.000Z"),
    "temperatura": null
  },
  {
    "ubicación": "chamonix",
    "fecha": ISODate("2024-03-05T19:00:00.000Z")
  },
  {
    "ubicación": "chamonix",
    "fecha": ISODate("2024-03-05T20:00:00.000Z"),
    "temperatura": 2
  }
])
```

3.15.1 Rellenar campos usando funciones

Para rellenar estos campos, utilizaremos primero la interpolación lineal. Así es como se escribirá el *pipeline*:

```
db.meteoski.aggregate([
  {
    $relleno: {
      "partitionBy": "$ubicación",
      "sortBy": { "fecha": 1 },
      "output": {
        "temperatura": { "method": "linear" },
      }
    }
  }
])
```

Hemos elegido particionar por localización y ordenar por fecha dentro de las particiones resultantes. Como salida, rellenaremos los campos `temperatura` vacíos o inexistentes utilizando el método de interpolación `linear`. Esto es lo que se producirá: lo que se ha añadido se muestra en negrita.

```
[
  {
    _id: ObjectId("65f08b60d76339611f123829"),
    ubicación: "chamonix",
    fecha: ISODate("2024-03-05T12:00:00.000Z"),
    temperatura: 18
  },
  {
    _id: ObjectId("65f08b60d76339611f12382a"),
    ubicación: 'chamonix',
```

```
      fecha: ISODate("2024-03-05T16:00:00.000Z"),
      temperatura: 14
    },
    {
      _id: ObjectId("65f08b60d76339611f12382b"),
      ubicación: 'chamonix',
      fecha: ISODate("2024-03-05T18:00:00.000Z"),
      temperatura: 8
    },
    {
      _id: ObjectId("65f08b60d76339611f12382c"),
      ubicación: 'chamonix',
      fecha: ISODate("2024-03-05T19:00:00.000Z"),
      temperatura: 5
    },
    {
      _id: ObjectId("65f08b60d76339611f12382d"),
      ubicación: 'chamonix',
      fecha: ISODate("2024-03-05T20:00:00.000Z"),
      temperatura: 2
    }
  ]
```

¿Cómo funciona la interpolación lineal? Los dos documentos susceptibles de ser rellenados están enmarcados por otros dos documentos, a las 16:00 y a las 20:00 horas. Entre estos dos puntos, la temperatura ha descendido 12°C, pasando de 14°C a 2°C. Un descenso de 12°C en 4 horas da una media de 3°C perdidos por hora. El primer documento en el que la interpolación hará su trabajo se encuentra a 2 horas del primer documento en el que aparece una temperatura; el valor del campo `temperatura` será por tanto (14-2*3)=8°C. El segundo documento que se va a rellenar se encuentra a una hora de este documento, donde la temperatura se ha rellenado con el valor entero 8, por lo que su valor será (8-1*3)=5°C.

Existe otro método para rellenar los campos vacíos o inexistentes, que consiste en asignarles el último valor encontrado (*last observed value*). Este método se denomina `locf` (*last observation carried forward*) y trasladará el último valor distinto de cero encontrado, es decir, 14, a los dos documentos siguientes. El *pipeline* anterior no cambia mucho, solo sustituimos `linear` por `locf`:

```
db.meteoski.aggregate([
  {
    $fill: {
      "partitionBy": "$ubicación",
      "sortBy": { "fecha": 1 },
      "output": {
        "temperatura": { "method": "locf" },
      }
    }
  }
])
```

Ya sea `linear` o `locf`, se recomienda encarecidamente utilizar `sortBy` para ordenar los documentos cuando se rellenan utilizando un método. Dada la inserción en orden cronológico en la colección `meteoski`, podríamos prescindir de ella aquí, pero es una buena práctica incluirla en el *pipeline*.

3.15.2 Rellenar campos con valores predefinidos

Para asignar un valor predefinido, basta con utilizar `value` en lugar de `method`. Supongamos que queremos asignar el valor 0 al campo `temperatura` cuando no se encuentra (sea cual sea la partición en la que se encuentre el documento), simplemente escribimos:

```
db.meteoski.aggregate([
  {
  $ fill: {
        "output": {
        "temperatura": { "value": 0 },
      }
    }
  }
])
```

Si queremos dar un valor predefinido que dependa de la ubicación, podemos añadir una rama condicional en `value`:

```
db.meteoski.aggregate([
  {
    $relleno: {
      "partitionBy": "$localización",
      "output": {
        "temperatura": {
          "value": {
            $cond: {
              "if": { $eq: ["$localización", "chamonix"] },
              "then": 0
              "else": 1
            }
          }
        }
      }
    }
  }
])
```

4. Pasos cursor-like

Estos cuatro pasos del *pipeline* de agregación llevan el nombre de los métodos encontrados cuando se trabaja con cursores, en inglés «*cursor-like*», razón por la que se así se denominan.

4.1 Limitar resultados usando $limit

He aquí una consulta que limita los resultados devueltos en un cursor a tres documentos. No se especifica ningún criterio de búsqueda y solo se utilizan los campos `apellido` y `nombre`:

```
db.personas.find({}, {"_id": 0, "apellido": 1, "nombre": 1}).limit(3)
```

Se obtienen los siguientes documentos:

```
{ "apellido" : "Durand", "nombre" : "René" }
{ "apellido" : "Durand", "nombre" : "Gisèle" }
{ "apellido" : "Dupont", "nombre" : "Gaston" }
```

Como no se han ordenado explícitamente, aparecen en el orden natural en que se insertaron en la colección.

Se trata de la misma consulta traducida a un formato que puede utilizar el *framework* de agregación:

```
pipeline = [{
   $project: {
       "_id": 0,
       "apellido": 1,
       "nombre": 1
   }
},
{
   $limit: 3
}]

db.personas.aggregate(pipeline)
```

4.2 Contar usando $count

Hagamos una petición muy sencilla que nos devolverá un cursor sobre el que aplicaremos el método `count`. Nótese que en esta versión «cursor», no podemos dar un nombre al recuento:

```
db.personas.find({"nombre": /^D/}, {"_id": 0, "apellido": 1, "nombre":
1}).count()
```

Esta consulta ha sido traducida para que pueda ser utilizada por el *pipeline* de agregación. Observará que es obligatorio nombrar el campo que contendrá el valor de `count` y que el nombre dado a este campo no debe empezar por el signo «$» ni contener el carácter «.».

```
pipeline = [{
   $match: {
       "apellido": /^D/
   }
```

```
},
{
   $project: {
       "_id": 0,
       "apellido: 1,
       "nombre: 1
   }
},
{
   $count: "Cuenta"
}]

db.personas.aggregate(pipeline)
```

El documento resultante de la ejecución de este *pipeline* tendrá esta forma:

```
{ "Cuenta" : 6 }
```

4.3 Ordenar usando $sort

Apliquemos una ordenación descendente al campo `nombre` de los documentos de nuestra colección que empiecen por la letra D:

```
db.personas.find(
   {" apellido ": /^D/},
   {"_id": 0, "apellido": 1, " nombre ": 1}
).sort({"apellido": -1})
```

Traduciremos esta petición con este *pipeline*:

```
pipeline = [{
   $match: {
       "apellido": /^D/
   }
},
{
   $project: {
       "_id": 0,
       "apellido: 1,
       "nombre: 1
   }
},
{
```

```
   $sort: { "apellido": -1}
}]

db.personas.aggregate(pipeline)
```

Estos dos usos diferentes producirán exactamente el mismo resultado:

```
{ "apellido" : "Durand", "nombre" : "René" }
{ "apellido" : "Durand", "nombre" : "Gisèle" }
{ "apellido" : "Duport", "nombre" : "Eric" }
{ "apellido" : "Duport", "nombre" : "Arlette" }
{ "apellido" : "Dupont", "nombre" : "Gaston" }
{ "apellido" : "Dupont", "nombre" : "Catherine" }
```

Cuando se utiliza en su versión de agregación, `sort` se enfrenta a ciertas limitaciones, sobre todo en lo que se refiere a la gestión de la memoria. El uso de RAM para la etapa de ordenación está limitado a 100 MB. Para permitir el desbordamiento del disco mediante la escritura de archivos temporales, es necesario añadir la opción `allowDiskUse` al ejecutar el *pipeline*, de la siguiente manera:

```
db.personas.aggregate(pipeline, {"allowDiskUse": true})
```

Para que pueda utilizar índices, `sort` debe colocarse al principio del *pipeline* o preceder a los pasos `$project`, `$unwind` y `$group`.

Si `$limit` sigue inmediatamente a `$sort`, o si no hay ningún paso entre `$sort` y `$limit` que no modifique el número de documentos, el optimizador aplicará la limitación a la ordenación. Tomemos un caso sencillo con un paso `$project` que no modifica el número de documentos entre `$sort` y `$limit`:

```
pipeline = [{
   $sort: {
       "apellido": -1
   }
},
{
   $project: {
       "_id": 0,
       "apellido: 1,
       "nombre: 1
   }
},
```

```
{
   límite: 2
}]
```

Utilicemos `explain` en este *pipeline* como sigue:

```
db.personas.explain().aggregate(pipeline)
```

En el documento resultante, en la sección sobre la clasificación, vemos que se han fusionado la limitación y la clasificación:

```
      inputStage: {
        stage: 'SORT',
        sortPattern: { apellido: -1 },
        memLimit: 104857600,
        limitAmount: 2,
        type: 'simple',
        inputStage: { stage: 'COLLSCAN', direction: 'forward' }
      }
```

4.4 Saltar usando $skip

Si queremos saltarnos los dos primeros documentos cuyo apellido empiece por la letra D, escribiremos la siguiente consulta en versión «cursor»:

```
db.personas.find({"apellido": /^D/}, {"_id": 0, "apellido": 1,
"nombre": 1}).skip(2)
```

Una vez transpuesta para que pueda ser utilizada por el *framework* de agregación, adoptará esta forma:

```
pipeline = [{
   $match: {
       "apellido": /^D/
   }
},
{
   $project: {
       "_id": 0,
       "apellido: 1,
       "nombre: 1
  }
},
```

```
{
    $skip: 2
}]
```

5. Operadores de pipeline de agregación

5.1 Evaluar una expresión usando $cond

Este operador actúa como lo haría una rama condicional de tipo *if* en cualquier lenguaje de programación: evalúa una expresión booleana y luego efectúa acciones si es verdadera o falsa. Su forma simplificada es:

```
{ $cond: [ < expresión >, < si es verdadera >, < si es falsa > ] }
```

Esta sintaxis condensada es bien conocida por los programadores de C++, PHP y Java como operador ternario.

Volvamos a la colección `compras` y supongamos que se ofrece un vale de descuento a todos los clientes con las siguientes condiciones: quien haya realizado al menos 300 euros en compras recibirá un vale con un valor nominal de 10 euros, y quien no lo haya hecho solo recibirá un vale con un valor nominal de 5 euros. Aquí está el *pipeline* correspondiente:

```
db.compras.aggregate([
    $addFields: {
        "total_compras": { $sum: "$compras" }
    }
},
{
    $project: {
        "_id": 0,
        "apellido": 1,
        "nombre": 1,
        "bono_descuento": {$cond: [{$gte: ["$total_compras", 300]}, 10, 5]}
    }
}
])
```

5.2 Recorrer y transformar elementos de una tabla usando $map

El operador `$map` se utiliza para recorrer los diferentes elementos de una tabla aplicándoles una expresión. Devuelve una matriz con los cambios realizados. A continuación, se muestra su firma:

```
{
   $map: {
       "input": < expresión que genera una tabla >,
       "as": < nombre dado a la variable que representa cada elemento
de la tabla >,
       "in": < expresión aplicada a cada elemento >.
   }
}
```

Solo el campo `as` es opcional. Si no se especifica, tendrá que referirse al elemento actual con el nombre `this`. Imaginemos que queremos aplicar un vale de descuento de 5 euros a cada producto comprado por cada cliente:

```
db.compras.aggregate([{
   $project:
   {
       "precios_reducidos": {
           $map: {
               "input": "$compras",
               "in": {
                   $ subtract: ["$$this", 5]
               }
           }
       }
   }
}])
```

Si queremos redondear el precio de nuestras compras, podemos utilizar `$trunc`. Hay que tener en cuenta que esta vez estamos utilizando `as`:

```
db.compras.aggregate([{
   $project:
   {
       "precio_redondeado": {
           $map: {
               "input": "$compras",
               "as": "precio",
```

```
                "in": { $trunc: "$$precio" }
            }
        }
    }
}])
```

Esto es lo que tenemos:

```
{ "_id" : ObjectId("5cc80bdad4a3ed9c9e42e2d1"),
"precio_redondeado" : [ 112, 88, 72 ] }
{ "_id" : ObjectId("5cc80bdad4a3ed9c9e42e2d2"),
"precio_redondeado" : [ 20, 296 ] }
```

5.3 Filtrar los elementos de una tabla usando $filter

Este operador devuelve las porciones de una tabla correspondientes a una condición dada. Se utiliza de la siguiente manera:

```
{
   $filter: {
        "input": < expresión que genera una tabla >,
       "as": < nombre dado a la variable que representa cada elemento
de la tabla >,
        "cond": < expresión aplicada a cada elemento >
   }
}
```

Como entrada (input), tenemos una tabla y nuestra condición se colocará en la clave cond. El campo as, que es opcional, se utiliza de la misma forma que el operador $map. Nuestra condición es una expresión que genera un booleano que determina la presencia o el nombre del elemento actual en la tabla devuelta.

Supongamos que en nuestro programa de fidelización queremos conservar todas las compras superiores a 80 euros, nuestro operador de filtro será muy sencillo de escribir:

```
db.compras.aggregate([{
   $project:
   {
       "_id": 0,
       "apellido": 1,
       "tarjeta_fidelidad": {
```

```
            $filtro: {
                "input": "$compras",
                "as": "compra",
                "cond": { $gt: [ "$$compra", 80 ] }
            }
        }
    }
}])
```

La tabla resultante se muestra a continuación:

```
{ "apellido" : "Pascal", "tarjeta_fidelidad" : [ 112.29, 88.36 ] }
{ "apellido" : "Perez", "tarjeta_fidelidad" : [ 296.35 ] }
```

5.4 Ordenar una tabla usando $sortArray

Así es como se utiliza `$sortArray`:

```
$sortArray: {
   "input": < tabla a ordenar >,
   "sortBy": < detalles de cómo se ordena >
}
```

Para probar la clasificación, vamos a crear una nueva colección llamada `empresa`:

```
db.empresa.insertOne(
   {
      "dev":
         [
            {
              "nombre": "seb",
              "edad": 46
              "dirección": { "calle": "12 rue du code", "ciudad":
"Codeville" }
            },
            {
              "nombre": "eric",
              "edad": 36,
              "dirección": { "calle": "impasse des lacs", "ciudad": "Nîmes" }
            },
            {
              "nombre": "julie",
              "edad": 20,
              "dirección": { "calle": "boulevard des hits", "ciudad": "Pau" }
            },
```

```
            {
              "nombre": "nath",
              "edad": 50,
              "dirección": { "calle": "cours forest", "ciudad":
"Amityville" }
            },
        ]
    }
)
```

Ahora vamos a ordenar los documentos según el valor del campo `edad` en la raíz de cada documento:

```
db.empresa.aggregate([
    { $project:
        {
            _id: 0,
            "ordenar":
              {
                $sortArray: { "input": "$dev", "sortBy": { "edad": 1 } }
              }
        }
    }
])
```

Evidentemente, es posible operar sobre un campo contenido en un subdocumento, utilizando la notación de puntos. Por ejemplo, ordenemos por nombre de ciudad descendente:

```
db.empresa.aggregate([
    { $project:
        {
            _id: 0,
            "ordenar":
              {
                $sortArray: { "input": "$dev", "sortBy": {
"dirección.ciudad": -1 }  }
              }
        }
    }
])
```

Téngase en cuenta que también es posible ordenar por varios criterios; si se desea ordenar por `nombre` y `edad`, por ejemplo, se deberá especificar `{ "nombre": 1, "edad": 1 }` en el campo `sortBy`.

5.5 Gestionar fechas

Para gestionar fechas en un *pipeline* de agregación, disponemos de varios operadores:

- `$dateAdd` para incrementar una fecha en un número determinado de unidades.
- `$dateDiff` para obtener la diferencia entre dos fechas en una unidad dada.
- `dateSubtract` para realizar la operación inversa de `$dateAdd`.
- `dateTrunc` para truncar una fecha.

Para utilizar nuestros operadores dedicados a la gestión de fechas, se creará una colección de `envíos` con el siguiente aspecto:

```
db.envíos.insertMany([
  {
    fechaEnv: new Date("2024-06-01"),
    ciudad: "París",
    país: "Francia"
  },
  {
    fechaEnv: new Date("2024-06-05"),
    ciudad: "New York",
    país: "Estados Unidos"
  }
])
```

5.5.1 Incrementar una fecha usando $dateAdd

La sintaxis de este operador es la siguiente:

```
{
   $dateAdd: {
      "startDate": < expresión >,
      "unit": < unidad de tiempo >,
      "amount": < expresión >,
      "timezone": < zona horaria >
   }
}
```

MongoDB proporciona varias unidades de tiempo para incrementar una fecha: year, quarter, week, month, day, hour, minute, second y millisecond.

La zona horaria es el único parámetro opcional y, si se incluye, debe ajustarse a una nomenclatura muy precisa (desfase UTC o formato Olson tal como Europe/Paris, por ejemplo).

Imaginemos por un momento que queremos mostrar la fecha de entrega prevista para nuestros envíos, suponiendo que es D+3 en Francia y D+7 en el resto del mundo. Escribiremos el siguiente *pipeline*:

```
db.envíos.aggregate([
  {
    $project: {
      "ciudad": 1,
      "país": 1,
      "fechaEnv": { $dateToString: { "format": "%d/%m/%Y", "date": 
"$fechaEnv" } },
      "fechaEntrega": {
        $dateToString: {
          "format": "%d/%m/%Y",
          "date": {
            $cond: {
          "if": { $eq: ["$país", "Francia"] },
              "then": { $dateAdd: { "startDate": "$fechaEnv", 
"unit": "day", "amount": 3 } },
              "else": { $dateAdd: { "startDate": "$fechaEnv", 
"unit": "day", "amount": 7 } }
            }
          }
        }
      }
    }
  }
])
```

Aquí hemos utilizado una condición que añade 3 o 7 días a nuestra fecha de envío, dependiendo del país de destino y hemos dado formato a las fechas para que sean más fáciles de leer. El resultado es el siguiente:

```
[
  {
    _id: ObjectId("65f1ec3cd76339611f12383c"),
    ciudad: 'París',
    país: 'Francia',
    fechaEnv: '01/06/2024',
    fechaEntrega: '04/06/2024'  },
  {
    _id: ObjectId("65f1ec3cd76339611f12383d"),
    ciudad : 'New York',
    país: 'Estados Unidos',
    fechaEnv: '05/06/2024',
    fechaEntrega: '12/06/2024'  }
]
```

5.5.2 Disminuir una fecha usando $dateSubtract

La sintaxis de `$dateSubtract` es la misma que la de su homólogo inverso `$dateAdd`. Supongamos que un problema informático de algún tipo ha adelantado una semana las fechas de envío. Para mostrar las actualizaciones, tenemos que hacer:

```
db.envíos.aggregate([
  {
    "$project": {
      "_id": 0,
      "fechaEnv": {
        "$dateToString": {
          "date": "$dateExp",
          "format": "%d/%m/%Y"
        }
      },
      "fechaEnvCorregida": {
        "$dateToString": {
          "date":
            "$dateSubtract": {
              "startDate": "$dateExp",
              "unit": "week",
              "amount": 1
```

```
                }
            },
            "format": "%d/%m/%Y"
        }
      }
    }
  }
])
```

Y aquí está el resultado:

```
[
  { fechaEnv: '01/06/2024', fechaEnvCorregida: '25/05/2024' },
  { fechaEnv: '05/06/2024', fechaEnvCorregida: '29/05/2024' }
]
```

5.5.3 Calcular la diferencia entre dos fechas usando $dateDiff

El operador `$dateDiff` se utiliza para calcular la distancia entre dos fechas dadas. Esta es su sintaxis:

```
{
   $dateDiff: {
      "startDate": < expresión >,
      "endDate": < expresión >,
      "unit": < expresión >,
      "timezone": < zona horaria >,
      "startOfWeek": < cadena de caracteres >
   }
}
```

Los nombres de los campos hablan por sí mismos; solo hay que tener en cuenta que `startOfWeek` solo es necesario cuando la unidad solicitada es `week`. Este campo puede tomar como valor cualquier día de la semana, o incluso su abreviatura (sun para *domingo*, mon para *lunes*, etc.).

En el siguiente *pipeline*, simplemente calcularemos la diferencia en semanas entre la fecha actual (`$$NOW`) y la fecha contenida en el campo `$fechaEnv`:

```
db.envíos.aggregate([
   {
      "$project": {
         "_id": 0,
         "diferenciaEnSemanas": {
            "$dateDiff": {
               "startDate": "$$NOW",
               "endDate": "$fechaEnv",
               "timezone": "Europe/Paris",
               "unit": "week",
               "startOfWeek": "mon",
            }
         }
      }
   }
])
```

5.5.4 Truncar una fecha usando $dateTrunc

Esta es la firma de este operador utilizado para truncar fechas:

```
{
   dateTrunc: {
      "date": < expresión >,
      "unit": < expresión >,
      "binSize": < expresión >,
      "timezone": < zona horaria >,
      "startOfWeek": < expresión >
   }
}
```

Ya conocemos la mayoría de estos parámetros. Lo único nuevo aquí es `binSize`, un valor numérico que representa el número de unidades que se aplicarán para truncar.

Supongamos que queremos truncar una fecha al mes más próximo. Utilizaremos:

```
$fechaTrunc: {
   "date": "$fechaEnv",
   "unit": "month",
   "binSize": 1
}
```

Así, una fecha que era `ISODate("2024-03-17T08:27:19.627Z")` se reducirá a `ISODate("2024-03-01T00:00:00.000Z")`, que es el inicio del mes (nótese que la hora se pone a cero). Para truncar a medio año, basta con especificar un `binSize` igual a 6 y el resultado se convertirá en `ISODate("2024-01-01T00:00:00.000Z")`, que es el inicio del semestre al que pertenece la fecha.

6. Buscar por facetas

Este tipo de búsqueda se utiliza cuando se navega por el sitio web de un comerciante y se buscan productos en un catálogo aplicando filtros sobre las propiedades, llamadas facetas (del inglés *facet*), que contienen. Estas propiedades pueden ser una talla, un color, un precio, una categoría, etc. Por ejemplo, he aquí la búsqueda por facetas en el sitio Discogs, un mercado especializado en la venta en línea de productos musicales (discos, CD, casetes y muchos otros formatos).

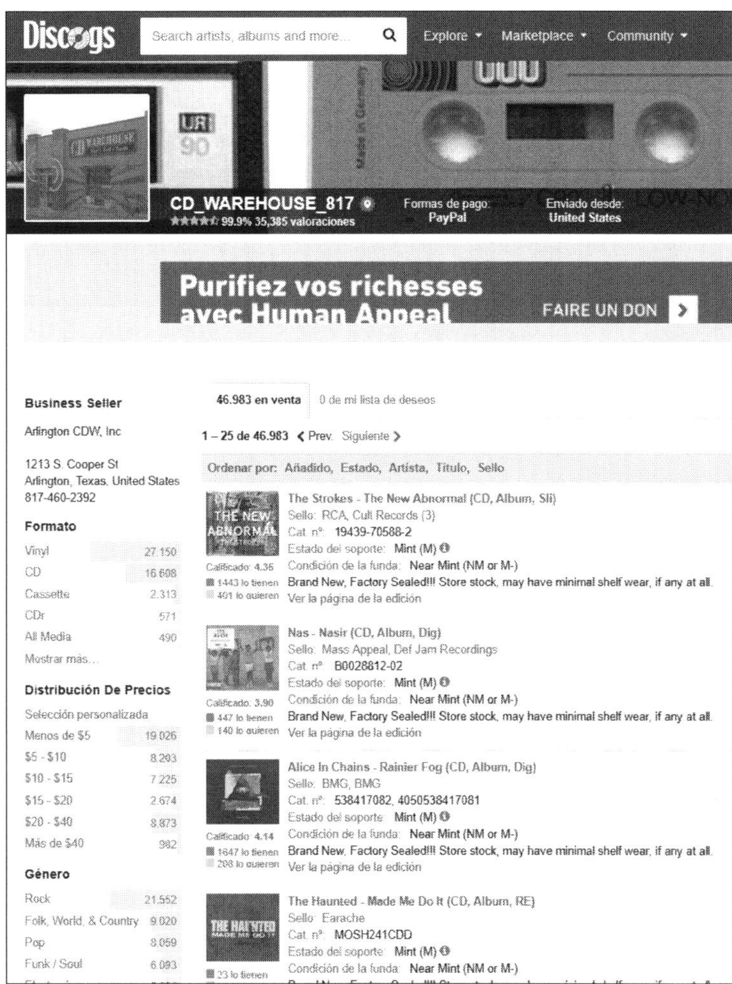

Las facetas se enumeran a la izquierda de la imagen y están predefinidas aquí, lo que nos permite buscar entre las 46,993 referencias que el vendedor seleccionado aquí tiene en su catálogo. Para cada uno de ellos, tenemos algunos de los valores tomados con un recuento.

He aquí un ejemplo de búsqueda que combina varios filtros aplicados a algunas de las facetas que pone a nuestra disposición el sitio Discogs. Restringen considerablemente el tamaño del conjunto de resultados, ya que ahora tenemos 3 productos en el campo que nos interesa, a saber, discos de vinilo de más de 40 dólares de grupos que tocan rock psicodélico y progresivo enviados desde Holanda.

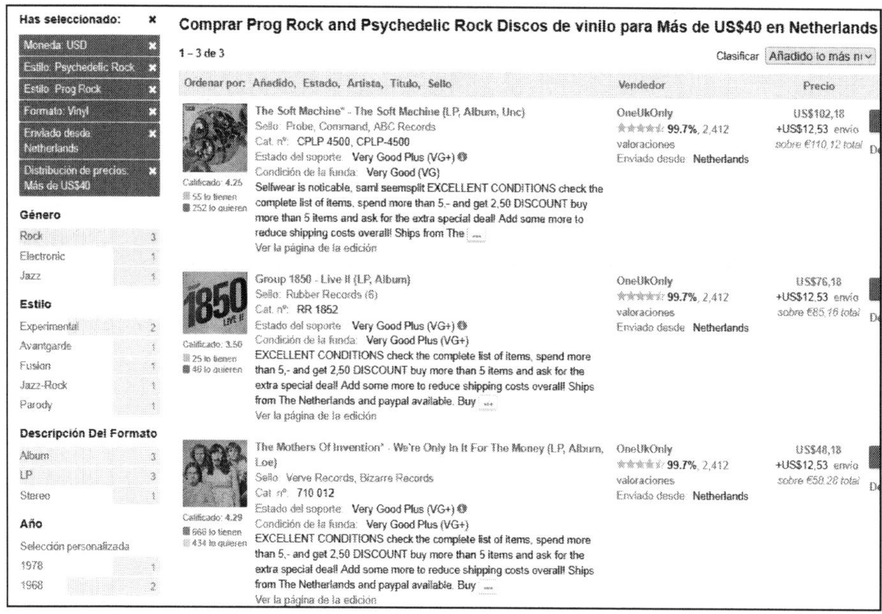

Al hacer clic en un valor de determinadas facetas, se actualizan otras, lo que permite al usuario profundizar (*drill-down* en inglés) en el catálogo. Seleccionar el género «Rock», por ejemplo, actualizará los valores de la faceta «Estilo», que solo conservará aquellos presentes en el género elegido:

Del mismo modo, hacer clic en el estilo «Heavy Metal» repercutirá en los valores de la propia faceta «Estilo», ya que ahora solo contendrá los subestilos del estilo seleccionado:

Estilo

Hard Rock	292
Thrash	135
Doom Metal	97
Hardcore	79
Stoner Rock	74
Mostrar más...	

Echemos otro vistazo a la colección `instrumentos` y simulemos estas categorías con la cuenta asociada. Una simulación de este tipo puede llevarse a cabo utilizando un *pipeline* bastante simple:

```
db.instrumentos.aggregate([{
        $group: {
            "_id": "$tipo", "count": { $sum: 1}
        }
    }, {
        $project: {"_id": 0, "categoría": "$_id", "cuenta": "$count"}
    }, {
        $sort: { "categoría": 1}
    }
])
```

Los distintos tipos de instrumentos se listan con su cuenta al lado, por orden alfabético:

```
{ "categoría" : "bajo", "cuenta" : 1 }
{ "categoría" : "batería", "cuenta" : 1 }
{ "categoría" : "guitarra", "cuenta" : 2 }
```

Como ya se sabe, podríamos haber obtenido un resultado casi idéntico utilizando un paso `$sortByCount`.

Este primer enfoque es bastante simplista, ¡y MongoDB nos proporciona herramientas mucho más interesantes para gestionar las búsquedas por facetas!

6.1 El paso $bucket

Este paso es una de las novedades de la versión 3.4 de MongoDB, y categoriza los documentos inyectados en él colocándolos en *buckets* (contenedor) que representan intervalos de valor según una expresión. Estos *buckets* son a su vez documentos que incluyen un campo `_id` que contiene el límite inferior del intervalo y un recuento del número de documentos en los buckets.

En primer lugar, se deben rellenar los campos obligatorios, a saber, `groupBy` y `boundaries`. El primero contendrá una expresión (normalmente una ruta de campo o *field path*) en la que se basará la agrupación, y el segundo es una matriz que contiene los intervalos (los contenedores en los que se puede dejar «caer» los documentos), de los que debe haber al menos dos. Si fijamos los valores a `boundaries` los de la siguiente tabla:

```
[0, 500, 1000]
```

Crearemos dos *contenedores*. El primero tendrá un límite inferior de 0 (incluido) y un límite superior de 500 (excluido), mientras que el segundo tendrá un límite inferior de 500 (incluido) y un límite superior de 1000 (excluido). Sin embargo, esta tabla de intervalos tiene una restricción: los límites deben ser del mismo tipo y estar ordenados de forma ascendente.

Si se mezclan números y cadenas de caracteres, se obtendrá el siguiente error:

```
"errmsg" : "All values in the the 'boundaries' option to $bucket must
have the same type. Found conflicting types double and string."
```

Si se invierte el orden de los valores indicados en la tabla del ejemplo anterior, aparecerá este mensaje de error:

```
"errmsg" : "The 'boundaries' option to $bucket must be sorted, but
elements 0 and 1 are not in ascending order (1000 is not less
than 500)."
```

Ahora que sabemos cómo alimentar nuestra tabla de intervalos, volvamos a nuestro paso `$bucket`, cuya sintaxis completa se muestra a continuación:

```
{
 $bucket: {
     "groupBy": < expresión >,
     "boundaries": [ < límite inferior 1 >, < límite inferior 2 >, ... ],
     "default": < cadena de caracteres >,
     "output": {
        < salida >: { < expresión de acumulación > },
        ...
     }
  }
}
```

En `default`, podemos introducir una cadena de caracteres que será el nombre del *bucket* que recibirá todos los documentos que salgan de los intervalos previamente definidos en `boundaries` .

En `output`, establecemos los campos que se añadirán a los documentos producidos por el paso. Estos campos deben utilizar acumuladores. Hay que asegurarse de incluir una cuenta atrás si se utiliza `output`, ya que no se incluye de forma predefinida.

Volvamos a utilizar la colección `instrumentos` y probemos en ella un paso `$bucket` deliberadamente minimalista: agrupará los documentos por precio y los clasificará según intervalos que son exactamente los que hemos visto antes:

```
db.instrumentos.aggregate([{
        $bucket: {
            "groupBy": "$precio",
            "boundaries": [0, 500, 1000]
        }
    }
])
```

Todos los precios de nuestros documentos van a caer en un contenedor. O eso se esperaba...

```
MongoServerError: PlanExecutor error during aggregation :: caused
by :: $switch could not find a matching branch for an input, and
no default was specified.
```

El precio de uno de nuestros documentos queda fuera de los intervalos que hemos especificado (en este caso, supera estrictamente los 1.000 euros). Para resolver este problema, tenemos dos opciones: aumentar el tamaño de nuestro segundo intervalo o utilizar el campo opcional `default`. En el primer caso, nuestro documento rebelde se incluirá en el nuevo intervalo y aumentará el recuento asociado a él, mientras que, en el segundo, ¡se unirá al grupo reservado a los documentos que están decididamente fuera de lugar (o que no tienen el tipo BSON requerido)! Elijamos esta última opción:

```
db.instrumentos.aggregate([{
      $bucket: {
          "groupBy": "$precio",
          "boundaries": [0, 500, 1000],
          "default": "Fuera de Presupuesto"
      }
   }
])
```

Este es el resultado que se obtiene al hacer esta elección: obsérvese que la clave `_id` de cada documento contiene el límite inferior de cada intervalo (o *bucket*):

```
{ "_id" : 0, "cuenta" : 1 }
{ "_id" : 500, "cuenta" : 2 }
{ "_id" : "Fuera de Presupuesto", "cuenta" : 1 }
```

Y aquí está el conjunto de resultados producidos si aumentamos el límite superior de 1,000 a 2,000:

```
{ "_id" : 0, "cuenta" : 1 }
{ "_id" : 500, "cuenta" : 3 }
```

En lugar de establecer manualmente el límite superior de nuestro intervalo, podríamos haber utilizado `Infinity`, que se utiliza para definir un límite superior prácticamente ilimitado. De este modo, habríamos tenido que enumerar los valores en nuestra tabla así:

```
[0, 500, Infinity]
```

Veamos ahora el campo `output`. Como se nos indica que cualquier campo añadido debe utilizar una expresión de acumulación, vamos a utilizar la expresión `$avg` para indicar el precio medio de los instrumentos contenidos en cada *bucket*:

```
db.instrumentos.aggregate([{
        $bucket: {
            "groupBy": "$precio",
            "boundaries": [0, 500, 1000],
            "default": "Fuera de Presupuesto",
            "output": {
                "precio medio": {
                    $avg: "$precio",
                }
            }
        }
    }
])
```

El resultado es el siguiente:

```
{ "_id" : 0, "precio medio" : 499.99 }
{ "_id" : 500, "precio medio" : 799.99 }
{ "_id" : "Fuera de Presupuesto", "precio medio" : 1299.99 }
```

Como dijimos antes, usar `output` significa que tenemos que gestionar el recuento nosotros, así que vamos a tener que añadir un contador... ¡Usemos `$sum`!

```
db.instrumentos.aggregate([{
        $bucket: {
            "groupBy": "$precio",
            "boundaries": [0, 500, 1000],
            "default": "Instrumentos de gama alta",
            "output": {
                "precio medio": {
                    $avg: "$precio",
                }
                "recuento": {
                    $sum: 1
                }
            }
        }
    }
])
```

Eso está mucho mejor como presentación:

```
{ "_id" : 0, "precio medio" : 499.99, "cuenta atrás" : 1 }
{ "_id" : 500, "precio medio" : 799.99, "cuenta atrás" : 2 }
{ "_id": "Instrumentos de gama alta", "precio medio": 1299.99, "recuento": 1 }
```

6.2 El paso $bucketAuto

Como es lógico, `$bucketAuto` funciona de forma muy parecida a `$bucket`, con la diferencia de que MongoDB se encarga de distribuir los documentos uniformemente entre el número de *buckets* que especifiquemos. Los cambios tienen lugar en el campo `buckets`, que sustituye a `boundaries`, mientras que el campo opcional `granularity` sustituye a `output`. Este campo, granularity, se utiliza para gestionar el tipo de serie de números preferidos (como la serie de Renard; divide el intervalo entre 1 a 10 en 5, 10, 20, o 40 pasos) que se utiliza para determinar los límites de los intervalos. La forma de este paso es:

```
{
$bucket: {
     "groupBy": < expresión >,
     "buckets": < entero positivo >,
     "default": < cadena de caracteres >,
     "granularity": < cadena de caracteres >
  }
}
```

Tomemos el primer ejemplo presentado con `$bucket` y veamos cómo quedaría adaptado a la versión `$bucketAuto`:

```
db.instrumentos.aggregate([{
        $bucketAuto: {
            "groupBy": "$precio",
            "buckets": 3
        }
    }
])
```

El desglose es el siguiente:

```
{ "_id" : { "min" : 499.99, "max" : 799.99 }, "cuenta" : 1 }
{ "_id" : { "min" : 799.99, "max" : 1299.99 }, "cuenta" : 2 }
{ "_id" : { "min" : 1299.99, "max" : 1299.99 }, "cuenta" : 1 }
```

Podemos jugar con los intervalos dando distintos valores al campo `granularity`, como `POWERSOF2`, que producirá límites en forma de potencias de dos:

```
db.instrumentos.aggregate([{
       $bucketAuto: {
           "groupBy": "$precio",
           "buckets": 3,
           "granularity": "POWERSOF2"
       }
   }

])
```

Aquí están nuestros intervalos en su nueva forma:

```
{ "_id" : { "min" : 256, "max" : 512 }, "cuenta" : 1 }
{ "_id" : { "min" : 512, "max" : 1024 }, "cuenta" : 2 }
{ "_id" : { "min" : 1024, "max" : 2048 }, "cuenta" : 1 }
```

Si elegimos `1-2-5` como valor de granularidad, obtendremos valores límite de esta serie:

```
{ "_id" : { "min" : 200, "max" : 500 }, "cuenta" : 1 }
{ "_id" : { "min" : 500, "max" : 1000 }, "cuenta" : 2 }
{ "_id" : { "min" : 1000, "max" : 2000 }, "cuenta" : 1 }
```

Existen muchos otros valores que le ayudarán a gestionar eficazmente los valores de intervalo (las series de Renard empiezan por la letra R).

El número real de *contenedores* puede ser inferior al requerido si el número de documentos de la colección o el número de valores distintos de `groupBy` es menor, si la granularidad tiene menos intervalos que el número de *buckets* deseado, o si no es lo suficientemente fina como para distribuir los documentos uniformemente entre el número de *buckets* deseado.

6.3 El paso $facet

Este paso permite agrupar varios *pipelines* de agregación, lo que permite actuar sobre muchas facetas a la vez, como ocurre en el sitio Discogs. Todos los *pipelines* agrupados en un paso `$facet` son perfectamente independientes entre sí y reciben los mismos documentos como entrada, lo que evita tener que buscarlos varias veces en la base de datos. Además, a cada *pipeline* se le asigna una etiqueta que aparecerá en el documento final.

Este paso adopta la forma siguiente:

```
{
  $facet: {
     < etiqueta >: [ < paso 1 >, < paso 2 >, ... ],
     ...
  }
}
```

Todos los pasos de agregación utilizados para las facetas (es decir, `$bucket`, `$bucketAuto` y `$sortByCount`) se pueden utilizar con `$facet`. Algunos otros, en particular los propios pasos `$geoNear` y `$facet`, no pueden agregarse dentro de un paso de este tipo.

Escribamos nuestro primer paso `$facet`: para mostrar las diferentes posibilidades, combinaremos los pasos `$bucket`, `$bucketAuto` y `$sortByCount`, habiendo filtrado primero utilizando un paso `$match`. Observe que el número de *buckets* que requerimos en el paso `$bucketAuto` no es muy útil, ya que en el estado actual de la colección solo hay un instrumento con un precio estrictamente superior a 1.200 euros.

```
db.instrumentos.aggregate([{
       $match: {"precio": {$existe: true}}
   }, {
       $facet: {
           "Type": [{ $sortByCount: "$tipo"}],
           "Rangos de precios": [{
                   $bucket: {
                       "groupBy": "$precios",
                       "boundaries": [0, 500, 1000, Infinity],
                       "output": {
                           "cuenta": { $sum: 1 },
                           "instrumentos": { $push: "$nombre" }
```

```
                    }
                }
            }
        ],
        "Rarezas del mes": [
            { $match: {"precio": {$gt: 1200}}},{
              $bucketAuto: {
                "groupBy": "$precio",
                "buckets": 2
              }
            }
        ]
    }
}
])
```

Este es el resultado de agregar nuestros tres pasos dentro de `$facet`:

```
{
    "Type": [{
                "_id": "guitarra",
                 "cuenta": 2
        },
        {
                "_id": "bajo",
                "cuenta: 1
        },
        {
                "_id": "batería",
                "cuenta: 1
        }
    ],
    "Rangos de precios": [{
                "_id": 0,
                "cuenta": 1,
                "instrumentos": [
                     "B.C Rich Mockingbird"
                ]
        },
        {
                "_id": 500,
                "cuenta": 2,
                "instrumentos": [
                     "TAMA Rockstar",
                     "Gibson SG"
                ]
        },
```

```
            {
                  "_id": 1000,
                  "cuenta": 1,
                  "instrumentos": [
                        "Fender Jazz Bass"
                  ]
            }
      ],
      "Rarezas del mes": [{
            "_id": {
                  "min": 1299.99,
                  "max": 1299.99
            },
            "cuenta": 1
      }]
}
```

Para recordar

El *framework* de agregación de MongoDB se basa en el concepto de *pipelines* de procesamiento de datos. Estos transforman los documentos suministrados en una agregación.

Por lo general, un *pipeline* consta de una o varias etapas que utilizan operadores denominados de agregación. Como en una cascada, los documentos de una etapa completada se utilizan como entrada para el siguiente paso del *pipeline*.

El método utilizado que permite ejecutar un *pipeline* sobre una colección se denomina `aggregate` y toma como parámetro una matriz de pasos.

Ciertos pasos del *pipeline* de agregación llevan el nombre de los métodos aplicados a los cursores.

Las facetas permiten operar sobre el mismo conjunto de documentos agrupando varios *pipelines* en una sola etapa.

6.4 Crear documentos sobre la marcha usando $documents

Este paso puede ser muy útil si se desea trabajar con documentos sin insertarlos necesariamente en una colección, para crear un conjunto de documentos como entrada para el siguiente paso de un *pipeline*, por ejemplo. La sintaxis es bastante sencilla:

```
{ $documents: < expresión > }
```

El parámetro `expresión` debe ser (o devolver) una tabla de documentos.

A continuación, se muestra un ejemplo de un conjunto de documentos utilizado como entrada para un paso `$bucketAuto`:

```
db.aggregate(
   [
      { $documents: [ { "apellido": "Ferrandez", "edad": 47 }, { "nombre":
"Dolan", "edad": 53 },{ "apellido": "Dumas", "edad": 55 } ] },
      { $bucketAuto: { "groupBy": "$edad", "buckets": 3 } }
   ]
)
```

Hay que tener en cuenta que no estamos conectados a ninguna colección, utilizamos `db.aggregate` directamente porque los documentos se generan sobre la marcha.

También es posible combinarlo con un paso como `$lookup`: en el ejemplo siguiente vamos a unir dos fuentes de datos, nuestra colección `diarioDeCaja` y un conjunto de documentos de un paso `$documents`, para encontrar el nombre del empleado adscrito a cada caja registradora:

```
db.diarioDeCaja.aggregate([
   {
      $match: {}
   },
   {
      $lookup: {
         "localField": "caja",
         "foreignField": "caja",
         "as": "detalle_caja",
         "pipeline": [
            {
               $documents: [
                  { "caja": "1erpiso", "empleado": "Anna" },
                  { "caja": "pb", "empleado": "Julien" }
               ]
```

```
            }
         ]
      }
   },
   {
      $project: {
         "_id": 0,
         "fecha": 1,
         "facturación": 1,
         "formaPago": 1,
         "caja": 1,
         "empleado": { $arrayElemAt: ["$detalle_caja.empleado", 0] }
      }
   }
])
```

6.5 Definir una ventana de procesamiento usando $setWindowFields

Una ventana es un subconjunto de los documentos de una colección. Se construye mediante el operador `$setWindowFields`, que describe sus características. He aquí su sintaxis general:

```
{
   $setWindowFields: {
      "partitionBy": < expresión >,
      "sortBy": {
         < campo 1 >: < orden >,
         < campo 2 >: < orden >,
         ...,
         < campo n >: < orden >,
      },
      "output": {
         < campo de salida 1 >: {
            < operador >: < parámetros >,
            "window": {
               "documents": [ < límite inferior >, < límite superior > ],
               "range": [ < límite inferior >, < límite superior > ],
               "unit": < unidad de tiempo >
            }
         },
         ...
         <campo de salida n >: { ... }
      }
   }
}
```

Solo son obligatorios los campos `output` y `sortBy`, este último solamente en determinados casos.

Como en los otros pasos que lo utilizan, `partitionBy` dará el nombre del campo que se usará para agrupar los documentos en la ventana.

El campo `sortBy` se utilizará, como es lógico, para ordenar los documentos dentro de nuestras particiones.

Digamos que queremos crear una ventana muy simple, en la que particionamos por caja y ordenamos cronológicamente los documentos dentro de esa partición, vamos a escribir el siguiente *pipeline*:

```
db.diarioDeCaja.aggregate([
  {
    $setWindowFields: {
      "partitionBy": "$caja",
      "sortBy": { "fecha": 1 },
      "output": {}
    }
  }
])
```

A estas alturas, no hay ni rastro de nuestro campo `output` que, aunque es obligatorio, sigue estando irremediablemente vacío. Así que vamos a añadir un campo a todos los documentos llamado `cifraVntsProm`, que contendrá las ventas medias generadas por partición, es decir, por caja. Realizaremos esta operación utilizando el operador de ventana `$avg`, ¡que conocemos bien!

```
db.diarioDeCaja.aggregate([
  {
    $setWindowFields: {
      "partitionBy": "$caja",
      "sortBy": { "fecha": 1 },
      "output": {
        "cifraVntsProm": { $avg: "$facturación" }
      }
    }
  }
])
```

Como no estamos limitados a un campo de salida, podemos aprovechar para añadir otros operadores de ventana a la lista de operadores permitidos, como `$sum`, `$max` o `$last`:

```
db.diarioDeCaja.aggregate([
  {
    $setWindowFields: {
      "partitionBy": "$caja",
      "sortBy": { "fecha": 1 },
      "output": {
          "ventasProm": { $avg: "$facturación" },
          "ventasMáx": { $max: "$facturación" },
          "númDíasVent": { $sum: 1 },
          "másReciente": { $last: "$fecha" }
      }
    }
  }
])
```

Para terminar, disfrutemos un poco con un *pipeline* que tiene varios campos de salida utilizando varios operadores de ventana y efectuando una comparación para ver si las ventas están funcionando bien (es decir, por encima de la facturación media):

```
db.diarioDeCaja.aggregate([
  {
    $setWindowFields: {
      "partitionBy": "$caja",
      "sortBy": { "fecha": 1 },
      "output": {
        "ventasProm": {
          $avg: "$facturación",
          "window": {
            "range": [-10, 10],
            "unit": "day"
          }
        },
        "ventasMáx": { $max: "$facturación" },
        "númDíasVent": { $sum: 1 }
      }
    }
  },
  {
    $project: {
```

```
        "_id": 0,
        "fecha": {
          dateToString: {
            "format": "%d/%m/%Y",
            "fecha": "$fecha"
          }
        },
        "caja": 1,
        "facturación": 1,
        "ventasProm": 1,
        "ventasMáx": 1,
        "númDíasVent": 1,
        "¿Competente?": { $gt: ["$facturación", "$ventasProm"] }
      }
    }
])
```

Se devolverán los siguientes documentos:

```
[
  {
    facturación: 2501.33,
    caja: '1erpiso',
    ventasProm: 2544.55,
    maxDigit: 2587.77,
    númDíasVent: 2,
    fecha: '02/05/2024',
    '¿Competente?': false
  },
  {
    facturación: 2587.77,
    caja: '1erpiso',
    ventasProm: 2544.55,
    ventasMáx: 2587.77,
    númDíasVent: 2,
    fecha: '10/05/2024',
    '¿Competente?': true
  },

    facturación: 6800,
    caja: 'pb',
    ventasProm: 5794.45,
    ventasMáx: 6800,
    númDíasVent: 2,
```

```
    fecha: '05/05/2024',
    '¿Competente?': true
  },
  {
    facturación: 4788.9,
    caja: 'pb',
    ventasProm: 5794.45,
    ventasMáx: 6800,
    númDíasVent: 2,
    fecha: '07/05/2024',
    '¿Competente?': false
  }
]
```

6.5.1 Ventanas tipo documento

Es posible indicar los límites superior e inferior de una ventana cuando especificamos nuestro operador de ventana. Vamos a crear un campo llamado `ventasTotales` que sumará las cantidades de ventas generadas por caja. Para simplificar la visualización, mantendremos solo los campos más interesantes. En la clave `documentos`, indicaremos los límites relativos al documento en curso de tratamiento. En este caso, no estamos estableciendo un límite superior o inferior (*unbounded*; no limitado), por lo que el operador de ventana `$sum` se aplicará a todos los documentos de la partición.

```
db.diarioDeCaja.aggregate([
  {
    $setWindowFields: {
      "partitionBy": "$caja",
      "sortBy": { "fecha": 1 },
      "output": {
          "ventasTotales": {
          $sum: "$facturación",
          "window": {
            "documents": ["unbounded", "unbounded"]
          }
        },
      }
    }
  },
  {
    $project: {
      "caja": 1,
```

```
        "facturación": 1,
        "ventasTotales": 1,
        "_id": 0
      }
    }
  ])
```

Veamos la visualización producida por este *pipeline*:

```
[
  { facturación: 2501.33, caja: '1erpiso', ventasTotales: 5089.1 },
  { facturación: 2587.77, caja: '1erpiso', ventasTotales: 5089.1 },
  { facturación: 6800, caja: 'pb', ventasTotales: 11588.9 },
  { facturación: 4788.9, caja: 'pb', ventasTotales: 11588.9 }
]
```

Podemos ver que la suma se calcula para todos los documentos de cada partición.

Cambiemos ahora la definición de nuestra ventana para fijar el límite superior en el documento actual, utilizando la cadena de caracteres *current*. De este modo, para cada caso, sumaremos las cifras de ventas desde el primer documento de la partición hasta el documento actual:

```
      "output": {
        "cifraTotal": {
          $sum: "$facturación",
          "window": {
            "documents": ["unbounded", "current"]
          }
        },
      }
```

Esto es lo que muestra ahora nuestro *pipeline*, con esta ventana reducida:

```
[
  { facturación: 2501.33, caja: '1erpiso', ventasTotales: 2501.33 },
  { facturación: 2587.77, caja: '1erpiso', ventasTotales: 5089.1 },
  { facturación: 6800, caja: 'pb', ventasTotales: 6800 },
  { facturación: 4788.9, caja: 'pb', ventasTotales: 11588.9 }
]
```

El primer documento de la partición P_1 realiza la suma sobre el intervalo *["unbounded", "current"]*. Es a la vez el límite inferior (ya que es el primer documento de la partición) y el documento actual, por lo que naturalmente ¡ventasTotales = facturación!

El segundo documento de la partición P_1 realiza la suma sobre este mismo intervalo, pero existe un documento anterior, por lo que ventasTotales = 2501,33 + 2587,77 (ventas del documento actual) = 5089,1.

El mismo razonamiento se aplica a la partición P_2, cuyo objetivo es la caja de la planta baja. Establecer *["current", "current"]* como terminales significaría limitar la ventana al propio documento actual, ¡lo que daría como resultado ¡ventasTotales = facturación en todos los documentos!

Además de las palabras clave *unbounded* y *current*, también es posible utilizar números enteros: -1 significará «el documento justo antes de este», 0 significará «este» y 1, «el documento justo después de este». Modifiquemos nuestro ejemplo anterior:

```
"output": {
  "ventaTotal": {
    $sum: "$facturación",
    "window": {
      "documents": [0, 0]
    }
  },
}
```

También en este caso estamos limitando la ventana al documento que se está procesando, ya que los límites superior e inferior son los mismos.

Para sumar las ventas, es decir, sumar las ventas del documento anterior con las del documento actual, escribimos:

```
"output": {
  "ventasAcumul": {
    $sum: "$facturación",
    "window": {
      "documents": [-1, 0]
    }
  },
}
```

Y esto es lo que obtendremos:

```
[
  { facturación: 2501.33, caja: '1erpiso', ventasAcumul: 2501.33 },
  { facturación: 2587.77, caja: '1erpiso', ventasAcumul: 5089.1 },
  { facturación: 6800, caja: 'pb', ventasAcumul: 6800 },
  { facturación: 4788.9, caja: 'pb', ventasAcumul: 11588.9 }
]
```

6.5.2 Ventanas tipo intervalo

Estas ventanas, conocidas como ventanas de rango (*range windows*), se basan en el campo `sortBy`. Su funcionamiento es muy similar al de las ventanas tipo documento (*document windows*).

Supongamos que queremos establecer un intervalo para aplicar una media a los documentos ordenados por fecha y que preceden al documento actual en 3 días o que lo siguen en 3 días (incluidos en ambos casos), escribiríamos lo siguiente:

```
db.diarioDeCaja.aggregate([
  {
    $setWindowFields: {
      "partitionBy": "$caja"
      "sortBy": { "fecha": 1 },
      "output": {
        "ventasProm": {
          $avg: "$facturación",
          "window":
            "range": [-3, 3],
            "unit": "day"
          }
        },
      }
    }
  }
])
```

Cuando aplicamos un `range` y el campo utilizado para ordenar es de tipo fecha, necesitamos especificar `unit`, que en este caso tendrá el valor *day*, lo que significa que nuestros enteros se refieren a días. Analicemos la salida que obtenemos:

```
[
  {
    _id: ObjectId("65ec2fdba4d423f9c487f792"),
    fecha: ISODate("2024-05-02T00:00:00.000Z"),
    facturación: 2501.33,
    formaPago: 'TC',
    caja: '1erpiso',
    ventasProm: 2501.33
  },
  {
    _id: ObjectId("65ec2fdba4d423f9c487f795"),
    fecha: ISODate("2024-05-10T00:00:00.000Z"),
    facturación: 2587.77,
    formaPago: 'Efectivo',
    caja: '1erpiso',
    ventasProm: 2587.77
  },
  {
    _id: ObjectId("65ec2fdba4d423f9c487f793"),
    fecha: ISODate("2024-05-05T00:00:00.000Z"),
    facturación: 6800,
    formaPago: 'TC',
    caja: 'pb',
    ventasProm: 5794.45
  },
  {
    _id: ObjectId("65ec2fdba4d423f9c487f794"),
    fecha: ISODate("2024-05-07T00:00:00.000Z"),
    facturación: 4788.9,
    formaPago: 'TC',
    caja: 'pb',
    ventasProm: 5794.45
  }
]
```

Cuando se tramita el primer documento de nuestra partición por caja, ¿hay otros documentos que le precedan o le sigan en tres días? No. Como nuestro documento es el primero, no tiene ningún precedente y el siguiente documento en la partición está a 8 días, fuera del intervalo especificado. Por tanto, la media obtenida es el valor de las ventas generadas por sí mismo.

Lo mismo ocurre con el segundo documento de nuestra partición.

Para nuestra segunda partición, mientras que el primer documento no tiene evidentemente ningún precedente, el documento que le sigue está dentro del intervalo porque su fecha es la del documento actual más 2 días. El campo `ventasProm` será por tanto igual a la media de las dos cifras de ventas de la partición.

Esta media tendrá el mismo valor para el segundo documento porque el documento que le precede se encuentra en el intervalo especificado, mientras que, al ser el último documento, no tendrá un documento siguiente.

Por último, veamos cómo aplicar un rango a un campo numérico. Como ya no se trata de un campo `fecha`, no es necesario especificar la unidad de `range`. Vamos a calcular la media ordenando por ventas dentro de las particiones y entre los documentos que tengan 50 euros más o menos de ventas.

```
db.diarioDeCaja.aggregate([
  {
    $setWindowFields: {
      "partitionBy": "$caja",
      "sortBy": { "facturación": 1 },
      "output": {
        "ventasProm": {
          $avg: "$facturación",
          "window": {
            "range": [-50, 50]
          }
        },
      }
    }
  }
])
```

Como ninguna de estas cifras satisface este intervalo, las medias serán, como era de esperar, iguales a las propias cifras de ventas. Si aumentamos drásticamente el intervalo a [-5000, 5000], obtendremos en ambas particiones las cifras medias de ventas de los dos documentos:

```
  {
    _id: ObjectId("65ec2fdba4d423f9c487f792"),
    fecha: ISODate("2024-05-02T00:00:00.000Z"),
    facturación: 2501.33,
    formaPago: 'TC',
    caja: '1erpiso'
    ventasProm: 2544.
  },
  {
    _id: ObjectId("65ec2fdba4d423f9c487f795"),
    fecha: ISODate("2024-05-10T00:00:00.000Z"),
    facturación: 2587.77,
    modePayment: 'Efectivo',
    caja: '1erpiso',
    ventasProm: 2544.55
  },
  {
    _id: ObjectId("65ec2fdba4d423f9c487f794"),
    date: ISODate("2024-05-07T00:00:00.000Z"),
    facturación: 4788.9,
    paymentmode: 'TC',
    caja: 'pb',
    ventasProm: 5794.45
  },
  {
    _id: ObjectId("65ec2fdba4d423f9c487f793"),
    date: ISODate("2024-05-05T00:00:00.000Z"),
    facturación: 6800,
    paymentmode: 'TC',
    caja: 'pb',
    ventasProm: 5794.45
  }
]
```

Capítulo 6
Vistas

1. Introducción

Introducidas en la versión 3.4 de MongoDB, las vistas operan sobre colecciones u otras vistas y deben residir en la misma base de datos que estas últimas. En cierto modo, son colecciones de solo lectura, y cuando se relacionan con colecciones, pueden utilizar los mismos índices que estas. Sin embargo, es imposible modificar los índices de una colección desde una vista basada en ella, del mismo modo que es imposible renombrar una vista (habrá que destruirla con `drop`, exactamente igual que se hizo con las colecciones utilizadas en los numerosos ejemplos mostrados, y luego volver a crearla).

2. Crear una vista

Las vistas utilizan el *framework* (marco de trabajo) de agregación. Hay dos formas de crearlas: utilizando un método abreviado en el *shell* o ejecutando directamente el comando de base de datos al que el primer método sirve de envoltura (*wrapper*).

Para el primer método, la sintaxis es la siguiente:

```
db.createView(< nombre >, < fuente >, < pipeline >, < intercalacion > )
```

De estos cuatro parámetros, `intercalacion` es el único opcional. El nombre de la vista será el primero de los parámetros obligatorios, seguido de `fuente`, que designa la vista o colección de destino, y `pipeline`, que es una matriz que contiene su *pipeline* de agregación. Si se prefiere utilizar comandos, esta es la sintaxis por la que se opta:

```
db.runCommand( { create: < nombre >, viewOn: < fuente >,
pipeline: < pipeline >, intercalacion: < intercalación> } )
```

Para utilizar las vistas, vamos a crear una colección llamada `stock` (existencia) con unos cuantos documentos:

```
db.stock.insertMany([
{"nombre": "Cuchillas de afeitar x 8", "cant": 256, "precio" : 12.99, "sku":
"ST-01-235"},
{"nombre": "Incienso - paquete de 12", "cant": 2135, "precio": 5.99, "sku": "SW-66-985"},
{"nombre": "Velas de colores", "cant": 7836, "precio": 1.56, "sku":
"PP-66-985"}
])
```

A continuación, crearemos una vista llamada `inventario` de esta colección recién implementada: su función será extraer únicamente las descripciones de los artículos y sus cantidades de la colección `stock`. Este subconjunto de datos se obtendrá, por supuesto, utilizando un paso `$project` en el *pipeline*, que pasaremos como parámetro:

```
db.createView(
"inventario",
"stock",
[ { $proyect: { "_id": 0, "nombre": "$nombre", "cantidad": "$cant" }}]
)
```

También es posible especificar una intercalación para una vista, exactamente del mismo modo que para una colección, simplemente añadiendo un documento que contenga la opción `intercalacion`, como se describe a continuación:

```
db.createView(
 "inventario",
 "stock",
 [ { $proyect: { "_id": 0, "nombre": "$nombre", "cantidad": "$cant" }}]
 {
    "intercalacion": {
      "local": "es"
    }   }
)
```

Para ver la información en nuestra vista, empleamos el mismo método que usamos para las colecciones, `getCollectionInfos`:

```
db.getCollectionInfos({nombre: "inventario"})
```

La definición de una vista es pública, lo que significa que, como el *pipeline* en el que se basa es visible en esta definición, debemos tener cuidado con cualquier dato privado que pueda aparecer en ella. Veamos la salida del método anterior:

```
[
  {
    nombre: 'inventario',
    type: 'view,
    options: {
      viewOn: 'stock',
      pipeline: [ { '$proyect': { _id: 0, nombre: '$nombre',
cantidad: '$cant' } } ]
    },
    info: { readOnly: true }
  }
]
```

Aquí se expone todo nuestro *pipeline*, ¡así que tenga cuidado con lo que ahí se encuentra!

Si se ha elegido mencionar una intercalación, el resultado incluye una nueva sección, que se muestra en negrita a continuación:

```
[
  {
    nombre: 'inventario',
    type: 'view',
    options: {
      viewOn: 'inventario',
      pipeline: [ { '$proyect': { _id: 0, nombre: '$nombre',
cantidad: '$cant' } } ],
      intercalacion: {
        local: 'es',
        caseLevel: false
        caseFirst: 'off',
        strength : 3,
        numericOrdering: false,
        alternate: 'non-ignorable',
```

```
        maxVariable: 'punct',
        normalization: false,
        backwards: false,
        version: '57.1'
      }
    },
    info: { readOnly: true }
  }
]
```

3. Interactuar con las vistas

Al igual que con una colección, llamamos al método `find` de esta vista:

```
db.inventario.find()
```

El resultado de esta invocación será:

```
[
  { nombre: 'Cuchillas de afeitar x 8', cant: 256 },
  { nombre: 'Incienso - paquete de 12', cant: 2135 },
  { nombre: 'Velas de colores', cant: 7836 }
]
```

Podemos utilizar la ordenación en la vista, por ejemplo, ordenar por cantidad en forma descendente:

```
db.inventario.find().sort({"cant": -1})
```

o bien un orden natural:

```
db.inventario.find().sort({$natural: 1})
```

Operaciones de reproducción disponibles en las vistas

Además de `find`, se pueden utilizar las siguientes operaciones en las vistas:

- `findOne()`
- `aggregate()`
- `countDocuments()`
- `estimatedDocumentCount()`
- `distinct()`

Para recordar

- Las vistas operan tanto sobre colecciones como sobre otras vistas y deben residir en la misma base de datos que estas últimas.
- Es imposible cambiarles el nombre, habrá que destruirlas usando `drop` y luego volver a crearlas.

La definición de una vista es pública, por lo que hay que tener cuidado con los datos privados que puedan aparecer en ella.

Capítulo 7
Transacciones multidocumentos

1. Introducción

Las transacciones multidocumentos garantizan la integridad de los datos, porque si falla una sola de las operaciones que contienen, falla toda la transacción; por tanto, es imposible dejar nuestra base de datos en un estado intermedio que ponga en peligro la propia *coherencia* de la información que contiene. Por eso decimos que una transacción es *atómica* (es todo o nada).

Estas transacciones son independientes entre sí y se ejecutan en perfecto *aislamiento*, lo que significa que cualquier cambio realizado durante una transacción solo será visible fuera de ella una vez que haya sido validada y sus datos registrados *permanentemente*.

Acabamos de describir lo que en la jerga de las bases de datos se conoce como «propiedades ACID»: Atomicidad - Coherencia - Aislamiento – Durabilidad (Atomicity, Consistency, Isolation and Durability).

Introducidas por primera vez con la versión 4.0 de MongoDB y dirigidas únicamente a *conjuntos de réplicas*, las transacciones se han extendido a clusters *fragmentados* desde la versión 4.2, cuando se renombraron como *transacciones distribuidas*.

¡Ahora vamos a crear nuestra primera transacción! Para evitar tener que crear un *conjunto de réplicas* local, vamos a utilizar un *clúster* en Atlas, la solución en la nube de MongoDB disponible en: https://www.mongodb.com/atlas/database. Atlas ofrece clústeres gratuitos para aquellos que quieran descubrir MongoDB en unos pocos clics o clústeres de pago para empresas que quieran desplegar sus aplicaciones en la nube liberándose de las tareas de mantenimiento y optimización llevadas a cabo por equipos dedicados que conocen el producto a la perfección.

Elija la opción **Prueba Gratis** para crear un Entorno de pruebas o *sandbox* Atlas. Tendrá que rellenar un formulario bastante básico.

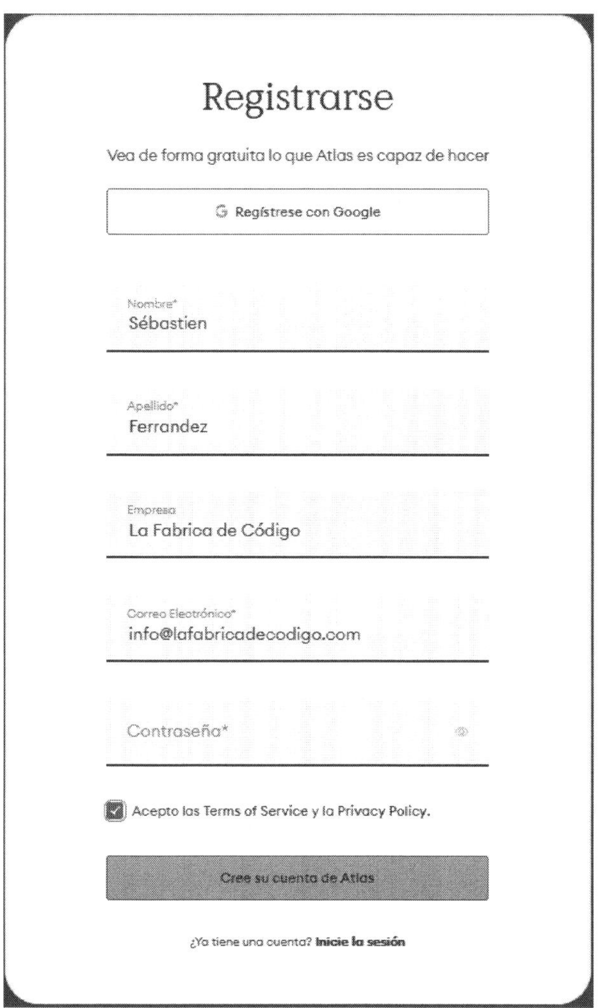

A continuación, y después de verificar su correo electrónico y responder a algunas preguntas, seleccione un servidor situado cerca de usted que esté dentro de la lista de disponibles. Elijamos el predefinido para Europa continental (Paris en este caso).

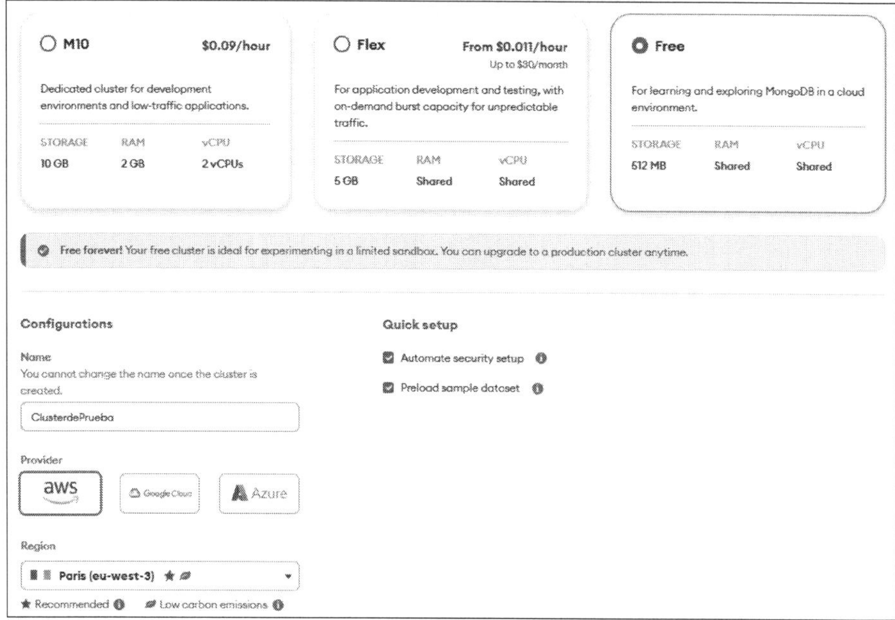

También se puede dar un nombre al clúster MongoDB (no se muestra aquí, todas las opciones son las que se proponen de forma predefinida en el sitio).

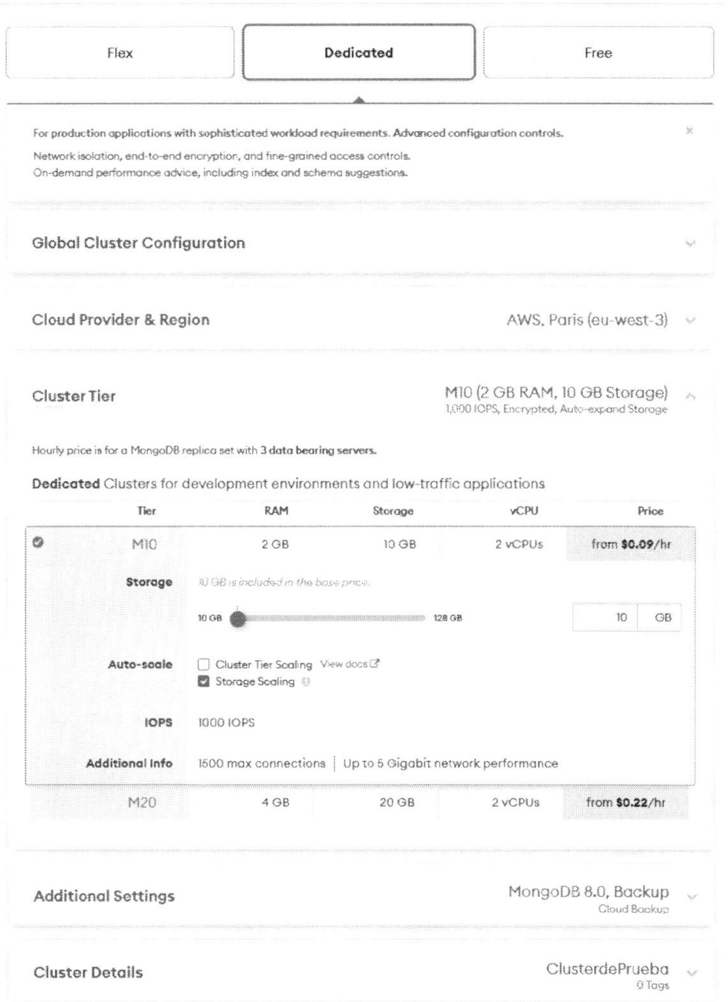
Flex
Dedicated
Free
For production applications with sophisticated workload requirements. Advanced configuration controls.
Network isolation, end-to-end encryption, and fine-grained access controls.
On-demand performance advice, including index and schema suggestions.
Global Cluster Configuration
Cloud Provider & Region
AWS, Paris (eu-west-3)
Cluster Tier
M10 (2 GB RAM, 10 GB Storage)
1,000 IOPS, Encrypted, Auto-expand Storage
Hourly price is for a MongoDB replica set with 3 data bearing servers.
Dedicated Clusters for development environments and low-traffic applications
Tier RAM Storage vCPU Price
M10 2 GB 10 GB 2 vCPUs from $0.09/hr
Storage
10 GB is included in the base price.
10 GB 128 GB 10 GB
Auto-scale
Cluster Tier Scaling View docs
Storage Scaling
IOPS 1000 IOPS
Additional Info 1500 max connections | Up to 5 Gigabit network performance
M20 4 GB 20 GB 2 vCPUs from $0.22/hr
Additional Settings
MongoDB 8.0, Backup
Cloud Backup
Cluster Details
ClusterdePrueba
0 Tags

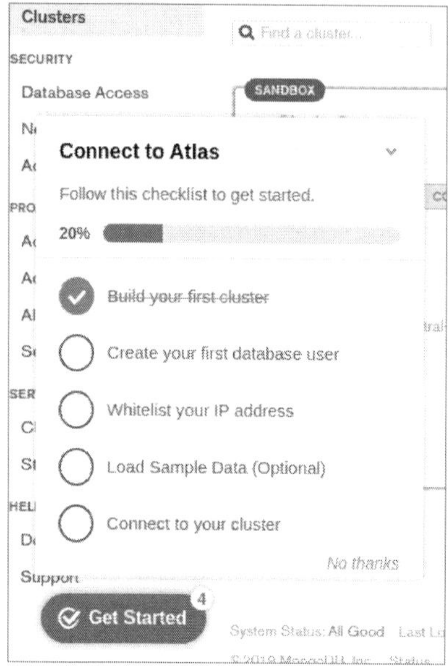

A la izquierda aparece un indicador de progreso que enumera los distintos pasos obligatorios y opcionales que hay que completar antes de que el *clúster* esté operativo. Nos muestra que ahora tenemos que crear un usuario y autorizar nuestra dirección IP antes de poder conectarnos. Así que vamos a crear nuestro usuario: le damos derechos de lectura y escritura en cualquier base de datos del *clúster* y dejamos que el sitio nos cree una contraseña que se ajuste a su política de seguridad antes de hacer clic en el botón **Add user**.

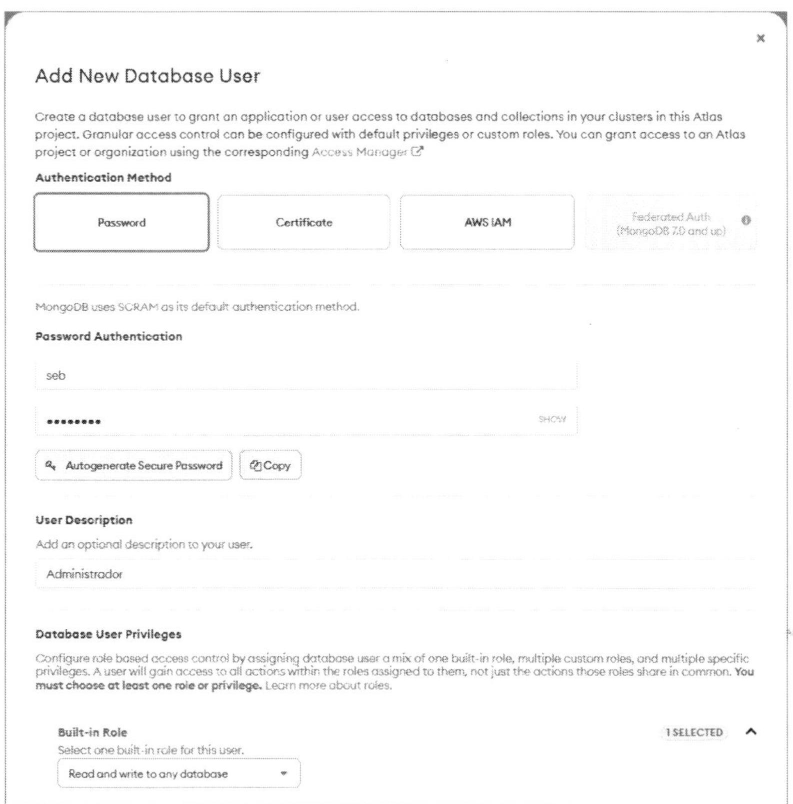

Una vez creado el usuario, debemos autorizar nuestra dirección IP: haga clic en el botón **Add My Current IP Address** (Añadir mi dirección IP actual) y, a continuación, en **Confirm**. Ya está en la lista blanca.

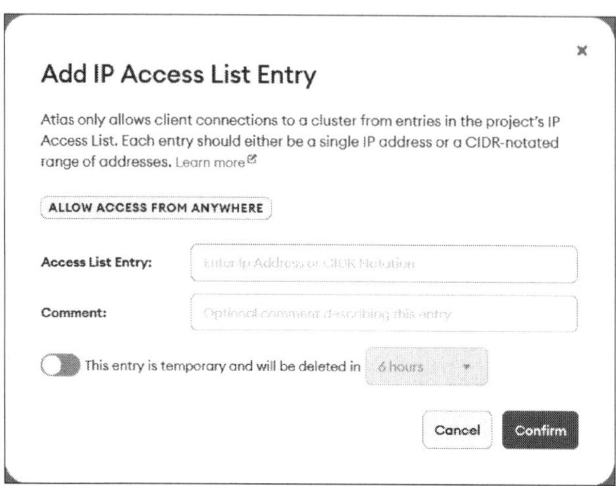

Ahora solo hay que conectarse al clúster recién configurado: haga clic en el botón **Connect** del panel de visualización de Atlas.

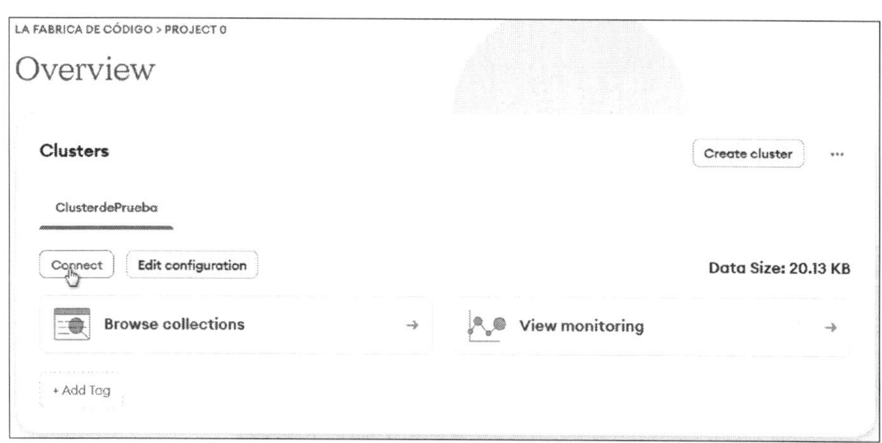

Elija el método de conexión a través del *shell*, que ya domina.

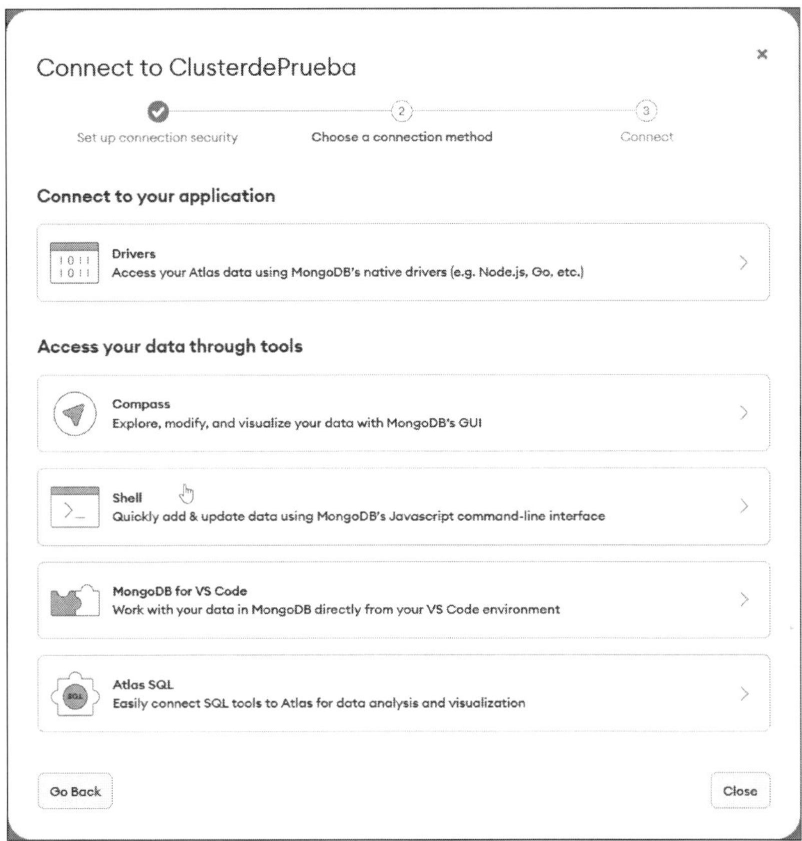

A continuación, el sitio propone descargar una versión del ejecutable `mongosh` que corresponda a la versión desplegada en la plataforma Atlas. Instale esta versión eligiendo la que corresponda a su sistema operativo y copie la cadena de conexión en el portapapeles pulsando el botón **Copy**.

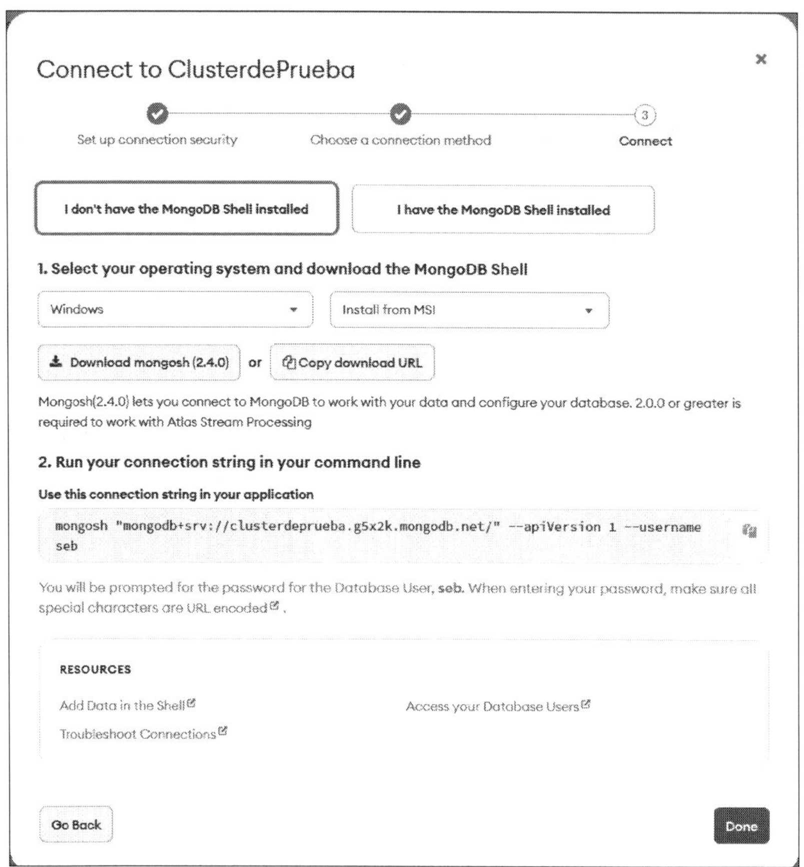

Ahora vaya al directorio donde descomprimió el archivo que contiene la versión deseada de `mongosh` y ejecute el comando que acaba de copiar en el portapapeles. Se le pedirá que introduzca la contraseña del usuario creado y, una vez iniciada la sesión, aparecerá el siguiente mensaje:

```
Atlas atlas-572dv1-shard-0 [primary] test>
```

Ya puede probar su primera transacción.

Una transacción solo opera sobre colecciones existentes, y vamos a crear las nuestras antes de empezar a procesarlas. Como suele ocurrir, serán deliberadamente rudimentarias: la primera, denominada `conciertos`, contendrá los nombres de los artistas, mientras que `entradas` contendrá los precios de las entradas de los conciertos, vinculados por un identificador.

Como puede verse, cualquiera que adoptara un esquema de datos de este tipo sería culpable de intentar reproducir en una base de datos NoSQL la forma en que funcionan las claves foráneas en un sistema de gestión de bases de datos relacionales, lo que no tendría ningún sentido. En un caso de uso real, los distintos precios de las entradas estarían incrustados en el documento que representa un concierto. Pero mantengamos este diagrama para nuestro ejemplo:

```
use test

db.conciertos.insertMany([{
      "_id": 1,
      "artistas": ["Rihanna", "Katy Perry"]
},{
      "_id": 2,
      "artistas": ["Muse", "Coldplay"]
}]);

db.tickets.insertMany([{
      "_id": 1,
      "concierto": 1,
      "precio": 65
}, {
      "_id": 2,
      "concierto": 2,
      "precio": 75
}])

sesión = db.getMongo().startSession();
conciertos = sesión.getDatabase('test').conciertos;
tickets = sesión.getDatabase('test').tickets;
sesión.startTransaction()

tickets.deleteOne({"_id": 2})
conciertos.deleteOne({"_id": 2})

conciertos.insertOne({"_id": 3, "artistas": ["Judas Priest"]})
tickets.insertOne({"_id": 3 , "concierto": 3, "precio": 66})

sesión.commitTransaction()
```

```
sesión.endSession()

db.conciertos.find()
db.tickets.find()
```

Lo que nos interesa especialmente aquí son las diferentes etapas del ciclo de vida de una transacción:

- iniciarla desde una sesión mediante `startTransaction`
- su validación con `commitTransaction`
- su interrupción con `abortTransaction`

Antes de pasar al código, echemos un vistazo a las sesiones.

2. Sesiones

Las transacciones y las sesiones están estrechamente vinculadas, como se puede ver en el código anterior: una transacción se ejecuta como parte de una sesión, que no puede tener más de una transacción abierta al mismo tiempo. La interrupción de una sesión, tanto si se desea como si no, cancela cualquier transacción en curso en esa sesión.

Veamos las diferentes partes de la sesión. En primer lugar, se crea a partir de la conexión actual a la base de datos (método `getMongo()`):

```
var sesión = db.getMongo().startSession()
```

A continuación, se inicia una transacción vinculada a esta sesión recién creada:

```
sesión.startTransaction()
```

Nuestra transacción es entonces confirmada o abortada. Para confirmarla, utilice `commitTransaction` de la siguiente manera:

```
sesión.commitTransaction()
```

Para interrumpir una transacción, y por lo tanto no realizar ninguna de las operaciones en ella, utilice `abortTransaction`:

```
sesión.abortTransaction()
```

Por último, la sesión debe cerrarse, sea cual sea el destino de nuestra transacción:

```
sesión.endSession()
```

Desde la sesión, también pudimos recuperar enlaces a nuestras colecciones y almacenarlos en variables, todo ello utilizando el método `getDatabase`:

```
var conciertos = sesión.getDatabase('test').conciertos
var tickets = sesión.getDatabase('test').tickets
```

Nuestro ejemplo es muy sencillo: tras conectarnos a la base de datos `test`, creamos las dos colecciones que se utilizarán en nuestra transacción. La función de esta transacción será eliminar un concierto y sus entradas asociadas antes de sustituirlo por otro. Al final del script, ejecutamos dos operaciones `find` para validar que los cambios solicitados en nuestra transacción (en este caso dos supresiones y dos inserciones) se han realizado.

Esto es lo que ocurre cuando ejecutamos nuestra transacción en nuestro *clúster* Atlas, con las respuestas de MongoDB en negrita:

```
Atlas atlas-572dv1-shard-0 [primary] test> sesión =
db.getMongo().startSession();
{ id: UUID("dc402cbe-0c64-4e1a-b8a7-15a36b756948") }
Atlas atlas-572dv1-shard-0 [primary] test> conciertos =
sesión.getDatabase('test').conciertos;
test.conciertos
Atlas atlas-572dv1-shard-0 [primary] test> tickets =
sesión.getDatabase('test').tickets;
test.tickets
Atlas atlas-572dv1-shard-0 [primary] test> sesión.startTransaction()
Atlas atlas-572dv1-shard-0 [primary] test> tickets.deleteOne({"_id": 2})
{ acknowledged: true, deletedCount: 1 }
Atlas atlas-572dv1-shard-0 [primary] test> conciertos.deleteOne({"_id":
2})
{ acknowledged: true, deletedCount: 1 }
Atlas atlas-572dv1-shard-0 [primary] test> conciertos.insertOne({"_id": 3,
"artistas": ["Judas Priest"]})
{ acknowledged: true, insertedId: 3 }
Atlas atlas-572dv1-shard-0 [primary] test> tickets.insertOne({"_id": 3 ,
"concierto": 3, "precio": 66})
{ acknowledged: true, insertedId: 3 }
Atlas atlas-572dv1-shard-0 [primary] test> sesión.commitTransaction()
{
  ok: 1,
  '$clusterTime': {
```

```
    clusterTime: Timestamp({ t: 1708422807, i: 4 }),
    signature: {
      hash: Binary(Buffer.from("e9a74105d4d8bdb50f8331839576fd22872
e3b60", "hex"), 0),
      keyId: Long("7332918520545542150")
    }
  },
  operationTime: Timestamp({ t: 1708422807, i: 1 })
}
Atlas atlas-572dv1-shard-0 [primary] test> sesión.endSession()
Atlas atlas-572dv1-shard-0 [primary] test> db.conciertos.find()
[
  { _id: 1, artistas: [ 'Rihanna', 'Katy Perry' ] },
  { _id: 3, artistas: [ 'Judas Priest' ] }
]
Atlas atlas-572dv1-shard-0 [primary] test> db.tickets.find()
[ { _id: 1, concierto: 1, precio: 65 }, { _id: 3, conciertos: 3, precio: 66 } ]
```

3. Un ejemplo: transacciones bancarias

Pedimos disculpas de antemano por la falta de originalidad del ejemplo que sigue, pero el escenario de las transacciones bancarias es EL caso más utilizado (¡y más revelador!) cuando hablamos de transacciones, sobre todo en bases de datos relacionales, ¡es cierto! Vamos a empezar creando una nueva base de datos llamada `mibanco`. En nuestro *clúster* Atlas, vamos a hacer clic en el botón **Create Database** (Crear base de datos) antes de introducir su nombre y el nombre de la primera colección que vamos a crear en ella, a saber, `cuentas`:

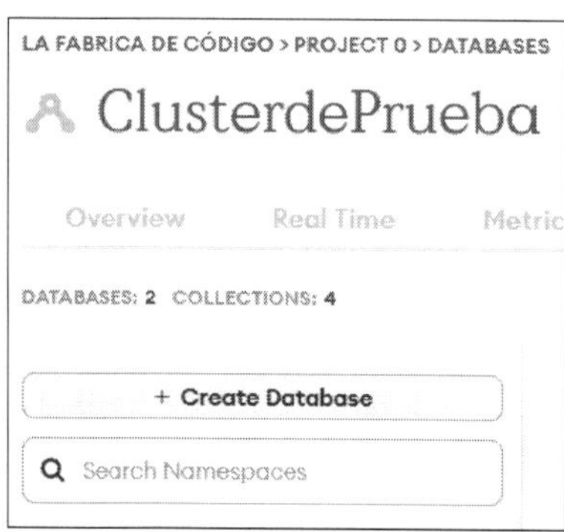

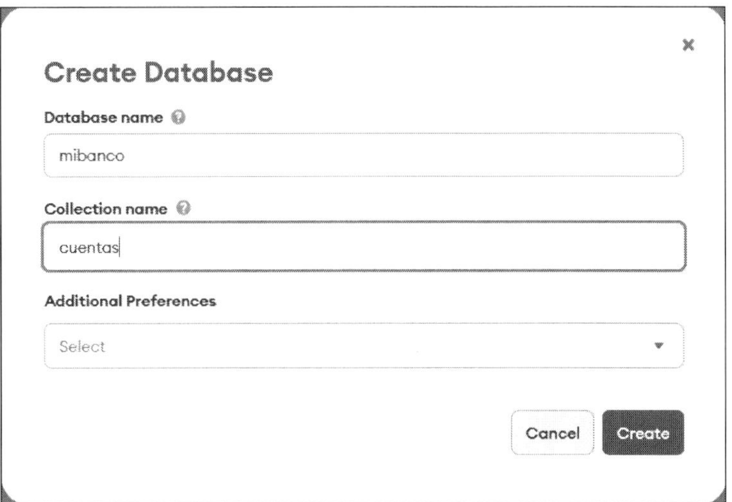

Una vez creada esta primera colección, creamos una segunda, esta vez llamada `transacciones`. Mientras que la primera contiene información básica sobre las cuentas bancarias de nuestros clientes ficticios (un número, un saldo), la segunda registra todos los flujos financieros que han tenido lugar en esas cuentas en una fecha determinada. Para ello, basta con hacer clic en el icono con el signo «+» que aparece junto al nombre de la base de datos:

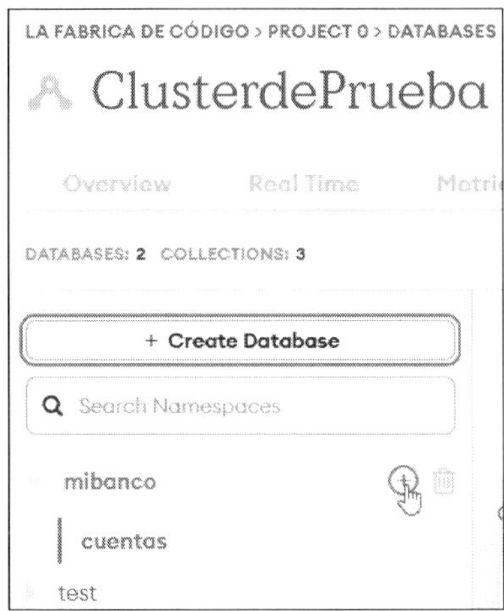

Ahora tenemos una base de datos y sus dos colecciones listas para usar. Vamos a alimentar la colección de `cuentas` ejecutando inserciones desde la línea de comandos de MongoDB:

```
Atlas atlas-572dv1-shard-0 [primary] test> use mibanco
switched to db mibanco
Atlas atlas-572dv1-shard-0 [primary] mibanco> db.cuentas.insertany([
      {"númcuenta": "ES7611112233334444", "saldo": 1000},
      {"númcuenta": "ES761111223333555", "saldo": 1000}
  ])
{
  acknowledged: true,
  insertIds: {
    '0': ObjectId("65d47916eaa5b922b5a3ca25"),
    '1': ObjectId("65d47916eaa5b922b5a3ca26")
  }
}
```

Ahora que la colección de `cuentas` ha sido rellenada con documentos, podemos empezar a implementar nuestra transacción. Esta estará contenida en una función JavaScript que llamaremos `transferencia`. No hace falta ser un banquero de renombre mundial para saber que una transferencia bancaria suele implicar a dos participantes: una cuenta origen y una cuenta beneficiaria. La cuenta origen transferirá dinero de su propia cuenta a otra cuenta, por lo que se le hará un cargo, mientras que a la cuenta beneficiaria se le abonará la misma cantidad (no añadimos ningún cargo, ¡porque nuestro banco quiere a sus clientes y le interesa conservarlos!) Este tipo de transacción es la encarnación misma de la necesidad de atomicidad; ¡imagínese el desastre que supondría que se cargara a una cuenta sin que alguien al otro lado viera su cuenta abonada! Por eso las transacciones y su modo de funcionamiento «*todo o nada*» son un candidato ideal para este tipo de casos de uso.

Nuestra transacción se desarrollará del siguiente modo: primero nos conectaremos a la base de datos recién creada y, a continuación, inicializaremos las variables que contienen la sesión, un enlace a la colección de `cuentas` y otro a los `movimientos`. A continuación, definiremos las variables que contienen la información de la cuenta y el importe de la transferencia bancaria antes de describir exactamente lo que hará la transacción.

Esta es nuestra primera parte, que contiene las tareas:

```
use mibanco;

sesiónBanco = db.getMongo().startSession();
cuentas = sesiónBancaria.getDatabase("mibanco").cuentas;
movimientos = sesiónBancaria.getDatabase("mibanco").movimientos;

cuentaOrigen = "ES7611112233334444";
cuentaBeneficiaria = "ES761111223333555";
importeTransferencia = 100.99;
```

Aquí, por fin, está el cuerpo de nuestra transacción y su invocación - ¡vamos a diseccionarlo juntos! Ya podemos ver algunas instrucciones muy importantes en negrita: el inicio de la transacción, que es la primera instrucción de nuestra función, la interrupción de la transacción con `abortTransaction` en caso de error, y finalmente la confirmación de la transacción con `commitTransaction` cuando todo ha ido bien (¡el tan esperado *mejor de los casos*!).

```
function transferencia(sesión, origen, beneficiario,
importe) {
  sesión.startTransaction();
     escritura = cuentas.updateOne({
       "númCuenta": origen,
       "saldo": {
           $gte: importe
       }
    }, {
       $inc: {
           "saldo": -importe
       }
    });

    if (escritura.modifiedCount == 0) {
       sesión.abortTransaction();
       throw Error("Imposible debitar la cuenta" + origene);
    }
     escritura = cuentas.updateOne({
       "númCuenta": beneficiario
    }, {
       $inc: {
           "saldo": importe
        }
    });
```

```
     if (escritura.modifiedCount == 0) {
        sesión.abortTransaction();
        throw Error("No se ha podido abonar en la cuenta" +
beneficiario);
   }

   movimientos.insertOne({
        fecha: new Date(),
        "origen": origen,
        "beneficiario": beneficiario,
        "importe": importe
   });

   sesión.commitTransaction();
}

transferencia(sesiónBanco, cuentaOrigen ,
cuentaBeneficiaria, importeTransferencia)
```

Nuestra transacción funciona de la siguiente manera:

- Cargamos en la cuenta `origen` el importe especificado en el parámetro de la función `Transferencia`.
- Comprobamos que se ha producido una modificación validando que el número de documentos alterados no es 0. Si no es así, no necesitamos ir más allá, simplemente abortamos la transacción y lanzamos una excepción utilizando la palabra clave `throw`.
- Abonaremos en la cuenta del beneficiario el mismo importe y realizaremos la misma comprobación que antes, con las mismas consecuencias si no hay cambios.
- Registramos la operación así realizada en la colección `movimientos`, con fecha y hora.
- Validamos todas las operaciones realizadas validando la propia transacción; solo entonces los datos modificados serán visibles fuera de la transacción.

Durante una transacción puede producirse un `TransientTransactionError`: se trata de un error temporal (debido, por ejemplo, a un problema de bloqueo, un error de conexión a la red, etc.) que puede desaparecer si *reintentamos* la operación. Vamos a incluir la llamada a `Transferencia` en un bloque `try/catch` para poder capturar cualquier excepción que se produzca y reintentar nuestra operación si es necesario.

Este bloque se colocará a su vez en un bucle `while` infinito, que romperemos con una instrucción `break` si la llamada a `transferencia` no provoca ningún error. Si se produce un error, se iniciará una nueva iteración de nuestro bucle infinito mediante la instrucción `continue`. Este es el resultado final:

```
use mibanco

sesiónBancaria = db.getMongo().startSession()
cuentas = sesiónBancaria.getDatabase("mibanco").cuentas
movimientos = sesiónBancaria.getDatabase("mibanco").movimientos

CuentaOrigen = "ES7611112233334444"
CuentaBeneficiaria = "ES761111223333555
importeTransferencia = 100.99

function transferencia(sesión, origen, beneficiario, importe) {
   // la función no cambia, su invocación se traslada
   // a transferenciaConReintento
}

function transferenciaConReintento(sesión, ctaOrigen, ctaBeneficiario,
importe) {
   while (true) {
       try {
           transferencia(sesión, ctaOrigen, ctaBeneficiario,
importe);
           break;
       } catch (error) {
           if ( error.hasOwnProperty("errorLabels") &&
              error.errorLabels.includes("TransientTransactionError")) {
              print("¡Se está reintentando la transacción!");
              continue;
           } else {
            throw error;
           }
       }
   }
}
```

```
transferenciaConReintento(sesiónBanco, cuentaOrigen, cuentaBeneficiaria ,
importeTransferencia)
```

Como ya hemos mencionado, una transacción funciona de forma aislada, y los cambios que va a realizar no serán visibles para el mundo exterior hasta que se hayan *commit* y aplicado definitivamente.

Sin embargo, una transacción puede leer las escrituras que planea realizar cuando se ejecuta. Estas escrituras, una vez *confirmadas*, se replicarán atómicamente desde el nodo primario a los nodos secundarios del *replicat set*.

4. Conflictos de escritura

Cuando una transacción T_1 está a punto de realizar cambios en un documento, puede que ya esté siendo modificado por una transacción T_2. Si este es el caso, T2 establece un *bloqueo* hasta que esta transacción finalice. Si T_1 no puede obtener un bloqueo en el documento en el que está compitiendo con T_2, esperará, pero fallará después de un retraso de 5 milisegundos si no puede obtener los bloqueos.

Los bloqueos de escritura no son lo mismo que los bloqueos de lectura; son los únicos bloqueos que potencialmente pueden generar conflictos. Esto significa que los documentos que están siendo modificados por una transacción pueden ser leídos sin ningún problema: simplemente aparecerán en un estado que puede no ser el mismo en el que estarán una vez finalizada la transacción. Del mismo modo, la lectura de un documento no bloqueará una transacción que esté a punto de modificar su estado.

5. Limitar las transacciones

Este mecanismo tiene algunas limitaciones en MongoDB:

- La duración de una transacción multidocumento está limitada a 60 segundos de forma predefinida. Después de este tiempo, la transacción simplemente será terminada por MongoDB. Si quiere cambiar este límite, necesitará jugar con `transactionLifetimeLimitSeconds` en la configuración de su servidor.
- Los comandos de administración no están permitidos en una transacción (`createUser`, `getParameter`, etc.).
- Las lecturas y escrituras están prohibidas en las colecciones `local`, `admin` y `config`.
- También están prohibidas las entradas en colecciones cuyo prefijo sea `system`.
- No es posible escribir en *capped collections* (colecciones limitadas).

Las transacciones son una característica muy utilizada en los sistemas de gestión de bases de datos relacionales y estaban muy ausentes en la mayoría de los programas alternativos a los totalmente relacionales. Esta expectativa se cumplió cuando aparecieron las transacciones multidocumento con la versión 4 de MongoDB. Para ser sinceros, a menos que sus aplicaciones sean extremadamente complejas, es muy probable que nunca necesite utilizarlas, ya que el modelo de datos flexible de MongoDB permite una desnormalización completa de los datos, lecturas y escrituras atómicas para un único documento (en contraposición a varias tuplas repartidas en un número potencialmente grande de tablas) y, en la gran mayoría de los casos de uso con los que se encontrará, el uso de este mecanismo no añadirá ningún valor.

El hecho de que las transacciones estén disponibles en MongoDB tiene la principal ventaja de tranquilizar a los desarrolladores y administradores de bases de datos que se resisten a pasar del paradigma relacional al modelo desnormalizado por la ausencia de ciertas funcionalidades que consideran cruciales para la correcta ejecución de sus tareas. Esperemos que este puente adicional tendido entre los dos mundos les convenza para dar el paso de una vez por todas.

Para recordar

Las transacciones fueron una de las principales novedades de la versión 4 de MongoDB.

Garantizan la integridad de los datos, ya que, si falla una sola de las operaciones que contienen, falla toda la transacción.

Las transacciones son independientes entre sí y se ejecutan en perfecto aislamiento.

Las cerraduras gestionan el énfasis competitivo en los datos y los conflictos que pueden derivarse.

Una transacción se ejecuta como parte de una sesión, que no puede tener más de una transacción abierta al mismo tiempo.

Capítulo 8
Gestionar archivos binarios usando GridFS

1. Introducción

MongoDB incluye un mecanismo integrado para gestionar archivos binarios de más de 16 megabytes: su nombre es GridFS.

2. ¿Cómo funciona?

GridFS funciona dividiendo un archivo muy grande en varios trozos (*chunks*), que en realidad son documentos con un tamaño predefinido de 255 kilobytes. GridFS es una especie de capa de gestión de archivos sobre MongoDB, que solo funciona con documentos.

Aunque la razón de ser de GridFS es ayudar a almacenar archivos de gran tamaño, como archivos de audio o vídeo, nada impide utilizarlo con archivos de cualquier tamaño o naturaleza (texto puro, por ejemplo), incluidos archivos más pequeños que los 255 kilobytes que conforman el tamaño predefinido de un *chunk*. Por supuesto, prácticamente no tiene sentido utilizarlo de esta forma, ya que GridFS sigue teniendo capacidad para archivos de más de 16 megabytes, pero puede considerarse, como veremos en el ejemplo siguiente, por razones prácticas. Si el archivo que se quiere almacenar es menor de 16 megabytes, es mejor utilizar el tipo `BinData`, que almacena la información en forma de cadenas de caracteres binarios codificadas en base64.

GridFS puede tener ventajas sobre la lectura desde el sistema de archivos, que sigue siendo más competitiva en términos de tiempo de ejecución:

- No hay límite en el número de archivos que pueden almacenarse, como puede ocurrir a veces en los directorios de un sistema de archivos (varía entre unos cientos de miles y varios millones).
- Como el archivo está atomizado en varios trozos (*chunks*), para solicitar información de una parte de él no es necesario montarlo por completo en memoria, como ocurriría si estuviera almacenado en el sistema de archivos.

3. Colecciones de chunks y archivos

GridFS se basa en dos colecciones para gestionar estos archivos de gran tamaño: la primera, llamada `chunks` (pedazo, trozo), aloja los documentos que componen el archivo, mientras que la segunda, llamada `files`, contiene los metadatos asociados al archivo. En los `chunks`, encontraremos el número de secuencia del trozo del archivo y su contenido en forma binaria (BSON, ¿quién si no?) y en los `files`, información como la fecha de descarga, el tamaño de cada chunk del archivo o el nombre del archivo dividido en varios *trozos*.

Estas colecciones necesitan ser indexadas y estos índices son creados automáticamente por los controladores si se está usando MongoDB desde cualquier lenguaje de desarrollo moderno. Sin embargo, si se opera, como lo hemos estado haciendo, desde el *shell*, puede que necesite crearlos usted mismo usando los siguientes comandos:

```
db.fs.chunks.createIndex( { files_id: 1, n: 1 }, { unique: true } )
db.fs.files.createIndex( { filename: 1, uploadDate: 1 } )
```

Estas dos colecciones se pueden *fragmentar* si se desea: para los `chunks`, la clave de fragmentación (*shard*) puede estar formada por el campo `files_id`, posiblemente vinculado a otro campo, mientras que para `files` la clave de fragmentación puede estar formada por el campo `_id` solo o vinculado a otro campo.

4. Utilizar mongofiles

El programa `mongofiles`, que se suministra de serie con todas las distribuciones de MongoDB y es autocontenido porque no se utiliza desde el *shell*, permite interactuar con la base de datos muy fácilmente. Encontrará este ejecutable en el directorio de instalación.

4.1 Añadir un archivo a GridFS

El comando `mongofiles` se puede utilizar para agregar un archivo a GridFS, y su sintaxis es muy simple:

```
mongofiles put < ruta del archivo >
```

Vamos a crear un archivo de texto rudimentario y agregarlo (la respuesta del programa está en negritas):

```
echo "Mongofiles de prueba" > /tmp/archivoPequeño.txt
mongofiles put /tmp/archivoPequeño.txt
connected to: mongodb://localhost/
adding gridFile: /tmp/archivoPequeño.txt
added gridFile: /tmp/archivoPequeño.txt
```

El archivo ha sido añadido. Utilicemos ahora el shell para comprobar su presencia en cada una de las colecciones gestionadas por GridFS. Primero, en la colección `chunks`, cuyo espacio de nombres (*namespace*) completo es `db.fs.chunks`:

```
db.fs.chunks.find()
[
  {
    _id: ObjectId("65d481d5fed024efe9bf1ba5"),
    files_id: ObjectId("65d481d5fed024efe9bf1ba4"),
    n: 0,
    data: Binary(Buffer.from("54657374204d6f6e676f66696c65730a",

"hex"), 0)
  }
]
```

El valor del campo n nos indica que este único *chunk* tiene el número de secuencia 0, lo que es perfectamente coherente. El campo data contiene muy pocos datos binarios, lo cual es bastante normal, ya que nuestro archivo tiene un tamaño relativamente modesto (¡dos palabras!).

Echemos un vistazo a lo que tenemos en la colección de `files`:

```
db.fs.files.find()
[
  {
    _id: ObjectId("65d481d5fed024efe9bf1ba4"),
    length: Long("16"),
    chunkSize: 261120,
    uploadDate: ISODate("2024-02-20T10:41:25.737Z"),
    filename: '/tmp/archivoPequeño.txt ',
    metadata: {}
  }
```

Las partes que llaman nuestra atención son, en primer lugar, el campo `filename`, que contiene la ruta completa al archivo que hemos colocado con la ayuda de `mongofiles`, el campo `length`, que contiene el tamaño del archivo en bytes, el campo `chunkSize`, que contiene el tamaño predefinido de un *chunk* (255 x 1024 = 261.120), de nuevo expresado en bytes, y el campo `_id`, ¡que ahora conocemos muy bien! De hecho, fíjese bien en el valor de este campo `_id` y el que contiene el campo `files_id` del único documento de nuestra colección de `chunks`: ¡son iguales! Así es como los chunks están vinculados a un archivo: tienen un vínculo con él y un orden dado por su número de secuencia. ¡Con la presencia de este identificador haciendo referencia a otro situado en una colección diferente, se puede ver que estamos tratando aquí con lo que conocemos en el mundo de los sistemas de gestión de bases de datos relacionales como la restricción de integridad referencial!

Añadir un archivo con un identificador predefinido

Para insertar un archivo con un identificador que se haya definido previamente, basta con utilizar el comando `put_id`, al que se suministra un parámetro adicional que será el valor que tome el campo `_id` en la colección `files`. Si se hubiera querido insertar un archivo de texto con el identificador 123, esto es lo que se habría escrito:

```
mongofiles put_id /tmp/archivoPequeño.txt 123
```

Comprobemos nuestra colección `files`:

```
db.fs.files.find()
  {
    _id: '123',
    length: Long("16"),
    chunkSize: 261120,
    uploadDate: ISODate("2024-02-20T10:46:31.430Z"),
    filename: '/tmp/archivoPequeño.txt ',
    metadata: {}
  }
```

¡Nuestro identificador está presente!

4.2 Listar archivos en GridFS

Para visualizar la lista de archivos gestionados por GridFS, basta con utilizar el comando `list`, que producirá el nombre del archivo y su tamaño:

```
mongofiles list
connected to: mongodb://localhost/
/tmp/archivoPequeño.txt 16
```

También se pueden visualizar los distintos archivos de la colección `files` utilizando `distinct`:

```
db.fs.files.distinct("filename")
[archivoPequeño.txt' ]
```

4.3 Buscar archivos en GridFS

El comando `search` facilitará la búsqueda de archivos almacenados en GridFS. Así, el archivo de texto con el que hemos estado trabajando se encontrará usando cualquiera de las siguientes búsquedas:

```
mongofiles search peque
mongofiles search arch
mongofiles search .txt
```

4.4 Descargar un archivo de GridFS

Para realizar esta operación, se debe utilizar el comando `get`, que realiza la operación contraria a `put`: recupera un archivo almacenado en GridFS y lo escribe en el sistema de archivos, en la ubicación que se especifique mediante la opción `-l`. Supongamos que se desea recuperar el archivo cuya ruta completa es `/tmp/archivoPequeño.txt` y guardarlo en un directorio personal (*home directory*) de GNU/Linux con el nombre `archivoPequeñoGuardado.txt`:

```
mongofiles get /tmp/archivoPequeño.txt -l ~/archivoPequeñoGuardado.
connected to: mongodb://localhost/
finished writing to /home/sebastien/archivoPequeñoGuardado.txt
```

Hay que tener en cuenta que los archivos se copian y no se mueven: ¡siguen residiendo en GridFS!

Al igual que el comando `put`, `get` tiene una versión `get_id` que toma como argumento el identificador del documento que se va a recuperar:

```
mongofiles get_id 123
connected to: mongodb://localhost/
finished writing to: /tmp/archivoPequeño.txt
```

4.5 Suprimir un archivo almacenado en GridFS

Para borrar un archivo, basta con utilizar el comando `delete`:

```
mongofiles delete /tmp/archivoPequeño.txt
connected to: mongodb://localhost/
successfully deleted all instances of '/tmp/archivoPequeño2.txt'
from GridFS
```

Al igual que `get` y `put`, `delete` tiene una versión con un identificado llamada `delete_id`:

```
mongofiles delete_id 123
connected to: mongodb://localhost/
successfully deleted fil with _id 123 from GridFS
```

Para recordar

GridFS se utiliza para almacenar archivos binarios de gran tamaño, divididos en trozos (*chunks*).

El programa `mongofiles` actúa como interfaz con GridFS y permite realizar todas las operaciones necesarias para manipular estos archivos (añadir, suprimir, visualizar, descargar, etc.).

GridFS se basa en dos colecciones: `chunks` que aloja los documentos que componen el archivo, mientras que `files` contiene los metadatos asociados al archivo.

Capítulo 9
Importar, exportar y restaurar datos

1. Importar

1.1 La utilidad mongoimport

El programa `mongoimport` es muy útil para importar datos contenidos en archivos en formato JSON, CSV o TSV (en los primeros, los campos se separan por comas mientras que en los segundos se separan por tabuladores). Al igual que `mongofiles`, no se utiliza desde `mongosh`, sino desde una terminal. Realizaremos los comandos que vienen con el usuario `mongosensei`, creado varios capítulos atrás. Para que un usuario pueda realizar operaciones de importación, debe tener al menos el rol `readWrite` en la base de datos a la que se dirige, que es el caso de `mongosensei`.

Esta utilidad solo admite documentos con codificación UTF-8; cualquier intento de importar datos desde un archivo con otra codificación fallará. A continuación, se muestra un ejemplo del error generado por un intento de importación desde un archivo codificado en UTF-16:

```
connected to: mongodb://localhost/
Failed: error processing document #1: invalid character 'ÿ'
looking for beginning of value
imported 0 documents
```

1.2 Importar datos desde un archivo JSON

JSON es el formato utilizado de forma predefinida por `mongoimport`. Para realizar nuestra primera importación, escribimos un archivo `espectáculos.json` que contiene tres documentos, cada uno de los cuales ocupa una línea:

```
{ "_id": 1, "título": "Platonov", "autor": "Tchekov", "lugar": "Teatro Golovine",
"fecha": ISODate("2024-07-25T22:00:00Z"), "precio": 20}
{ "_id": 2, "título": "Hamlet", "autor": "Shakespeare", "lugar":
"Teatro del Fórum", "fecha": ISODate("2024-07-24T20:00:00Z"), "precio": 17}
{ "_id": 3, "título": "El Avaro ", "autor": "Molière", "lugar":
"Teatro de los Domos",
"fecha": ISODate("2024-07-23T20:00:00Z"), "precio": 15}
```

Utilizaremos el comando importar con los parámetros de autenticación utilizados anteriormente y las siguientes opciones:

- db: la base de datos de destino, en este caso `test`.
- `colección`: el nombre de la colección a la que se importarán los datos desde el archivo, en este caso muestra una colección que no existe en nuestra base de datos y que por tanto se creará al final de la importación.

Probemos el comando de importación con la información mínima requerida, es decir, las opciones de autenticación y la ruta al archivo que contiene los datos JSON (`/tmp/espectáculos.json`):

```
mongoimport -u "mongosensei" --authenticationDatabase "admin"
/tmp/espectáculos.json
```

La contraseña se solicita para que pueda identificarse antes de ejecutar la orden.

En los siguientes ejemplos, no se utilizarán las opciones de `host` y `port` porque confiamos en los valores predefinidos y mencionarlos sobrecargaría la pantalla innecesariamente. Así evitamos escribir el comando en la forma:

```
mongoimport -u "mongosensei" --authenticationDatabase "admin"
/tmp/espectáculos.json --host localhost --port 27017
```

Esta es la pantalla que obtenemos, que resume lo que acaba de ocurrir:

```
no collection specified
using filename 'espectáculos' as collection
connected to: mongodb://localhost/
3 document(s) imported successfully. 0 document(s) failed to import
```

No especificamos el nombre de la colección a la que queríamos importar, así que MongoDB decidió el nombre basándose en el nombre del archivo JSON... Se puede entender fácilmente que, si esta colección existiera en nuestra base de datos e importáramos miles de documentos en ella, ¡esto plantearía un problema! Aunque en nuestro caso las consecuencias de tal importación no tengan ningún efecto, aconsejamos encarecidamente que se mencione explícitamente el nombre de la colección de destino con la opción que lleva el mismo nombre:

```
mongoimport -u "mongosensei" --authenticationDatabase "admin"
/tmp/espectáculos.json --collection espectáculos
```

Una simple llamada a `find` en el intérprete de comandos (*shell*) mostrará que la importación se ha realizado correctamente.

De forma predefinida, la importación se realiza en modo `insert`, lo que significa que, si ejecuta de nuevo el comando anterior, la importación fallará mostrando un mensaje diciendo que los mismos datos ya residen en la colección `espectáculos`; en este caso, esta operación viola el índice de tipo único que se crea de forma predefinida en el campo `_id` de cualquier colección:

```
continuing through error: E11000 duplicate key error collection:
test.espectáculos index: _id_ dup key: { _id: 1 }
continuing through error: E11000 duplicate key error collection:
test.espectáculos index: _id_ dup key: { _id: 2 }
continuing through error: E11000 duplicate key error collection:
test.espectáculos index: _id_ dup key: { _id: 3 }
0 document(s) imported successfully. 3 document(s) failed to import.
```

Existen otros dos métodos de importación:

- `upsert` sustituirá los documentos existentes en la base de datos por los del archivo de origen, mientras que se insertarán otros documentos (hay que recordar que upsert es una fusión de los términos insertar y actualizar).
- `merge` fusionará el documento que ya está en la base de datos con el del archivo de origen y se insertarán todos los demás documentos.

1.3 Importar en modo upsert

Si volvemos a ejecutar el comando, esta vez en modo `upsert`, se realizarán tres inserciones, ya que simplemente se sustituirán los documentos existentes:

```
mongoimport -u "mongosensei" --authenticationDatabase "admin"
/tmp/espectáculos.json --collection espectáculos --mode=upsert
```

Ahora vamos a añadir un nuevo documento a nuestro archivo JSON:

```
{"_id": 4, "título": "Phèdre", "autor": "Racine", "lugar": "Teatro
de
los Domos", "fecha": ISODate("2024-07-22T20:00:00Z"), "precio": 15}
```

Ejecutando de nuevo el comando en modo `upsert` se obtendrán esta vez cuatro inserciones: en realidad, tres actualizaciones (*updates*) de documentos existentes y una inserción (*insert*) del nuevo documento con valor ID 4.

1.4 Importar en modo fusión (merge)

Un error por descuido nos hizo olvidar mencionar un campo en el último documento que añadimos a nuestro archivo JSON y también tuvimos que corregir el nombre del autor, que estaba incompleto. He aquí la nueva versión de este documento con los cambios realizados en negrita:

```
{ "_id": 4, "título": "Phèdre", "autor": "Jean Racine", "lugar":
"Teatro de los Domos", "fecha": ISODate("2024-07-22T20:00:00Z"),
"precio": 15, "accesiblePMR": true}
```

Importemos este nuevo archivo, esta vez en modo fusión:

```
mongoimport -u "mongosensei" --authenticationDatabase "admin"
/tmp/espectáculos.json --collection espectáculos --mode=merge
```

Se importaron cuatro documentos; uno se fusionó y tres se insertaron.

1.5 Importar datos de un archivo CSV

Aquí están nuestros espectáculos en formato CSV en el archivo `/tmp/espectáculos.csv`:

```
1,"Platonov","Tchekov","Teatro Golovine",2024-07-25T22:00:00Z,20
2,"Hamlet","Shakespeare","Teatro Fórum",2024-07-24T20:00:00Z,17
3,"El Avaro","Molière","Teatro de los Domos",2024-07-23T20:00:00Z,15
4,"Phèdre","Jean Racine","Teatro de los Domos",2024-07-22T20:00:00Z,15,true
```

Cuando importamos desde un archivo en formato CSV, necesitamos proporcionar información adicional y en particular utilizar la opción `--type=csv`. Si importamos el archivo con el mínimo número de opciones de esta manera:

```
 mongoimport -u "mongosensei" --authenticationDatabase
"admin" --type=csv
/tmp/espectáculos.csv --collection espectáculos
```

Obtenemos un error:

```
error validating settings: must specify --fields, --fieldFile or
--headerline to import this file type
```

De hecho, al importar un archivo CSV, MongoDB debe ser capaz de convertir a los tipos apropiados, de lo contrario el campo de `fecha` se representaría como una simple cadena de caracteres, ¡cosa que queremos evitar a toda costa!

Vamos a añadir una primera línea a nuestro archivo CSV, que contendrá el nombre del campo en cada documento, así como el tipo de dato asociado o `auto` cuando pensemos que puede ser fácilmente «adivinado» por MongoDB: a esta parte la llamamos cabecera.

Este es el aspecto que tendrá:

```
_id.auto(),título.auto(),autor.auto(),localización.auto(),fecha.date(2006-01-
02T15:04:05Z),precio.double(),accessiblePMR.boolean()
```

Aquí le decimos a MongoDB que se las arregle para determinar automáticamente los tipos de los campos `_id`, `título`, `autor` y `localización`, que no son tipos especialmente complejos. También le decimos que los demás campos son de tipo `double`, `boolean` y `date`.

El valor contenido en el campo `fecha` no se ha incluido al azar; es una versión adaptada del que aparece en el archivo escrito en lenguaje Go y disponible en https://go.dev/src/time/format.go con el nombre RFC3339.

Por supuesto, se necesita decirle a `mongoimport` que la cabecera está en el archivo para que no intente convertirlo en un documento y que contiene los nombres de las columnas del archivo CSV así como sus tipos. Haremos esto usando las opciones `headerline` y `columnsHaveTypes` respectivamente:

```
mongoimport -u "mongosensei" --authenticationDatabase "admin" \
type=csv /tmp/espectáculos.csv --collection espectáculos \
--type=csv /tmp/espectáculos.csv --collection espectáculos \
--columnsHaveTypes --headerline
```

Todo parece indicar que la operación ha ido bien:

```
connected to: mongodb://localhost/
4 document(s) imported successfully. 0 document(s) failed to import.
```

Vayamos al *shell* y nos aseguramos de que nuestras fechas tienen el formato esperado:

```
 db.espectáculos.find({}, {"fecha": 1})
{ "_id" : 4, "fecha" : ISODate("2024-07-22T20:00:00Z") }
{ "_id" : 1, "fecha" : ISODate("2024-07-25T22:00:00Z") }
{ "_id" : 3, "fecha" : ISODate("2024-07-23T20:00:00Z") }
{ "_id" : 2, "fecha" : ISODate("2024-07-24T20:00:00Z") }
```

¡Perfecto! Bueno... ¡casi! Los documentos no se insertaron en el orden en que los listamos en el archivo CSV. Si se quiere que se tenga en cuenta este orden, se debe utilizar la opción `--maintainInsertionOrder`.

Veamos otras opciones útiles a la hora de importar archivos en formato CSV:

- ignoreBlanks se utiliza para ignorar los campos con un valor vacío. De este modo, el campo simplemente no aparecerá en el documento resultante.
- drop se utiliza para eliminar la colección de destino antes de volver a crearla con los documentos del archivo.
- stopOnError detendrá el proceso de importación al primer error encontrado.
- bypassDocumentValidation anula cualquier regla de validación vigente en la colección a la que se dirige el proceso de importación.
- upsertFields se utilizará en modo *upsert* o *merge* (fusión) para describir el campo o campos que identifican un documento de forma única si no es posible hacerlo con el campo identificador _id, que se utiliza de forma predefinida . Lo ideal es que exista un índice para el campo o campos utilizados por esta opción.

Este es el comando utilizado anteriormente con todas las opciones descritas anteriormente:

```
mongoimport -u "mongosensei" --authenticationDatabase "admin"
/tmp/espectáculos.csv --type=csv --collection espectáculos
--headerline --columnsHaveTypes --ignoreBlanks --drop
--stopOnError --bypassDocumentValidation --upsertFields=_id
```

2. Exportar

2.1 La utilidad mongodump

El ejecutable mongodump se puede utilizar para exportar bases de datos en formato binario. Escribamos el comando que exportará el contenido de la base de datos test, que se ha utilizado para la mayoría de nuestros ejemplos, al directorio /tmp (cuidado, si ya hay archivos de exportación allí, ¡se sobrescribirán!):

```
mongodump -u "mongosensei" --authenticationDatabase "admin" \
--db test -o=/tmp
```

Esta es una parte de la pantalla que se obtiene:

```
writing test.personas to /tmp/test/ personas.bson
writing test.personas to /tmp/test/personas.bson
writing test.libros to /tmp/test/libros.bson
done dumping test.personas (9 documents)
done dumping test.personas (9 documents)
done dumping test.libros (8 documents)
```

Si nos tomamos la molestia de mirar qué hay en el directorio `/tmp`, vemos que `mongodump` ha creado un subdirectorio con el nombre de la base de datos objetivo. Para cada colección, encontramos dos archivos: uno con la extensión `.json` y el otro `.bson`. Si observamos el contenido del archivo que contiene los metadatos en formato JSON, podemos ver los índices que se han establecido:

```
cat personas.metadata.json
{"options":{},"indexes":[{"v":2,"key":
"_id":1},"name":"_id_","ns":"test.personas"},{"v":2,"key":
{"nombre":1.0},"name":"nombre_1","ns":"test.personas",
"background":true},
{"v":2, "key":
{"nombre":1.0,"edad":1.0},"name":"idx_nombre_edad","ns":"test.personas"}],
"uuid": "e00491
fb601a46afb17cf2baa94a1b1b"}
```

El archivo BSON contiene los documentos de la colección.

Las vistas son un caso especial; solo existe el archivo que contiene los metadatos. Recuerde que la vista llamada `inventario`, su archivo de metadatos contiene la tubería (*pipeline*) que estaba utilizando:

```
cat inventario.metadata.json
{"options":{"viewOn": "stock", "pipeline":[{"$project":
{"_id":0.0,"nombre":"$nombre","cantidad":"$cant"}}]},"indexes":[]}
```

Para exportar vistas como colecciones, utilice la opción `--viewsAsCollections`.

2.2 La utilidad mongoexport

Esta utilidad se puede utilizar para generar archivos JSON (el formato predefinido) o CSV a partir de la base de datos. Al igual que su contrapartida, mongoimport, no debería usarse como una solución de archivado permanente y fiable porque, como mencionamos al principio de este libro, MongoDB amplía las capacidades de JSON añadiendo sus propios tipos de datos, por lo que cambiar de BSON a JSON degradará la representación de la información. Se tendría que preferir mongodump si se quiere preservar la riqueza de los tipos de datos de MongoDB.

Para poder realizar la exportación, mongoexport se deben tener derechos de lectura sobre la base de datos de destino.

Exportaremos la colección aviñon, que hemos utilizado al manipular los índices geoespaciales, en formato JSON. Como de costumbre, especificamos la base de datos con la opción db, luego especificamos la colección objetivo con collection, luego nombramos el archivo que recibirá los documentos en el formato deseado:

```
mongoexport -u "mongosensei" --authenticationDatabase "admin" \
--db test --collection aviñon --out /tmp/aviñon.json
```

Ahora echemos un vistazo al contenido de este archivo, donde encontramos cinco documentos:

```
cat /tmp/aviñon.
{"_id":{"$oid":"5cb4b07dfe04e78d472a2db5"},"nombre":"Palacio Papal",
"localización":{"coordinates":[43.9507,4.8075],"type":"Point"}}
{"_id":{"$oid":"5cb4b07dfe04e78d472a2db6"},"nombre":"Puente San
Bénézet","localización":{"coordinates":[43.95397,4.80478],"type":"Point"}}
{"_id":{"$oid":"5cb4b07dfe04e78d472a2db7"},"nombre":"Colección
Lambert","localización":{"coordinates":[43.944787,4.804031],"type":
"Point"}}
{"_id":{"$oid":"5cb5f8ba4e7f2eaebe9ee9ed"},"nombre":"Polygone 2",
"localización":
{"type":"Polygon","coordinates":[[[43.95275,4.80379],[43.9528,4.80776],
[43.95122,4.80806],[43.94899,4.80595],[43.95275,4.80379]]]}}
{"_id":{"$oid":"5cb5f8ba4e7f2eaebe9ee9ee"},"nombre":
"Polígono 2 ter", "ubicación":
{"type":"Polygon","coordinates":[[[43.95047,4.80839],[43.94967,4.81067],
[43.94911,4.80743],[43.95047,4.80839]]]}}
```

Existen otras opciones para el formato JSON, en particular `--jsonArray`, que exporta en forma de una única matriz JSON que contiene todos los documentos en lugar de uno por línea, y `--pretty`, que los muestra de forma más legible (esta opción le resultará familiar, la hemos utilizado además de `find`).

Para exportar en formato CSV, se debe especificar mediante la opción `type` y enumerar los campos que se desean exportar mediante la opción `fields`:

```
mongoexport -u "mongosensei" --authenticationDatabase "admin" \
--db test --collection aviñon --out /tmp/aviñon.csv --type=csv \
--campos _id,nombre,localización
```

Veamos qué hay en el archivo.

```
cat /tmp/aviñon.

_id,nombre,localización
ObjectId(5cb4b07dfe04e78d472a2db5),Palacio Papal,"{""coordinates"":
[43.9507,4.8075],""type"":""Point""}"
ObjectId(5cb4b07dfe04e78d472a2db6),Puente San Bénézet,"{""coordinates"":
[43.95397,4.80478],""type"":""Point""}"
ObjectId(5cb4b07dfe04e78d472a2db7),Colección Lambert,"{""coordinates"":
[43.944787,4.804031],""type"":""Point""}"
ObjectId(5cb5f8ba4e7f2eaebe9ee9ed),Polígono 2,"{""type"":"
"Polygon"",""coordinates"":[[[43.95275,4.80379],[43.9528,4.80776],
[43.95122,4.80806],[43.94899,4.80595],[43.95275,4.80379]]]}"
ObjectId(5cb5f8ba4e7f2eaebe9ee9ee),Polígono 2 ter,"{""type"":"
"Polygon"",""coordinates"":[[[43.95047,4.80839],
[43.94967,4.81067],[43.94911,4.80743],[43.95047,4.80839]]]}"
```

La primera línea contiene la cabecera. Para eliminarla, es necesario añadir la opción `--noHeaderLine` al comando ejecutado anteriormente.

Exportar datos a partir de una consulta

También es posible utilizar una consulta para generar nuestro archivo utilizando la opción `--query`, a la que pasaremos la consulta delimitada por apóstrofes. Supongamos que necesitamos exportar todos los datos geoespaciales que sean de tipo «Point», nuestro comando sería el siguiente:

```
mongoexport -u "mongosensei" --authenticationDatabase "admin" --db test \
--collection aviñon --out /tmp/aviñon.csv --type=csv \
--fields _id,nombre,localización --query '{"localización.type": "Polygon"}''
```

Como la utilidad `mongoexport` sobrescribe los archivos, el contenido del archivo ha cambiado y corresponde a nuestra petición:

```
cat /tmp/aviñon.

_id,nombre,localización
ObjectId(5cb5f8ba4e7f2eaebe9ee9ed),Polígono
2,"{""type"":""Polygon"",""coordinates"":[[[43.95275,4.80379],
[43.9528,4.80776],
[43.95122,4.80806],[43.94899,4.80595],[43.95275,4.80379]]]}"
ObjectId(5cb5f8ba4e7f2eaebe9ee9ee),Polígono 2
ter,"{""type"":""Polygon"",""coordinates"":[[[43.95047,4.80839],
[43.94967,4.81067],[43.94911,4.80743],[43.95047,4.80839]]]}"
```

3. Restaurar

El programa `mongorestore` carga datos contenidos en archivos binarios exportados mediante `mongodump` o desde la entrada estándar.

Cuando utilizamos `mongodump`, la operación creó un directorio con el nombre de la base de datos en el directorio temporal `/tmp`. Supongamos que mientras tanto hemos borrado la base de datos de prueba que se ha utilizado para apoyar nuestros ejemplos desde el principio de este libro... ¡Que no cunda el pánico! Gracias a `mongorestore`, podremos recuperar los datos tal y como estaban. Este ejecutable se invoca de la siguiente manera:

```
mongorestore < opciones > < directorio de archivos BSON o
archivo BSON único >
```

Para utilizarlo de forma muy sencilla, vamos a indicarle el directorio en el que mongodump generó los archivos BSON y, por supuesto, el nombre de la base de datos en la que se deben restaurar los datos (opción -d):

```
mongorestore -u "mongosensei" --authenticationDatabase
"admin" /tmp/test -d test
```

Esto es lo que aparece en la pantalla cuando se ejecuta este proceso...

```
building a list of collections to restore from /tmp/test dir
reading metadata for test.meteo from /tmp/test/meteo.metadata.json
reading metadata for test.personas from /tmp/test/
personas.metadata.json
restoring test.meteo from /tmp/test/meteo.bson
restoring test.personas from /tmp/test/personas.bson
reading metadata for test.atletas from /tmp/test/
atletas.metadata.json
reading metadata for test.aviñon from /tmp/test/
aviñon.metadata.json
restoring test.aviñon from /tmp/test/aviñon.bson
restoring indexes for collection test.personas from metadata
restoring indexes for collection test.aviñon from metadata
restoring test.atletas from /tmp/test/atletas.bson
finished restoring test.personas (8 documents)
reading metadata for test.libros from /tmp/test/libros.metadata.json
no indexes to restore
finished restoring test.atletas (9 documents)
reading metadata for test.teatros from /tmp/test/
teatros.metadata.json
finished restoring test.aviñon (5 documents)
reading metadata for test.instrumentos from /tmp/test/
instrumentos.metadata.json
restoring test.libros from /tmp/test/libros.bson
restoring test.teatros from /tmp/test/teatros.bson
[#.......................]     test.meteo  453KB/5.57MB    (7.9%)
[########################]    test.libros     851B/851B  (100.0%)
[########################]  test.teatros      723B/723B  (100.0%)
done
```

Una llamada rápida a show collections desde el *shell* confirma que, efectivamente, hemos recuperado todas las colecciones de nuestra base de datos.

Aquí tiene otras opciones que pueden resultarle útiles:

- dryRun, junto con verbose, permite simular una restauración. De este modo, se pueden ver en pantalla las operaciones que tendrán lugar sin tener que ejecutarlas necesariamente:

```
mongorestore -u "mongosensei" --authenticationDatabase
"admin" /tmp/test -d test --dryRun --verbose
```

- Al igual que en la importación, también se puede pasar la opción maintainInsertionOrder para respetar el orden de inserción de los documentos en las distintas colecciones contenidas en los archivos binarios de un directorio.
- stopOnError termina el proceso de restauración al primer error encontrado. Recomendamos encarecidamente que se acostumbre a usar esta opción.
- drop borra la base de datos antes de restaurarla.

Restaurar una colección

Se puede solicitar que solo se restaure una colección, en cuyo caso se deberá designar por su *espacio de nombres* completo mediante la opción --nsInclude:

```
mongorestore -u "mongosensei" --authenticationDatabase "admin" \
--drop --nsInclude test.ventas --stopOnError \
-d test /tmp/test
```

Del mismo modo, también se puede excluir un espacio de nombres (*namespace*) de colecciones utilizando la opción --nsExclude, especificando opcionalmente comodines *(wildcards)*. Por ejemplo, para restaurar colecciones cuyo *namespace* completo no termine en «s»:

```
mongorestore -u "mongosensei" --authenticationDatabase "admin" \
--drop --nsExclude test.*s --stopOnError \
-d test /tmp/test
```

También se puede especificar la colección con la opción -c, pero en ese caso se tendrá que apuntar al archivo binario correspondiente:

```
mongorestore -u "mongosensei" --authenticationDatabase "admin" \
--drop -d test -c ventas test/ventas.bson --stopOnError
```

El resumen de esta restauración para una sola colección se muestra en la pantalla:

```
checking for collection data in test/ventas.bson
reading metadata for test.ventas from test/ventas.metadata.json
restoring test.ventas from test/ventas.bson
no indexes to restore
finished restoring test.ventas (3 documents)
done
```

La utilidad mongorestore tiene muchos otros usos: puede operar desde la salida estándar, restaurar desde archivos archivados o comprimidos con gzip, reubicar datos en un *namespace* distinto del utilizado hasta ese momento, etc. Se puede ver la larga lista de opciones disponibles ejecutando:

```
mongorestore --help
```

Para recordar

mongoimport se utiliza para importar datos contenidos en archivos en formato JSON, CSV o TSV.

mongoexport genera archivos JSON (el formato predefinido) o CSV a partir de la base de datos.

mongodump puede utilizarse para exportar bases de datos en formato binario.

mongorestore carga datos contenidos en archivos binarios exportados mediante mongodump o desde la entrada estándar.

Capítulo 10
Ejercicios

1. Introducción

Sea salas, la colección construida, como sigue:

```
db.salas.insertMany([
   {
       "_id": 1
       "nombre": "AJMI Jazz Club",
       "dirección": {
           "número": 4
           "calle": "Rue des Escaliers Sainte-Anne",
           "códigoPostal": "84000",
           "ciudad": "Aviñón",
           "ubicación": {
               "type": "Point",
               "coordinates": [43.951616, 4.808657]
           }
       },
       "estilos": ["jazz", "soul", "funk", "blues"],
       "opinión": [{
              "fecha": new Date('2024-11-01'),
              "nota": NúmeroInt(8)
           },
           {
              "fecha": new Date('2024-11-30'),
              "nota": NúmeroInt(9)
           }
```

```
        ],
        "aforo": NúmeroInt(300),
        "smac": true
    }, {
        "_id": 2
        "nombre": "Paloma",
        "dirección": {
            "número": 250
            "calle": "Chemin de l'Aérodrome",
            "códigoPostal": "30000",
            "ciudad": "Nimes",
            "ubicación": {
                "type": "Point",
                "coordinates": [43.856430, 4.405415]
            }
        },
        "opinión": [{
                "fecha": new Date('2024-07-06'),
                "nota": NúmeroInt(10)
            }
        ],
        "aforo": NúmeroInt(4000),
        "smac": true
    },
     {
        "_id": 3
        "nombre": "Sonograf",
        "dirección": {
            "calle": "D901",
            "códigoPostal": "84250",
            "ciudad": "Le Thor",
            "ubicación": {
                "type": "Point",
                "coordinates": [43.923005, 5.020077]
            }
        },
        "aforo": NúmeroInt(200),
        "estilos": ["blues", "rock"]
    }
])
```

2. Suprimir, insertar y actualizar documentos

Ejercicio 1

Mostrar el identificador y el nombre de las salas que sean SMAC (del francés Sala de Música Actual).

Ejercicio 2

Mostrar los nombres de las salas con un aforo de poco más de 1000 plazas.

Ejercicio 3

Mostrar los identificadores de las salas cuyo campo dirección no contenga un número.

Ejercicio 4

Mostrar el identificador y, a continuación, el nombre de las salas que tengan exactamente una opinión.

Ejercicio 5

Mostrar todos los estilos musicales de salas que programen blues en particular.

Ejercicio 6

Mostrar todos los estilos musicales de salas que tengan el estilo «blues» en primera posición en su tabla de `estilos`.

Ejercicio 7

Mostrar las ciudades de las salas cuyo código postal comience por 84 y cuyo aforo sea estrictamente inferior a 500 plazas (recuerde utilizar una expresión regular).

Ejercicio 8

Mostrar el ID para las salas en las que el ID sea par o falte el campo opinión.

Ejercicio 9

Mostrar los nombres de las salas en las que al menos una de las opiniones tenga una nota entre 8 y 10 (ambas incluidas).

Ejercicio 10

Mostrar los nombres de las salas en las que al menos una opinión tenga una fecha posterior al 15/11/2024 (recuerde utilizar el tipo `Date` de JavaScript).

Ejercicio 11

Mostrar el nombre y el aforo de las salas en las que el producto del valor del identificador multiplicado por 100 sea estrictamente superior al aforo.

Ejercicio 12

Mostrar los nombres de las salas de tipo SMAC que programen más de dos estilos diferentes de música utilizando el operador `$expr`.

Ejercicio 13

Mostrar los diferentes códigos postales encontrados en los documentos de la colección salas.

Ejercicio 14

Actualizar todos los documentos de la colección `salas` añadiendo 100 personas a su aforo actual.

Ejercicio 15

Añadir el estilo «jazz» a todos los locales que no lo programen.

Ejercicio 16

Eliminar el estilo «funk» de todas las salas cuyo ID no sea ni 2 ni 3.

Ejercicio 17

Añadir una tabla con los estilos «techno» y «reggae» a la sala con ID 3.

Ejercicio 18

Para las salas cuyo nombre empiece por la letra P (mayúscula o minúscula), aumentar el aforo en 150 plazas y añadir un campo de tipo tabla llamado `contacto`, que contendrá un documento con un campo llamado `teléfono` con el valor «04 11 94 00 10».

Ejercicio 19

Para las salas cuyo nombre empiece por vocal (no importa si mayúscula o minúscula), añadir a la tabla `opinión` un documento compuesto por el campo `fecha` con la fecha actual y el campo `nota` con valor de 10 (doble o entero). La expresión regular para buscar una cadena de caracteres que empiece por una vocal seguida de cualquier otra cosa es `[^aeiou]+$`.

Ejercicio 20

En el modo *upsert*, actualizar todos los documentos cuyos nombres empiecen por z o por Z asignándoles el nombre «Pub Z», fijando el valor del campo `aforo` a 50 personas (tipo entero, no decimal) y fijando el valor del campo booleano `smac` a «false».

Ejercicio 21

Mostrar el recuento de documentos cuyo campo `_id` sea de tipo «objectId».

Ejercicio 22

Para los documentos cuyo campo `_id` no sea de tipo «objectId», mostrar el nombre de la sala con mayor aforo. Para ello, clasificar en el orden apropiado, limitando el número de documentos mostrados para devolver solo aquellos con el aforo máximo.

Ejercicio 23

A partir del valor del campo `_id`, sustituir el documento creado en el ejercicio 20 por otro que contenga únicamente el nombre preexistente y el aforo, que aumentará a 60 personas.

Ejercicio 24

Eliminar un único documento con los siguientes criterios: el campo `_id` es de tipo «objectId» y el aforo de la sala es inferior o igual a 60 personas.

Ejercicio 25

Auxiliado por el método que permite encontrar un único documento y actualizarlo al mismo tiempo, reducir el aforo de la sala de Nimes en 15 personas.

3. Validar documentos

Ejercicio 1

Modificar la colección `salas` para que los documentos que se inserten en ella se validen a partir de ahora; esta validación se realizará en modo «strict» y abarcará los siguientes campos:

- `nombre` es obligatorio y debe ser una cadena de caracteres.
- El `aforo` es obligatorio y debe ser de tipo entero (`int`).
- En el campo `dirección`, los campos `códigoPostal` y `localidad`, ambos de tipo cadena de caracteres, son obligatorios.

¿Qué se constata la próxima vez que se intente la siguiente inserción y por qué?

```
db.salas.insertOne(
{"nombre": "Super room", "aforo": 1500, "dirección": {"ciudad":
"Musiqueville"}}
)
```

¿Qué propone usted para regularizar la situación?

Ejercicio 2

Añadir un criterio adicional a los criterios de validación existentes: el campo `_id` debe ser ahora de tipo entero (`int`) u `ObjectId`.

¿Qué ocurre si se intentan actualizar todos los documentos existentes en la colección mediante la siguiente consulta?

```
db.salas.updateMany({}, {$set: {"verificado": true}})
```

Eliminar los criterios añadidos utilizando el método `delete` de JavaScript.

Ejercicio 3

Añadir el siguiente criterio a los criterios de validación existentes:

El campo `smac` debe estar presente O los estilos musicales deben ser uno de los siguientes: «jazz», «soul» y «funk»

¿Qué ocurre cuando ejecutamos la siguiente actualización?

```
db.salas.updateOne({"_id": 3}, {$set: {"verificado": false}})
```

4. Índices

Ejercicio 1

Una revisión rápida de los archivos de registro reveló que la mayoría de las consultas a la colección `salas` se dirigen tanto al aforo como a códigos postales, como se indica a continuación:

```
db.salas.find({"aforo": {$gt: 500}, "dirección.códigoPostal": /^30/})
db.salas.find({"dirección.códigoPostal": /^30/, "aforo": {$lte: 400}})
```

¿Qué índice propone usted para cubrir estas consultas?

A continuación, eliminar el índice que se ha creado.

Ejercicio 2

Se desea buscar nombres de calles en las direcciones de esta forma:

```
db.salas.find({$texto: {$búsqueda: "camino"}})
```

¿Qué tipo de índice recomienda?

Ejercicio 3

Se desearía poder ejecutar este tipo de consulta que devuelve documentos en orden ascendente de distancia desde un punto determinado, ¿qué tipo de índice habrá que crear?

```
db.salas.find(
   {
       "ubicación": {
           $esferaCercana: {
               "type" : "Point",
               "coordinates" : [ 43.923005, 5.020077 ]
           },
           $distanciaMin: 0.5/6378,
           $distanciaMáx: 1000/6378
       }
   }, {"_id": 0, "nombre": 1}
)
```

Ejercicio 4

La mayoría de las consultas que recibe se dirigen al nombre y departamento de salas con aforo para más de 100 personas, como en este ejemplo:

```
db.salas.find({"nombre": /^L/, "aforo": 150})

db.salas.find({"nombre": /^p/, "dirección.códigoPostal": /^30/,
"aforo": 200})
```

Crear un índice parcial llamado `idx_nombre_parte_aforo` que pueda ser utilizado por las consultas precedentes.

Ejercicio 5

Se ha decidido que, a partir de ahora, la colección `salas` solo contendrá un documento por localidad. Escribir el índice que reflejará esta restricción.

5. Consultas geoespaciales

Ejercicio 1

Se cuenta con el siguiente código JavaScript, que incluye una función para convertir una distancia expresada en kilómetros a radianes, y un documento cuyas coordenadas servirán como centro de la esfera de búsqueda. Escribir una consulta `$geoWithin` para mostrar los nombres de los locales que toquen Blues y Soul en un radio de 60 kilómetros.

```
KilómetrosEnRadianes = function(kilómetros){
   radioTerrestreEnKm = 6371
   return kilómetros / radioTerrestreEnKm
};

sala = db.salas.findOne({"dirección.ciudad": "Nimes"})

consulta = { ... };

db.salas.find(consulta ... };
```

Ejercicio 2

Escribir la consulta para obtener las ciudades de las salas situadas en un radio de 100 kilómetros alrededor de Marsella, ordenadas de la más cercana a la más lejana:

```
marsella = {"type": "Point", "coordinates":[43.300000,
5.400000]}

db.salas.find(...)
```

Ejercicio 3

Sea `polígono` un objeto GeoJSON de la siguiente forma:

```
polígono = {
     "type": "Polygon
     "coordinates": [
            [
               [43.94899, 4.80908],
               [43.95292, 4.80929],
               [43.95174, 4.8056],
               [43.94899, 4.80908]
            ]
     ]
}
```

Mostrar los nombres de las salas que residan al interior de ese polígono.

6. Marco de trabajo de agregación

Ejercicio 1

Escribir el *pipeline* que mostrará, en un campo llamado `ciudad`, el nombre de la ciudad con una sala para más de 50 personas y un booleano llamado grande que se establecerá en el valor «true» cuando la sala tenga un aforo de más de 1.000 personas. Este es el esqueleto de código que se utilizará en el *shell*:

```
pipeline = [
...
]

db.salas.aggregate(pipeline)
```

Ejercicio 2

Escribir el *pipeline* que muestre el aforo de una sala aumentada en 100 plazas en un campo llamado `después_ampliación`, así como su aforo y nombre originales en un campo llamado `antes_ampliación`.

Ejercicio 3

Escribir el *pipeline* que muestre, por número de departamento, el aforo total de las salas de ese departamento. Para obtener este número, es necesario utilizar el operador `$substrBytes`, cuya sintaxis es la siguiente:

```
{$substrBytes: [ < cadena de caracteres >, < índice inicial >,
< longitud > ]}
```

Ejercicio 4

Escribir el *pipeline* que muestre, para cada estilo musical, el número de salas que lo programan. Estos estilos se enumerarán por orden alfabético.

Ejercicio 5

Con la ayuda de los *bukets* (contenedor) contar las salas según su aforo:

- de 100 a 500 plazas
- de 500 a 5000 plazas

Ejercicio 6

Escribir un pipeline que muestre el nombre de las salas y una matriz llamada `opinion_excelente` que solo contenga opiniones con una puntuación de 10.

Capítulo 11
Respuestas a los ejercicios

1. Suprimir, insertar y actualizar documentos

Ejercicio 1

```
db.salas.find({"smac": true}, {"nombre": 1})
```

Ejercicio 2

```
db.salas.find({"aforo": {$gt: 1000}}, {"_id": 0, "nombre": 1})
```

Ejercicio 3

```
db.salas.find({"dirección.número": {$exists: false}}, {"_id": 1})
```

Ejercicio 4

```
db.salas.find({"opinión": {$aforo: 1}}, {"_id": 1, "nombre": 1})
```

o

```
db.salas.find({"opinión": {$aforo: 1}}, {"nombre": 1})
```

Ejercicio 5

```
db.salas.find({"estilos": "blues"}, {"_id": 0, "estilos": 1})
```

Ejercicio 6

```
db.salas.find({"estilos.0": "blues"}, {"_id": 0, "estilos": 1})
```

Ejercicio 7

```
db.salas.find({
   $y: [{
       "dirección.códigopostal": /^84/,
       "aforo": {$lt: 500}
   }]
}, {
   "_id": 0
   "dirección.ciudad": 1
})
```

o, más sencillo:

```
db.salas.find({
   "dirección.códigopostal": /^84/,
   "aforo": {$lt: 500}
}, {
   "_id": 0
   "dirección.ciudad": 1
})
```

Ejercicio 8

```
db.salas.find({
   $or: [{
       " _id: {
           $mod: [2, 0]
       }
   }, {
       "opinión": {
           $existe: false
       }
   }]
}, {
       "_id": 1
})
```

Ejercicio 9

```
db.salas.find({
   "opinión": {
       $elemMatch: {
           "nota": {
               $gte: 8
               $lte: 10
```

```
            }
        }
    }
}, {
    "_id": 0
    "nombre": 1
})
```

Ejercicio 10

```
db.salas.find({"opinión.fecha": {
    $gt: new Date ('2024-11-15')}
}, {
    "_id": 0
    "nombre": 1
})
```

O, como en el ejercicio anterior:

```
db.salas.find({
    "opinión": {
        $elemMatch: {
            "fecha": { $gt: new Date('2024-11-15')}
        }
    }
}, {
    "_id": 0
    "nombre": 1
})
```

Ejercicio 11

```
db.salas.find({
    $expr: { $gt: [ {$multiply : ["$_id", 100]}, "$aforo"]}
}, {
    "_id": 0
    "nombre": 1
    "aforo": 1
})
```

Ejercicio 12

```
db.salas.find(
    $y:

{  "estilos": { $exists: true } }, { "smac": true
    ]
    $expr: { $gt: [{ $size: "$estilos" }, 2]
}, { "_id": 0, "nombre": 1 })
```

Ejercicio 13

```
db.salas.distinct("direccion.codigopostal")
```

Ejercicio 14

```
db.salas.updateMany({}, {$inc: {"aforo": NumberInt(100)}})
```

Advertencia: si no se especifica el tipo `NumberInt`, el campo `aforo` se indentifica como un duplicado.

Ejercicio 15

```
db.salas.updateMany({"estilos": {$ne: "jazz"}}, {$push:
{"estilos": "jazz"}})
```

Ejercicio 16

```
db.salas.updateMany({"_id": {$nin: [2,3]}}, {$pull:
{"estilos": "funk"}})
```

Ejercicio 17

```
db.salas.updateOne(
    {"_id": 3},
    {$addToSet: {"estilos": {$each: ["techno", "reggae" ]}}}
)
```

Ejercicio 18

```
db.salas.updateMany(
    { "nombre": /^p/i},
    {
      $inc: {"aforo" : NumberInt(150)},
      $set: { "contacto.teléfono" : "04 11 94 00 10" }
    }
)
```

Ejercicio 19

```
db.salas.updateMany(
   { "nombre": /[^aeiou]+$/i},
   { $push: { "opinión" : {"fecha": new Date(), "nota": 10} } }
)
```

Si se desea que la nota sea un número entero, hay que utilizar `NumberInt`.

Ejercicio 20

```
db.salas.updateOne(
   { "nombre": /^z/i},
   { $set: { "nombre" : "Pub Z", "smac": false,
"aforo": NumberInt(50) },
   {"upsert": true}
)
```

Ejercicio 21

```
db.salas.find({"_id": {$type: "objectId"}}).count()
```

Ejercicio 22

```
db.salas.find({
   " _id: {
      $no: {
          $tipo: "objectId"
      }
   }
}, {
   "_id": 0
   "nombre": 1
}).sort({"aforo": -1}).limit(1)
```

Ejercicio 23

```
db.salas.replaceOne(
   {"_id": ObjectId("5d32f67d81d43db61fc73696")},
   {"nombre" : "Pub Z", "aforo": NumberInt(60)}
)
```

Ejercicio 24

```
db.salas.deleteOne({"_id": {$type: "objectId"}, "aforo":
{$lte: 60}}, true)
```

Ejercicio 25

```
db.salas.findOneAndUpdate(
  { "dirección.ciudad" : "Nimes" },
  { $inc: { "aforo" : NumberInt(-15) } }
)
```

2. Validar documentos

Ejercicio 1

Este es un posible comando para crear una validación para las `salas`:

```
db.runCommand( {
  collMod: "salas",
  validador: { $jsonSchema: {
     bsonType: "object",
     required: [ "nombre", "aforo", "dirección.códigopostal",
"dirección.ciudad"],
     properties: {
        "nombre": {
           bsonType: "string",
           description: "Cadena de caracteres - requerido"
        },
        "aforo": {
           bsonType: "int",
           description: "Entero - requerido"
        },
        "dirección.códigoPostal": {
           bsonType: "string",
           description: "Cadena de caracteres - requerido"
        },
       "dirección.ciudad": {
           bsonType: "string",
           description: "Cadena de caracteres - requerido"
        },
     }
  } }
})
```

Otra versión, que nos permitiría especificar que el `códigoPostal` y la `ciudad` deben existir, pero esta vez dentro del campo `dirección` y no en el documento raíz, sería la siguiente:

```
db.runCommand( {
  collMod: "salas",
  validador: { $jsonSchema: {
     bsonType: "object",
     required: [ "nombre", "aforo"],
     properties: {
        "nombre": {
           bsonType: "string",
           description: "Cadena de caracteres - requerido"
        },
        "aforo": {
           bsonType: "int",
           description: "Entero - requerido"
        },
       "dirección": {
          bsonType: "object",
          required: [ "códigoPostal", "ciudad" ],
          properties: {
           "códigoPostal": {
               bsonType: "string",
               description: "Cadena de caracteres - requerido"
           },
           "ciudad": {
               bsonType: "string",
               description: "Cadena de caracteres - requerido"
           },
          }
       }
     }
  } }
})
```

Con este último validador, cuando intentamos insertar el siguiente documento:

```
{"nombre": "Super sala", "aforo": 1500, "dirección": {"ciudad":
"Musiqueville"}}
```

Aparece el siguiente error:

```
MongoServerError: Document failed validation
Additional information: {
  failingDocumentId: ObjectId("65d60babf784f3fca7ee2110"),
  details: {
    operatorName: '$jsonSchema',
    schemaRulesNotSatisfied: [
      {
        operatorName: 'properties',
        propertiesNotSatisfied: [ { propertyName: 'dirección',
details: [ [Object] ] } ]
      }
    ]
  }
}
```

Ejercicio 2

El código JavaScript utilizado para actualizar los criterios de validación es prácticamente el mismo que el visto en el capítulo sobre validación de documentos, salvo que aquí especificamos una enumeración de tipos dentro de una matriz:

```
validar = db.getCollectionInfos({name:
"salas"})[0].options.validator;

validar.$jsonSchema.properties._id = {
   "bsonType": ["int", "objectId"],
   "description": "Entero u ObjectId - requerido"
}

db.runCommand({
 "collMod": "salas",
 "validator": validar
})
```

Ejercicio 3

```
validar = db.getCollectionInfos({name:
"salas"})[0].options.validator

validar.$or = [
   { "smac": { $exists: true } },
   { "estilos": { $in: ["jazz", "soul", "funk"] } }
]

db.runCommand({
 "collMod": "salas",
 "validator": validar
})
```

La solicitud de actualización fallará por dos razones: el documento no contiene el campo `smac` como se requiere, y solo contiene estilos musicales que no están en la lista de estilos que autorizamos.

3. Índices

Ejercicio 1

El siguiente índice cubrirá nuestras consultas más frecuentes:

```
db.salas.createIndex({ "aforo": 1, "dirección.códigoPostal": 1 })
```

Un `explain` aplicado a nuestras consultas muestra que el `collscan` que se realizaba antes de configurar el índice ha desaparecido en favor de nuestro índice, cuyo nombre predefinido es `aforo_1_dirección.códigoPostal_1`.

Este índice también puede abarcar las siguientes clasificaciones:

```
db.salas.find({}).sort({"aforo": 1})
db.salas.find({}).sort({"aforo": 1, "dirección.códigoPostal": 1 })
```

Para destruir nuestro índice, basta con ejecutar:

```
db.salas.dropIndex("aforo_1_dirección.códigoPostal_1")
```

Ejercicio 2

No hay lugar a dudas: ¡la solución es crear un índice textual! Hay que señalar que el idioma utilizado en nuestra colección es el español:

```
db.salas.createIndex({"dirección.calle": "text"},
{"default_language": "spanish"})
```

Ejercicio 3

Tendremos que crear un índice `2dsphere` para gestionar esta consulta geoespacial:

```
db.salas.createIndex({"localisation": "2dsphere"})
```

Si no lo hacemos, la solicitud producirá un error.

Ejercicio 4

Nuestro índice parcial consistirá en apuntar a un subconjunto de los valores tomados por el campo `aforo`, en este caso los superiores a 100 personas. Como el campo nombre aparece en ambas consultas, es un candidato perfecto para formar el prefijo de nuestro índice `idx_parcial_nombre_ciudad_aforo`:

```
db.salas.createIndex(
  { "nombre": 1, "dirección.ciudad": 1},
  {"name": "idx_parcial_nombre_ciudad_aforo",
   "partialFilterExpression": {"aforo": {$gt: 100}}
  }
)
```

Ejercicio 5

Evidentemente, se trata de un índice único. La restricción se referirá al campo `ciudad` en el documento `dirección`:

```
db.salas.createIndex(
   { "dirección.ciudad": 1 },
   { "name": "id_único_dirección_ciudad", "unique": true }
)
```

4. Consultas geoespaciales

Ejercicio 1

Aquí está el código completo de nuestra consulta con las partes que faltan en negrita; hay que recordar que `$geoWithin` no ordena de ninguna manera los documentos que devuelve:

```
KilómetrosEnRadianes = function(kilómetros){
   var radioTierraEnKm = 6371;
   return kilómetros / radioTierraEnKm;
}

sala = db.salas.findOne({"dirección.ciudad": "Nimes"});

consulta =
   "dirección.ubicación" : {
       $geoDentro : {
           $centroEsfera : [
                  sala.dirección.ubicación.coordinates,
                  KilómetrosEnRadianes(60)
           ]
       }
   },
   "estilos": {$in: ["blues", "soul"]
}
db.salas.find(query, {"_id": 0, "nombre": 1})
```

Ejercicio 2

¡La noción de clasificación debería ponernos sobre la pista de `$nearSphere`!

```
marsella = {" type": "Point", "coordinates":[43.300000,
5.400000]}

db.salas.find({
   "dirección.ubicación": {
       $ nearSphere: {
           $geometry: marsella,
           $maxDistance: 100000
       }
    }
}, {"_id": 0, "dirección.ciudad": 1})
```

Los resultados son los siguientes: Le Thor es la ciudad más cercana:

```
{ "dirección" : { "ciudad" : "Le Thor" } }
{ "dirección" : { "ciudad" : "Aviñón" }
```

Ejercicio 3

Solo hay una manera de hacerlo: ¡$geoIntersects! Nuestro hallazgo será muy sencillo:

```
polígono = {
     "type": "Polygon",
     "coordinates": [
             [
                [43.94899, 4.80908],
                [43.95292, 4.80929],
                [43.95174, 4.8056],
                [43.94899, 4.80908]
             ]
     ]

 db.salas.find({
   "dirección.ubicación" : {
       "$geoIntersects" : {
           "$geometry" : polígono
       }
   }}, { "_id": 0, "nombre": 1}
)
```

5. Marco de trabajo de agregación

Ejercicio 1

```
pipeline = [{
       $match: {"aforo": {$gt: 50}},
   }, {
       $project: {
           "_id": 0
           "ciudad": "$dirección.ciudad",
           "grande": {$gte: ["$aforo", 1000 ]}
       }
   }
]

db.salas.aggregate(pipeline)
```

Ejercicio 2

El campo `después_ampliación` hará uso del operador `$addFields`; en esta parte, describiremos la adición requerida, usando `$add`:

```
pipeline = [{
        $match: {"direccion.codigopostal": /^84/},
    }, {
        $addFields: {
            "después_ampliación": { $add: [ "$aforo", 100] }
        }
    }, {
        $project: {
            "_id": 0
            "nombre": 1,
            "antes_ampliación": "$aforo",
            "después_ampliación": 1
        }
    }
]
db.salas.aggregate(pipeline)
```

Ejercicio 3

Vamos a realizar tres pasos: el primero creará un campo llamado `departamento` que inyectaremos en el segundo, que lo agrupará sumando las capacidades (aforos) con `$sum`, mientras que el último gestionará la visualización o no de los campos:

```
pipeline = [{
        $addFields: {
            "departamento": { "$substrBytes":
[ "$dirección.códigoPostal", 0, 2 ] }
        }
    }, {
        $group: {
            "_id": "$departamento",
            "aforo_total": { $sum: "$aforo" }
        }
    }, {
        $project: {"_id": 0, "departamento": "$_id",
"aforo_total": 1}
}]

db.salas.aggregate(pipeline)
```

He aquí el resultado:

```
{ "aforo_total" : 4235, "departamento" : "30" }
{ "aforo_total" : 700,  "departamento" : "84" }
```

Ejercicio 4

¡Primero, haremos de cada estilo un documento único utilizando `$unwind`, luego `$sortByCount` hará el recuento por nosotros, después renombraremos los campos en `$project` antes de ordenar utilizando `$sort`!

```
pipeline = [{
        $unwind: "$estilos"
    }, {
        $sortByCount: "$estilos"
    }, {
       $project: {"_id": 0, "estilo":"$_id", "recuento":"$count"}
    }, {
        $sort: {"_id": 1}
    }
]
db.salas.aggregate(pipeline)
```

A continuación, se muestra el resultado producido por este canal (*pipeline*):

```
{ "estilo" : "jazz", "recuento" : 3 }
{ "estilo" : "blues", "recuento" : 2 }
{ "estilo" : "techno", "recuento" : 1 }
{ "estilo" : "soul", "recuento" : 1 }
{ "estilo" : "reggae", "recuento" : 1 }
{ "estilo" : "rock", "recuento" : 1 }
```

Ejercicio 5

No hay ninguna dificultad especial para este *pipeline*:

```
db.salas.aggregate([{
        $bucket: {
            "groupBy": "$aforo",
            "boundaries": [0, 500, 5000]
        }
    }
])
```

Ejercicio 6

El truco consiste en utilizar `$filter` en la tabla `opinion` para filtrar las que tengan una puntuación de 9 o más (o igual a 10, como se prefiera).

```
db.salas.aggregate([{
   $project:
   {
       "_id": 0, {
       "nombre": 1
       "opinion_excelentee": {
           $filtro: {
               "input": "$opinión",
               "as": "opinión",
               "cond": { $gt: [ "$$opinión.nota", 9 ] }
           }
       }
   }
}])
```

Anexo

1. Crear una réplica

En la medida de lo posible, MongoDB recomienda utilizar DNS en lugar de direcciones IP, que suelen cambiar con más frecuencia que los nombres de dominio.

Si se tiene una instancia de `mongod` en ejecución, hay que detenerla y reiniciarla con la opción `replSet` seguida del nombre que se desee dar al conjunto o juego de réplicas (replica set), en este caso `rs0`:

```
mongod --port 27017 --dbpath /data/db --replSet rs0 --bind_ip
localhost
```

Hay que recordar que algunas opciones de este comando están predeterminadas.

Se creará una segunda instancia, que debe escuchar en un `puerto` diferente y apuntar a su propio directorio `dbpath`:

```
mkdir /data/db2
mongod --port 27018 --dbpath /data/db2 --replSet rs0
--bind_ip localhost
```

Las mismas instrucciones se aplican a la tercera y última replica:

```
mkdir /data/db3
mongod --port 27019 --dbpath /data/db3 --replSet rs0
--bind_ip localhost
```

A continuación, se abre un *shell*:

```
mongosh --port 27017 -u "mongosensei" -\
--authenticationDatabase "admin"
```

A continuación, escriba el comando de inicialización del juego de réplicas (*replica set*):

```
rs.initiate()
```

Ahora puede añadir las otras dos instancias:

```
rs.add("localhost:27018")
rs.add("localhost:27019")
```

Compruebe el estado del juego de réplicas:

```
rs.status()
```

Si se quiere validar que el conjunto o juego de réplicas funciona correctamente, nada más fácil: simplemente hay que crear un documento en una colección en el nodo primario (en este caso, la instancia que escucha en el puerto 27017) y luego compruebar que el documento está ahí conectándose a uno de los otros dos nodos con un intérprete de comandos (shell).

!

B

C

D

E

F

I

J

M

N

S

T

V

Para poder acceder durante un año
a la versión online de este libro,
envíenos su justificante de compra a

librodigital@ediciones-eni.com

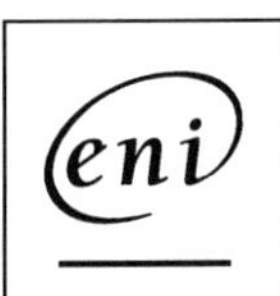

Biblioteca Online
E-formaciones
Lucia ROMERO
¡Comencemos!
Novedades en libros, tutoriales y vídeos
Kubernetes
Linux
Seguridad informática
Ethical Hacking
9,90€
el 1er mes
29,99€*
los siguientes meses